Teach Like a CHAMPION
Field Guide 2.0

像冠军一样教学

②

引领教师掌握 62 个教学诀窍的实操手册与教学资源

A Practical Resource to Make the 62 Techniques Your Own

[美] 道格·莱莫夫（Doug Lemov） 杰昆·赫尔南德斯（Joaquin Hernandez）
珍妮弗·金（Jennifer Kim） 著

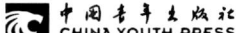

图书在版编目（CIP）数据

像冠军一样教学.2，引领教师掌握62个教学诀窍的实操手册与教学资源 /（美）道格·莱莫夫,（美）杰昆·赫尔南德斯,（美）珍妮弗·金著；张杰，李科，刘白玉译.

—北京：中国青年出版社，2019.3

书名原文：Teach Like a Champion Field Guide 2.0: A Practical Resource to Make the 62 Techniques Your Own

ISBN 978-7-5153-5202-2

Ⅰ.①像… Ⅱ.①道…②杰…③珍…④张…⑤李…⑥刘… Ⅲ.①教学法 Ⅳ.①G424

中国版本图书馆CIP数据核字（2018）第145935号

Teach Like a Champion Field Guide 2.0: A Practical Resource to Make the 62 Techniques Your Own
by Doug Lemov, Joaquin Hernandez, Jennifer Kim
Copyright © 2016 by Doug Lemov
This translation Published under license with the original publisher John Wiley & Sons, Inc.
Simplified Chinese translation copyright © 2018 by China Youth Press.
All rights reserved.

像冠军一样教学.2，
引领教师掌握62个教学诀窍的实操手册与教学资源

作　　者	［美］道格·莱莫夫　杰昆·赫尔南德斯　珍妮弗·金
译　　者	张　杰　李　科　刘白玉
责任编辑	肖妩嫔
美术编辑	靳　然
出　　版	中国青年出版社
发　　行	北京中青文文化传媒有限公司
电　　话	010-65511272/65516873
公司网址	www.cyb.com.cn
购书网址	zqwts.tmall.com
印　　刷	大厂回族自治县益利印刷有限公司
版　　次	2019年3月第1版
印　　次	2025年1月第4次印刷
开　　本	787mm×1092mm　1/16
字　　数	410千字
印　　张	31
京权图字	01-2016-9249
书　　号	ISBN 978-7-5153-5202-2
定　　价	68.00元

版权声明

未经出版人事先书面许可，对本出版物的任何部分不得以任何方式或途径复制或传播，包括但不限于复印、录制、录音，或通过任何数据库、在线信息、数字化产品或可检索的系统。

中青版图书，版权所有，盗版必究

目 录

前言 007

第一部分　评估学生的理解水平　013

第一章　收集学生对知识掌握的信息　014
- **技巧1**　摒弃学生的自我汇报：让学生在问题中高效学习 / 015
- **技巧2**　针对性提问：快速评估学生的理解程度 / 021
- **技巧3**　统一练习格式：第一时间掌控学生学习状况 / 027
- **技巧4**　追踪而非旁观：主动追踪学生进度，及时发现问题 / 031
- **技巧5**　向教师展示：鼓励学生积极大胆展示所学知识 / 037
- **技巧6**　积极检查：为学生给出及时反馈 / 047

第二章　采取有把握的行动，建立犯错文化　051
- **技巧7**　预备错误：更好地掌控课堂 / 052
- **技巧8**　犯错文化：让学生敢于犯错，勇于在错误中总结经验 / 064
- **技巧9**　挖掘错误：迅速找到最佳解决方法 / 071
- **技巧10**　自主学习与追踪：防止学生将错误的例子记得更牢 / 080

第二部分　严谨的教学态度与行动　089

第三章　赋予学生高期望　090

- 技巧11　不放弃：鼓励学生有问必答 / 091
- 技巧12　正确就是100%正确 / 102
- 技巧13　扩展知识：让学生勇于迎接挑战 / 111
- 技巧14　表达形式很重要：让学生的观点变得更可信、更缜密 / 123
- 技巧15　不要为学生找借口：鼓励学生接受高难度的挑战 / 134

第四章　确保学习成效的教学计划　145

- 技巧16　从结果开始：以目标为导向来选择课堂活动 / 146
- 技巧17　课程目标的四大准则：找对方向才是硬道理 / 156
- 技巧18　张贴课程目标：让每一位学生都知道你的良苦用心 / 164
- 技巧19　双重规划：为学生在每个时间点的表现做好准备 / 168

第五章　课程结构　177

- 技巧20　现在就做：率先勾起学生的学习兴趣 / 178
- 技巧21　为步骤命名：规范每一个步骤，帮助学生掌握复杂技能 / 185
- 技巧22　黑板=白纸：教会学生准确、快速地记课堂笔记 / 194
- 技巧23　掌控游戏：让学生大声朗读以增强对知识的理解 / 200
- 技巧24　在教室四处走动：以温和的方式建立对教室的掌控 / 205
- 技巧25　练习再练习：教导学生反复练习，直至娴熟 / 210
- 技巧26　出站验票：明确评估教学目标，保证学生学习效果 / 216

第六章　课堂节奏　223

- 技巧27　改变课堂节奏：让课堂在"快""慢"起伏中充满新鲜感 / 224
- 技巧28　明确界限：让每一项课堂活动的开始和结束变得更加清晰 / 229
- 技巧29　每位学生都举手参与：快速活跃课堂节奏，增加学生成就感 / 233
- 技巧30　认真规划时间：在课堂上给予学生最优质的学习体验 / 239
- 技巧31　分秒必争：尊重学生的时间，确保每分钟都得到充分利用 / 244

第三部分　提高课堂参与度和思考度　249

第七章　正确提问，高效教学　250
　　技巧32　等待时间：让学生充分思考，提高学习效率 / 251
　　技巧33　冷不防提问：让学生高度集中注意力 / 258
　　技巧34　提问与回答：提高学生参与度，形成课堂积极氛围 / 265
　　技巧35　分解问题：恰到好处地帮助学生获取正确知识 / 273
　　技巧36　快速投击：在较短的时间内迅速带领学生复习 / 279

第八章　让学生勤动笔　286
　　技巧37　全班动笔：让学生在写作中培养思考力 / 287
　　技巧38　句子的艺术：磨炼学生审慎的创新思维 / 294
　　技巧39　演示提问：实时演示学生答案，给予及时反馈 / 302
　　技巧40　培养耐力：教会学生耐心对待一切对学习有价值的事情 / 314
　　技巧41　先动笔后讨论：留足时间，确保学生思考的严密度 / 319

第九章　通过讨论提高课堂参与度　322
　　技巧42　讨论的习惯：让讨论富有成效和乐趣 / 323
　　技巧43　转身讨论：提高学生参与课堂的积极性 / 330
　　技巧44　分组讨论：给学生更多讨论的主动权 / 339

第四部分　课堂文化的五大原则　345

第十章　课堂系统和课堂惯例　346
　　技巧45　进门规则：在门口迎接学生，建立上课仪式感 / 347
　　技巧46　开个好头：建立高效的惯例，让学生马上进入上课状态 / 353
　　技巧47　行为教导：让学生更自律、更专心 / 363
　　技巧48　管理效率：教导学生简单、快捷地完成课堂任务 / 368
　　技巧49　战略性投资：从程序到惯例 / 381
　　技巧50　再来一遍：不断练习是把事情做到最好的唯一途径 / 391

第十一章　高标准的行为要求　397

- 技巧51　雷达扫视技巧与看得见的观察 / 398
- 技巧52　彰显学生的遵从：增强教师指令的趣味性和触知性 / 403
- 技巧53　最低侵扰干预：最大化教学时间、最小化课堂矛盾 / 406
- 技巧54　坚定沉着：巧妙避免冲突，增强课堂掌控力 / 414
- 技巧55　惩戒的艺术：牢记我们的目的是为了让学生变得更好 / 420
- 技巧56　强而有力的声音：增强控制课堂谈话的能力 / 431
- 技巧57　该做什么：使用明确的指令，告诉学生应该做的事情 / 438

第十二章　培养个性和信任　446

- 技巧58　积极架构：用建设性的反馈激励学生 / 447
- 技巧59　准确表扬：给学生最实质最真诚的反馈 / 459
- 技巧60　亲切/严厉：一切为了学生，他们值得最好的关心与尊重 / 468
- 技巧61　心平气和：教师的情绪管理是课堂成功的关键 / 475
- 技巧62　快乐因素：五类吸引学生的趣味课堂游戏 / 483

前 言

无论你是正在参加培训的教师、不断追求进步的高级教师，还是热爱教学的教育工作者，《像冠军一样教学2》集合了优秀的辅导员、教师和学校领导的工作经验，提供了他们有价值的课堂活动和指导，都可以帮助你掌握62个"像冠军一样教学"的技巧。

我们编写这本书，使之在一些理想的环境下发挥作用——教师组成小组一起工作、一起讨论、一起学习并练习他们的技能——但是我们也意识到很多教师或者说大多数教师都会独立地使用这些技巧。

但是无论你是将这本书用于指导一个学习团队、同事之间的临时合作小组，或帮你自己去提高教学水平，《像冠军一样教学2》都将是教师必备的教学指南。本书案例丰富生动，方法具体，适合所有渴望提升教学能力的教师阅读。

从整体规划开始

当你将书中的大多数技巧与其他一些辅助技巧配合使用时，会发挥最大的作用，所以如果你想要完全掌握这本书，最好先熟悉这本书的整体结构。你可以阅读目录或这份简介之后的内容总结，对整本书的内容有个大体了解。自我提高的一个重要步骤就是不断进行自我评估。这本书旨在帮助你对目前的教学状况进行反思，并找到对你最有用的教学技巧。我们发现很多教师在使用这些技巧时，会有一个有趣的现象，那就是他们并非做得很完美、毫无弱点，而是充满热情地使用这些教学技巧，并且在某一方面特别擅长。正是这些优秀的品质促成了他们的成功。每位教师对这些技巧的使用都是不一样的，他们对这些技巧的搭配使用也是各有特点，而他们每个人的专长造就了他们之间的不同。由此，我们可以得出这样的认识：强化你的优点，使这些优点更加出类拔萃，并以这些优点为基础，改善你的弱项。

一般来说，我们劝你既要重视你的长处也要重视你的短处，强化一些主要的技巧，这样可以使你感到更加自信，使用这些技巧也可以帮助你取得更好的教学效果，更加自信以及学习其他技能的能力。例如：

你擅长做计划，但是不擅长课堂展示，该怎样处理？可以考虑以某个策划类的技巧开始，找到一些方法，进一步改善你的计划，这样可以优化你对课堂的准备，增加你的自信。

你擅长使用课堂沟通的技巧，但是不擅长策划课程，该怎样处理？可以考虑强化你的课堂沟通技巧，同时改善策划过程。

我们发现，无论任何时候，研究课堂教学技巧最好通过团队合作进行。尽量与一个同伴或团队一起练习，这样当你探索某个概念时就可以与大家讨论你的理解，互相学习。

选择从哪些技巧着手

你想从哪个技巧开始都可以，但是我们希望你会选择一个你认为是最好的着手点的技巧。我们意识到有些教师还是想要得到一些建议。那么，本书的第一部分"评估学生的理解水平"是一个很好的入手点，特别是对那些有经验的教师来说，尤其如此。

从冷不防提问开始，并且持续练习一段时间

在所有这些技巧中，我们认为"冷不防提问"（技巧33）可以最快速地将课堂带入到一种学术气氛。如果你以这个技巧为基础让学生开始书面练习或两人讨论，我们认为你的教学方法已经开始出现变化。

从常规活动开始

一些冠军教师认为优秀的课堂依赖于日常良好的课堂气氛，这样你就能够有效地教学，并帮助学生取得好成绩。你可以做很多的常规练习，自动、

高效地利用零碎时间，把它变成一个有效的教学习惯。本书的第十章就讲述了如何建立有序的班级秩序。

从教学计划开始

对教师来说，教学计划非常重要。如果你觉得你的课程计划已经做得很好了，那么为什么不从"预备错误"（技巧7）或"双重规划"（技巧19）开始呢？这两个技巧都着重强调如何设计回应方式，即如何为你的课堂中未预料到的情况或变化做好准备。

关于写作

写作对于一堂高水平的课来说至关重要。当你的三十个学生在固定的时间内专心写作时，你对学生要求的严格度和学生们的参与度都会变得很高。从"先动笔后讨论"（技巧41）开始着手，或者在每节课的末尾都要求学生做一个简短的、重点突出的练习，帮助学生通过写作的方式发展并精炼他们的观点。在这方面，可以尝试使用"句子的艺术"（技巧38）和"演示提问"（技巧39）这两个技巧进行教学活动。

每位教师都教阅读

"掌控游戏"（技巧23）是一个看似不起眼却能量强大的技巧。你可以在课堂上绘声绘色、积极地阅读大量的学习材料——无论学生学习什么学科、年龄大小——让你的学生体会到阅读的乐趣。

制订计划并指明方向

当你上课的时候，记住你已经从学生那里得到的信息：深入地掌握一些核心的技巧胜过局部掌握大量的教学技巧。比起简单地涉猎所有的62个技巧，对你而言深刻掌握几个最重要的技巧更为有效，在这几个熟练掌握的技巧的基础上，再进行拓展。

每个重要的教学技巧都需要经过长期使用和不断重复，当你使用这本书中的每个技巧时，你每多使用一次，就会多一份收获，从而不断地取得进步。

记录自己的一些选择

无论你如何使用《像冠军一样教学2》这本书,你都要花一点时间反思一下你的长处和短处。确定一到两个预期目标,指出你想要学习和改进的东西,例如利用提问技巧使回答更精确,或面对学生不好的表现时要保持镇静、心态平和。

1. _____
2. _____

现在翻阅这本书,更详细地记下能够帮你解决上述问题的几个技巧,你的目标是最终掌握这些技巧和其他的一些相关的内容,其中包括你已经比较擅长的技巧。

技巧:_____

接下来,想一下你的优点和缺点、你的兴趣和教学风格、学生的需求,也许还需要考虑与你一起使用这本书的工作伙伴,考虑一下在这本指南中,对你来说哪些技巧是最好的起始点。从中选出三到四个技巧,然后浏览这些技巧,从这几个技巧中选出最重要的、你最想掌握的一个。

记录这些技巧的名称和一些小的想法:

技巧和想法:_____

将你的教学过程录制成音频或视频

我们强烈建议你在课堂上为自己录像。你不必每次都录,一个音频或一个视频就足够了,你可以观看视频,回顾并研究你当时在课堂上所说的话、做出的行为,也可以研究当时学生的表现。

随着教学的推荐和你对技巧使用的日臻成熟,通过重新录制并研究更多的课程,或在练习几种技巧时,让同事观看你的教学,你将会受益良多。

这些观点和活动的来源

非凡学校集团的优秀的教师们在一些研讨会和我们举办的(或我们监督举办的)教师培训中使用了这本书中的大多数材料。大多数的技巧都经过了各种各样的修改，我们在参加研讨会的教师的反馈的基础上，对这些技巧进行了完善和加工。我们相信这些方法确实有效。我们已经看到这些方法改变了教师和学生的生活，使教师越来越热爱自己的工作，并完成了他们的目标，对学生也起到了类似的作用。因此，我们非常激动地将这些材料与你分享，祝愿你能够在这个世界上最重要、最有价值的职业中获得最大的成功。

第一部分

评估学生的理解水平

第一章

收集学生对知识掌握的信息

> **技巧1**
> **摒弃学生的自我汇报：让学生在问题中高效学习**

概要

教师们在教学时经常会说这样的话："大家都听懂了吗？"或是："大家都明白了吗？"当教师们说这些话时，通常意味着他们掩盖了本来存在的问题，得到的是错误的确认。一些自说自话的问题，特别是那些反问问题，很难让他们了解学生们对知识真实的掌握情况，因此我们非常有必要用一些更加有成效的问题来替代这些话语。

反思

当你在上课时询问类似"明白了吗"或"大家都懂了吗"之类的问题时，学生们会如何反应呢？

在阅读我们的观点之前，请先写出你的回答。

我们的观点（你也可能有其他的想法）：有些学生可能会明确表示，他们已经掌握，但其他学生也许根本不做回应，或者仅仅是盲从其他同学，结果我们无法得知学生是否已经真正理解了有疑问的知识点。我们在稍加停顿后，会把学生的沉默当作默认，然后继续新的内容。

基本原理

你可以设计一系列简单的问题，来获取可靠的数据，以此来检查学生对知识的掌握情况。如果这些问题快捷、精确，经过精心准备，并有针对性，则有助于快速了解学生们对知识的理解情况。

避免"是或否"问句的陷阱

"是否"问句存在的一个普遍的问题是：我们蒙对的几率能高达50%，这样得出来的数据，其准确性非常有限。当你用这样的是非问句来检查学生对知识的理解时，学生们经常会认为他们已经理解了，但事实上他们并未理解，当你确实需要了解学生的理解能力时，尽量不要使用"大家都明白了吗"这样的是非问题，而是用一些带有客观答案、涉及关键知识的问题进行提问，如："基思，你在做这个题的时候，为什么要乘以y""为什么法国在加入战争时站在我们这边"，这类提问不需要持续很长时间，往往不会超过一分钟。

欢迎回答"不"

当我们发问一些自我汇报式的"是否"问题时，往往只是停顿一下，然后接着讲其他内容，这会让学生觉得，老师并无意让他们回答，学生们就会选择沉默。但有时候，有的学生也会很诚实地回答此类问题，比如"不"或者"没有完全明白"。这是课堂上的关键时刻，如果我们因此生气，那么下次他就不会再承认他们不明白，以避免尴尬。而如果我们换种方式，让全班学生都参与复习活动，对他们说："大家做得不错，我再来测验一下大家是否听懂了……"那么学生们就会明白，如果他们对老师说他们没听懂，老师会因他们如实回答而高兴，而不会因此惩罚他们。

当学生对一些问题回答"不"的时候，我们要准备一些回应性的话语，或一个更深入的问题。我们给出了几个样例，参照这些样例，补充一些你自己的表达。

- 不错！你知道你对哪个知识点还不明白吗？或者你希望我再向你提问几个问题吗？

- "这个问题确实有点棘手,我们看看能否在五分钟之内把它搞定。"

完善要求

检查下面这些问句。如果这个问题只是一种自我汇报,那么就换个问题,引导学生用某种方法说明他们已经学会的知识;如果只是一个"是或非"的问题,那么就换成一个实用性更强的开放式问题。做完之后,与同事的回答进行比较。

"你们都已经知道怎么解这个方程了,是吗?"

"这个实验的第二步你们都跟上了吗?"

"同学们,你们准备好了吗?"

"你的答案是什么?这是个动词。"

"维吉尼亚殖民地的形成是在普利茅斯殖民地形成之前还是之后呢?"

"如果你明白了这个问题,就竖起大拇指,不明白就把大拇指朝下。"

"如果我讲得太快了就跟我说。"

"有多少同学能够理解这个逻辑关系?"

"关于这个词的拼写中为什么会有两个't',大家对此还有疑问吗?"

假如，你想了解学生们是否明白了一个长句或一个复合句的含义，提出三个问题，迅速地检验学生们对知识的理解。

_____

_____

自我检查

检查一下你的教案，看看其中是否包括一些用来检验学生理解的问题，如果没有，就在一些关键知识点中加入这种问题，并且修改一下你能发现的所有自我汇报式问题或者反问式问题。

深入分析

作为对学生理解情况检测的补充（而不是替代），学生们可以对他们的学习和理解进行自我监控。

《像冠军一样教学》回顾

在论述"自我监测"时，道格引用了下面的案例，可以在课本的技巧1中，找到这一部分。

与自我报道不同，自我监控是非常重要的，因此，研究二者的不同之处，并探索如何鼓励使用自我监测，这是非常值得去做的。

艾米·扬曼是加利福尼亚州奥克兰ERES奋进学院的教师，在最近一次单词拼写复习课上，她对学生说："明天要测试了，为了了解大家是否有信心，从一分到四分，请给自己的信心打分。做练习的时候，要想着自己的分数。"你或许会问："这难道不是自我汇报吗？花里胡哨些罢了。这不也是在要求学生评估自己的学习效果吗？"

其实并不然。艾米老师说这话的同时也是在收集客观信息、客观浏览、评估学生答案。她要求学生自我反省，不是为了检测他们的掌握情况——那样做并不可靠，而是要培养学生的自我意识、技能以及了解自己学习效果的欲望。她给学生提出建议："如果给自己打三分或四分，请多带一张练习题回家。"学生有意识地反思掌握水平也是自我监测的过程。总体来看，这是好事。也可以采取很多方式在课堂上加以鼓励——教师在进行针对性提问时，请学生思考，比如可以对学生说："我要问大家几个问题，看看你们是否准备好了；如果答不上所有的问题，就说明还需多做练习。如果是那样的话，请来找我。"

当然，有意的自我监测也可以通过其他方式运用到课堂之中，与有效的评估手段共同使用。例如，不使用自我汇报（通过提出"是或否"的问题要求学生主观评估知识掌握情况），取而代之的是，给学生时间温习功课，挑出有问题的部分。为此，可能需要使用假设没有问题的语言（如"有什么问题？给大家时间回顾最后五个问题"），教师甚至可以帮助学生温习："大家应该知道我说的无氧是什么意思。如果不知道，请提问。"教师需要反复使用这种方法，让学生熟练掌握。

行动计划

请利用下面的计划表继续练习"摒弃自我汇报"，以下几点是成功的关键：

● 检查学生的理解情况如何，要避免自说自话的问题形式，或至少在这种问题后面加上一些更好的问题。

● 设计的问题能够给你提供可靠的数据，来检验学生的理解情况。

我目前做得怎样？

根据已有的情况制订和改进计划，确定行动周期，按时回顾，进行自我评价。

行动计划（截止日期；练习对象；评价方式）
截止 _____（日期），我将_____
我是怎样做的？
闪光点：_____
存在的问题：_____
改进方案：_____

技巧2
针对性提问：快速评估学生的理解程度

概要

在上课时，为了能够在一些关键问题上有效地收集数据，可以尝试运用五六个有针对性的问题，然后有策略地对学生进行抽样提问，检查学生们是否已经掌握了你在课堂上讲解过的原理。

反思

在上课时，设计一些简短的、开放式的问题，并将提问平均分布到整个上课过程中来检查学生的理解情况，其效果要好于在课堂教学的最后阶段集中起来提问一连串的问题。你认为原因是什么？第一种提问方法适用于哪些情况？

基本原理

在上课时，教师往往会选取一些能代表不同掌握程度的学生，并根据这些学生的回答收集他们的学习数据，来评估这些学生的学习情况，而这些数据又可以用来评估全班学生对知识的掌握情况。

你所设计的针对性问题无须面面俱到，其目的是为了多次获得零散的数据样本，并以此来判断全班学生对知识的掌握水平。

速度很重要

尽管进行针对性提问会占用一定的课堂时间，但我们认为，你可以每次仅用一分钟左右的时间来进行提问，更重要的是，这种提问可以帮助学生从一开始就得到正确的知识，从长远来说，这种做法恰恰节省了时间。

提前规划

当老师们有意识地要检查学生的理解情况时，他们往往会提前设计一些简洁、精确、有启发性的问题，并计划好提问时间和课堂中可以进行提问的几个关键的过渡点。课后，他们可以回顾一下提问过的问题，并且提高问题构建的技巧。

有策略地抽样检查

为了检查学生的理解水平，选取一些学生来回答问题，以便你能够听取不同学生的回答，如学习中等的、理解能力比较差的和理解能力很强的学生。在抽样时，要采用点名提问（随机提问，见技巧33），而不要让学生举手回答，以确保你能够提问每个学生。在提问其他问题时也可以进行随机提问，这样学生就会把随机提问当作正常的课堂活动，从而即使当你进行针对性提问时，学生们也会随时做好回答问题的准备。

跟踪数据

在提问时，尽管通过对问答的不断调整，最后也能够得到正确的回答，但我们需要关注的是学生们的一系列回答所揭示的问题，而不仅仅是最后的正确答案。在提问中获取的数据能否反映学生的学习情况呢？我们既要了解有多少学生给出了很好的回答，也要注意学生们如何通过剔除之前学生的错误回答而得出正确的回答。下面我们来看一下，当这位老师在针对《夏洛特的网》第一章进行提问时，这些问题是如何出现的，她的课堂提问可能并没有达到她的预期效果：

老师：那么，彼得，在故事开始时，阿拉布尔先生打算做什么呢？

彼得：要杀死那只小猪。

老师：嗯，不错，但他是如何称呼那只小猪的呢？

彼得：嗯……

老师：猪窝里最小的猪？

彼得：噢，小畜生！

老师：勒内勒，为什么弗恩不同意那么叫呢？因为它的形状、大小还是其他什么原因呢？

勒内勒：因为它只是一个小宝宝。

老师：不错，因为它是最小的一只，小猪。让人吃惊的是，阿拉布尔先生同意不杀这只小猪了，但是他为什么会同意呢？莱西，你回答一下。

莱西：她可以养着它。

老师：嗯，他确实说过她可以养着它，但是后来怎么样呢？

莱西：但是也许他想她可以从中学些东西。

老师：正确，阿拉布尔先生想让弗恩学习照顾小动物。

深入分析：可靠性与有效性

有效问题的关键在于其可靠性和有效性，尽管我们在本章讨论问题的可靠性与有效性，但在设计任何旨在评价学生对知识掌握情况的问题时，也应该考虑这两点。

可靠数据是那些可能会重复出现的数据。当学生给出了可靠的回答，他们不仅正确地回答了你当前的问题，而且对以后同样主题的问题，他们也能正确作答。在评估学生知识掌握的牢固性时，可以多使用类似"为什么"和"怎么办"这样的问题。如果学生们可以解释他们思考的过程，他们的回答就不太可能是仅凭运气而做出来的猜测。

另外一种验证可靠性的方法是改变问题类型和形式，这样你就不会总是提问相似的问题了。

  如果一个问题能够实现对考察目标的实际检测，则这个问题就是有效问题。为了确保有效性，你要确保问题难度与学生的知识水平相符，也要与学生在学完相应课程后需要达到的水平相符。例如，如果你教给学生分数的加法运算，而你设计的针对性问题只涉及分子的相加，那就无法全面、真实地评价学生的知识掌握情况。

《像冠军一样教学》回顾

  你可以参考道格在技巧2中提到的"有效性和可靠性"部分，改变一些开放式问题的提问方式。

  来看看以下三个关于1765年印花税法的问题，教师可以按任意顺序提问，以检查学生的理解。

  1. 什么是印花税法？为什么说这部法律很重要？

  2. 历史课本中有这样一句话，"殖民地居民认为，如果这一新税种在没有任何抵制的情况下通过，将会为未来征收更苛刻的税种打开大门"，这里的"新税种"是什么？这一新税种在没有任何抵制的情况下通过了吗？请给出解释。

  3. 印花税法的内容是什么？它是由哪个管理机构通过的？下议院有何反应？谁在下议院带头做出反应？弗吉尼亚州州长有何反应？

  第一道问题涉及印花税法的基本内容及其重要意义，这个问题很好，但是，学生在面对一个表述不同的问题时会有何种表现，教师无从知晓。这道问题与其他几道题不同，可以让学生答其所知，避其不知。即使学生答对了第一题，如果在考试中换了表述，学生不见得就能答得上来；第二题采取了不同的方式，要求学生根据表述回答历史事件的名称，如果能将前两题综合起来，测试的结果会更有效；第三题则更全面地审视相关历史事件及其关系。平衡运用不同的问题模式，可以保证学生做到有备无患。

根据即将用到的教案及教学目标（在技巧4有更多介绍），设置几个开放式的问题，如果学生们能够正确回答，则表明他们已经掌握了相关知识。然后，利用道格给出的例子（下文已给出一个），再结合你自己的想法，根据不同的情形，变化问题的形式，以增加问题的有效性。

例如：

问题：动物细胞的主要构成部分是什么？

变化形式：（1）在下图中标注出细胞的主要部分；（2）画出一个细胞和它的各个部分，并标注出来；（3）什么是细胞膜；（4）细胞中的哪一部分吸收营养；（5）如果细胞没有线粒体，会出现什么问题？

问题："become"这个词在句子中做什么成分？

变化形式：_____

_____

行动计划

请利用下面的计划表继续练习"针对性提问"。如果能做到以下几点，则说明练习效果很好。

- 能够根据头脑中的学习数据设计问题。
- 你和学生能够在课堂中多个时间点快速地进行针对性问答。
- 能够获得可靠、有效的学习数据。

我目前做得怎样？

根据已有的情况制订和改进计划，确定行动周期，按时回顾，进行自我评价。

行动计划（截止日期；练习对象；评价方式）
截止 _____（日期），我将_____
我是怎样做的？
闪光点：_____
存在的问题：_____
改进方案：_____

技巧3

统一练习格式：第一时间掌控学生学习状况

概要

教师用于检查学生理解情况的另一个方法就是观察，例如，教师可以在学生进行独立作业时在教室中四处走动（见技巧24），仔细检查学生们的作业，回答学生的问题，或者与全班学生一起讨论常见错误。

反思

当你在教室内四处走动、观察学生的作业内容时，如何能够更快捷地从学生的作业中发现你所需要的信息，以便了解学生对知识的掌握情况。

集思广益，使用多种标准化格式进行教学

让学生将下列问题写在指定位置上：

- 根据要求，进行书面回答，或展示作业。
- 重写/校正/编辑他们的书面作业。
- 关注他们的最终回答或关键知识点的理解（如：带标记的章节）。
- 做讨论笔记。
- 画模型或样图（如：原子模型图、应用题的解题方法等）。
- _____

对不同阶段的课堂内容或不同难度的学习任务进行标注。

- 把问题分为"简单/中等/较难"三个等级。

- 把课堂任务分为"阅读前/阅读中/阅读后"三个阶段。
- _____

教给学生在独立阅读时,记得做课文笔记或在空白处做记录。
- _____

深入分析

在一些大的教室中,老师采集数据、处理数据的过程并不会因为学生学习材料的不同而终止,有些老师会特意安排教室的布局,或设计专门的反馈的形式,通过这样的方法来收集数据。

规范化布局

在正常上课过程中,应当合理安排教室的布局,以便收集学生学习数据。例如在转身讨论(技巧43)时,你可以合理安排座次,这样你就可以很方便地走到每一对学生的位置,听到他们的对话。此外,你还可以教给学生一些便于观察的肢体动作,如转头、对视等。这些做法可以方便你的观察,从而更轻松地看出学生们是否在有效地完成学习任务。

我们观察了一些其他的教师,他们使用了座次表来规范教室布局,以方便数据采集。最近,我们的团队在观察一位名叫尼克尔·维利的老师的课堂安排时,看到了一个类似的例子。尼克尔老师先要求学生们进行自学,然后要求三个对某个技巧掌握得不扎实的学生坐到最前排座位。这三个同学紧挨着坐在一起,这样尼克尔老师可以更高效地掌握他们学习的情况,并不时地为他们讲解。

当她第一次在班级里推出"前排就坐学习"这样的方法时,她向学生们强调:被叫到前排并不是什么不好的事情。坐到前排不仅是为了改正错误,还是为了丰富和提高自己的知识。这样,当有学生被叫到前排学习时,其他同学也不会觉得这是什么特别的事情。

规范反馈的格式

有些老师通过规范学生的反馈形式，简化了检查学生理解水平的过程。如名叫李奥玛·杜鲁的老师有时会使用一些简写的符号，批改学生的作业，示例如下文。

李奥玛老师的数学反馈符号

D = 分配误差
C = 计算错误
I = 错误的指数规律
S = 检查运算或代数项的顺序

我们团队最近观看了朱莉·米勒给九年级上文学课的视频，发现了一个应用在阅读作业上的例子，这个例子与李奥玛老师的做法非常相似。她要求学生阅读朱诺·迪亚斯的《奥斯卡·瓦奥短暂而奇妙的一生》并写出论文。朱莉老师在学生的论文上写下了一些符号，这些符号是一些规范化的反馈，示例如下：

朱莉老师的写作批改符号

N = 命名使用的文学技巧。
E = 选择更有力的证据或提供更好的语境。
Zi = 进一步注重语言（关键词、词组或段落）。
Zo = 对观点进行拓展。
W = 分析不足或未做分析。
!! = 这句话或这段话写得很棒。

运用规范的教室布局和规范化的反馈格式

无论你打算规范教室布局还是规范反馈，成功的关键在于你的实施质量。

在下列空白处，写出你的实施计划。在制订实施计划时，注意以下几点：
- 解释你这样做的目的，得到学生的认同。
- 清晰地描述并演示操作步骤和方法。
- 语言简练。

_____

如果条件允许，与同事合作练习，并征求反馈意见。

行动计划

请利用下面的计划表继续练习"规范格式"，如果能做到以下几点，则说明练习效果很好：
- 在需要的时候，你能得到需要的信息。
- 这些教学形式的改变可以帮助你更有效地获取数据，并予以处理。

我目前做得怎样？

根据已有的情况制订和改进计划，确定行动周期，按时回顾，进行自我评价。

行动计划（截止日期；练习对象；评价方式）
截止 _____（日期），我将_____
我是怎样做的？
闪光点：_____
存在的问题：_____
改进方案：_____

技巧4

追踪而非旁观:主动追踪学生进度,及时发现问题

概要

在技巧3中,我们谈道,教学材料和教室布局的设计对于更高效地观察学生对知识的理解情况来说至关重要,但对学生所采取的观察方式也是非常重要的。"追踪而非旁观",这个方法听起来似乎很简单,但其实需要持续不断地去努力。当你在教室里来回走动时(技巧24),你会发现有很多让你分心的琐事:响着的铃声、阿尔贝托挪动了一下他的书包、雅辛塔戴了一副新眼镜等。当你观察时,你的任务就是要克服这些可能让你分心的事情,重点关注那些学生理解能力方面的问题。在这里,我们要讨论一些优秀教师在观察时会重点关注的问题——具体错误和正确之处;我们也将讨论如何追踪学生们的表现,及时了解学生们的发展变化,并及时做出相应的调整。

基本原理

你可以将"追踪而非旁观"分为两部分。第一部分是尽可能明确你所需要的信息,第二部分是借助一些工具来收集数据并进行跟踪。

观察学习活动是比较容易的,但想要精确地跟踪并了解学生们掌握的技巧在哪个方面出了问题,就不是那么容易了。当我们在观察学生的学习时,我们一般仅仅会观察学生们是否已经完成了学习任务,或他们是不是已经按照要求完成了学习任务,这时,我们就是把行动当作了成就,你看到学生们都在努力学习,就容易被他们的努力打动,而把他们的努力学习误认

为是他们的学习成绩。

反思

在哪些时候，当你关注的应该是成绩时，你观察的却是学生们的学习行为？为什么会出现这种情况？（由于我们相信每个人都或多或少存在这样的问题，所以这个问题并不存在标准的回答）

追踪具体错误和闪光点

想要了解学生们的学习成果，我们建议要追踪衡量学习的两个重要指标：具体错误和闪光点。

具体错误指的是学生们在一个具体的学习任务中最有可能犯的错误。在描述这些错误时，我们经常会说："如果他们做错了，说明他们可能……"闪光点是指能够区分"优秀"和"简单完成任务"的一到两点表现，也就是我们平时说的："好在哪里。"

提前考虑到一些具体错误和闪光点，并且在观察时留意这些问题可以改变你的课堂教学。虽然这个做法很简单，但它可以给课堂教学带来改观。

实验练习

记下一个关键问题，在接下来的课堂上，你将要求学生独立完成这个问题。花点时间思考一下，当你在学生中间来回走动时，你要观察的是什么。写出这个问题正确的回答（见技巧2），并进一步写出回答这个问题的闪光点和可能出现的具体错误。

关键问题：

正确回答：

_____

闪光点（区别于一般成绩的特别闪光点）：
- _____

具体错误：
- _____

这个练习会怎样改变你的课堂活动，并对你的整堂课产生什么样的影响？

_____

全局跟踪VS. 针对性的跟踪

一旦确定了观察目标，第二个需要考虑的问题就是：在观察学生任务过程中，老师应该观察所有的学生还是重点关注一小部分学生？

如果我们选择第一种——观察所有的学生，那就要在一定的时间内从所有学生那里收集数据，目的是为了评价更大群体的完成情况，这就是全局跟踪。第二种选择是针对性跟踪：从一个特定学生群体收集数据（这个群体可能是那些比较优秀的学生，也可能是那些学习上有问题的学生），或从一些学生那里专门挑出一些值得研究的回答，如包含常见错误的回答，或特别精彩的回答。

与全局跟踪一样，针对性跟踪同样有很多的优点。如果你不去观察所有人的作业，就有更多的时间详尽地评价你要检查的学生作业。运用这种方法，你可以更有策略地收取一些有代表性的作业，或者是包含一些独特优点的作业或常见错误的作业。

根据你的班级大小、年级和学科，考虑一下你在什么时间、因为什么原因会选择全局跟踪或针对性跟踪？

	时　间	原　因
全局跟踪		
针对性跟踪		

跟踪观察的内容和记录位置

你可能已经思考过，在你对学生进行观察时，紧接着要做的非常重要的事情就是记录数据。尽管对于跟踪观察的方法和跟踪观察的内容没有什么特定的、正确的方法，对于这一点，我们有一些想法。教师可以记录如下内容：做对了的学生和做错了的学生（可以用一些散列标志或一些标签来表示）、被提问问题的学生、提问他的原因和一些值得进一步讨论的问题。有些老师将这些收集到的数据整理成可行的发展趋势，并且针对一些错误，简要地概述他们的反馈意见。这些信息的记录位置有很多，可以是在学生的学习材料上直接写上标准答案，也可以单独在一个做好的文档上进行记录，每种记录方法都有它们各自的优点。

单个反馈VS. 批量反馈

处理数据与收集数据同样重要，但应该什么时候对数据做出反馈？反馈给谁呢？当你在教室里走动观察时，及时给学生提供反馈是很重要的，因此在某些情况下，你可以立即给一些特定的学生单独回复，这样就可以加强一些好习惯，让学习好的学生取得更大的进步，也能及时处理一些学生所犯的错误，以免他们的小错误发展成大错误。另外，你也可以选择使用批量反馈，当你在教室里走动观察时，先不要给学生实时反馈，多花点时间进行观察，在一个更宏观的层面上进行分析，然后你可以在合适的时间对班级的学生进行反馈。这两种方法没有孰优孰劣之分，在对这两种方法进行选择时，要考虑时间和目的。这些因素是如何影响你的选择的？对你来说，这两种方法分别有什么优点？

技巧练习

可以与多名同事组成一个练习小组或者与一名同事搭档练习，也可以单独练习，把准备完成的任务表打印出来。如果有多名同事一起进行练习，大家可以共用一间教室和同一组例子，但是每个人都要单独填写任务表。

例如，一位中学物理老师问学生："请用一个结构完整的句子说明，当一个容器的容积增大时，容器中的气压会发生什么变化，为什么？"

如果条件允许，把这些问题复印成多份，并分发到教室内的每张课桌上，然后在教室中走动观察（技巧24），阅读学生的回答，并对学生的作答做出反馈。（下面试题中的"成功点"指的是学生们做得很精彩的地方。）在所有学生完成了这项学习任务之后，选取一份学生的答案在全班进行讨论，并且要告诉大家你为什么会选择这份答案进行讲解。

吸收同事们的反馈意见，改进你自己的任务表，对于如何加强"跟踪数据，而不是观察数据"这个技巧，总结自己的一些心得体会。

试 题

问题："请用一个结构完整的句子说明，当一个容器的容积增大时，容器中的气压会发生什么变化，为什么？"

正确回答：随着容器容量的增加，气压会降低，因为空气分子有了更多的活动空间，这样，空气分子之间的冲突碰撞就会减少。

学生姓名：_____

所犯错误：_____

_____

成功点：
_____

行动计划

请利用下面的计划表继续练习技巧"追踪而非旁观"。如果能做到以下几点，则说明练习效果很好：

- 能够收集到学生学习情况的数据，而不仅仅是注意谁在学习、谁无所事事。
- 对于一些可以预见到的错误，你已经采取了一些应对策略。

我目前做得怎样？

根据已有的情况制订和改进计划，确定行动周期，按时回顾，进行自我评价。

行动计划（截止日期；练习对象；评价方式）
截止＿＿＿＿＿＿（日期），我将＿＿＿＿＿＿＿＿＿＿＿＿＿
我是怎样做的？
闪光点：＿＿＿＿＿＿＿＿＿＿＿＿＿＿＿＿＿＿＿＿＿＿
存在的问题：＿＿＿＿＿＿＿＿＿＿＿＿＿＿＿＿＿＿＿＿
改进方案：＿＿＿＿＿＿＿＿＿＿＿＿＿＿＿＿＿＿＿＿＿

技巧5

向教师展示：鼓励学生积极大胆展示所学知识

概要

在课堂教学中，教师会拿出一部分时间收集一些必要的数据，以便更好地了解学生对所学知识的掌握情况。"向教师展示"要求学生主动地向老师展示他们的回答，以便教师收集学习数据，而学生的回答往往就是学习数据的反映，这些数据能够完整、准确地反映学生的学习状况。在本章中，我们将讨论两种"向教师展示"的形式：手势展示和写字板展示。

反思

如果你在教学中已经采用了"向教师展示"或其他系统的方法来收集数据，实施效果如何？如果没有，当你首次尝试时，你会采用哪种做法？

_____

_____

基本原理

如上文所述，"向教师展示"有两种形式。"手势展示"指的是学生们同时用手指表示出回答（也可以使用其他的一些简单的手势符号），"写字板展示"要求学生将他们的回答写在写字板上，这两种方法都是为了确保学生们能够同时快速并客观地向老师展示他们的回答。

手势展示

手势展示不仅很有效,而且对学生来说非常有趣,能更好地提高学生的积极性。我们观察了布莱恩老师的课堂,他经常使用"剪子、包袱、锤"的手势给一些学习活动提供线索,在要求学生们明确展示他们的手势前,他会在桌子上快速地打着鼓点,用这样的方法给学生们提供动力。这样的做法很有趣而且充满节奏感,学生们会主动要求展示他们的回答。长期来看,这种做法会让这个技巧的使用更有持续性。

写字板展示

在使用"写字板展示"时,要先让学生独立完成学习任务,他们可以将答案写在笔记本纸上或可擦写的白板上,然后举起来给老师看他们所写的内容。例如,我们最近观看了一位九年级老师的数学课,他给学生出了一道代数方程,要求学生指出y轴截距、斜率和其他一些关键信息。你也可以提问一些简单的问题,如一个关键术语的定义、某一个标本的特性、《动物庄园》中某个说话者的名字,甚至是《古巴导弹危机》中的一个巧妙的句子。

集体回答对于手势展示来说是至关重要的,但对写字板展示则不是那么重要。无论学生是自主展示回答,还是在你的提示下展示回答,这个方法都是有效的,只要确定学生们没有参考同学的答案就可以了。

案例分析

阅读下列案例,写出每个案例的"闪光点"和"待改进之处",并将你的观察结果与我们的相比较。

案例1. 写字板展示,八年级,科学

麦克利老师:在45秒钟之内,将光合作用的化学反应方程式写在你的写字板上。

（35秒之后）

还有10秒……3秒……2……1，还剩1秒，谢谢大家，现在给我看看你们的答案。

（所有的写字板都举了起来，大多数学生都举得高高的）。

麦克利老师：（环视了一下教室）大家做得很好，都在写字板上写下了回答，还都举得高高的（踮起脚尖多看了几块写字板）。大家放下写字板。大约70%的同学们都写对了，你能读一下你的答案吗？

吉米：

$$二氧化碳+水 \xrightarrow[叶绿素]{光照} 氧气$$

麦克利老师：特里萨，吉米的化学反应方程式中缺少了哪种物质？

特里萨：哦，我吗？嗯……（耸耸肩）

麦克利老师：谁能帮她解答？（埃里克举起了手）埃里克，你说说看。

埃里克：吉米在反应物中漏掉了"葡萄糖"。

麦克利老师：正确。特里萨，为什么葡萄糖对植物非常重要呢？

特里萨：（在她的白板上写下答案）哦，对不起，我刚刚正在补充我的答案。

麦克利老师：特里萨，把记号笔盖上，认真听讲，一会儿我们还会问你这个问题的（特里萨把记号笔盖上，更多的同学举起手来）。杰拉尔德，你来说一下，为什么葡萄糖对植物非常重要？

杰拉尔德：因为葡萄糖可以转化为植物的细胞膜质，所以它很重要。

麦克利老师：特里萨，细胞膜质对植物有什么作用？

特里萨：因为植物的细胞需要细胞膜质才能生长。

麦克利老师：很好，将你们写字板上的内容擦掉，我们来回答下一个问题。

闪光点	待改进之处
麦克利老师的这个做法非常有效：	下次麦克利老师可以尝试：

案例2. 手势展示，三年级，数学

玛蒂娜老师带领学生们复习他们在技巧20"现在就做"活动中的一个选择题，她要求学生们用手势符号展示他们的选项（一个手指=A，两个手指=B，三个手指=C，四个手指=D）。

问题4. 用分数表示这个图的阴影部分。

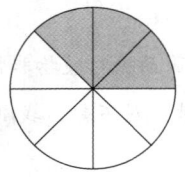

A. 3/8（一个手指）
B. 5/8（两个手指）
C. 3/5（三个手指）
D. 1/2（四个手指）

玛蒂娜老师：有些同学第四题做错了，我们一起来学习一下。大家举起手指，让我看看大家都选了哪个回答。

（几乎所有的学生都马上举起了手，有两个迟了两秒举起手。）

玛蒂娜老师：（环视了教室）很好，我看大多数都举了一个手指，也有一些是两个，放下手。詹娜，说说你为什么选B？

詹娜：这个整体被分为八部分，因此我知道分母应该是8，其他的就是我猜的了。

玛蒂娜老师：詹娜，是的，8是在分母的位置上，但是我们得弄清楚分子应该是5还是3，蒂安娜，你为什么把5放在分子位上？

蒂安娜：似乎在这个整体中有三部分是暗的，就好像它们被拿走了，因此还剩下5块，那就是5/8。

玛蒂娜老师：蒂莫西，你好像不太认同，解释一下你为什么不同意蒂安娜的回答。

蒂莫西：因为问题问的是阴影部分表达出来的分数，既然有三块被画上了阴影，整体是分成了8块，那么答案就是3/8。

玛蒂娜老师：（微微点点头）同学们，如果你同意蒂莫西的观点，就把大拇指朝上，如果不同意就将大拇指朝下。

（所有的大拇指都朝上举了起来。）

玛蒂娜老师：正确。正确答案应该是A，请同学们检查并修改一下。

闪光点	待改进之处
玛蒂娜老师的这个做法非常有效：	下次玛蒂娜老师可以尝试：

案例点评

案例1. 麦克利老师，写字板展示

麦克利老师必须要保证所有的学生都集中注意力，这样"写字板展示"才会有效地发挥作用，学生们也才能随时准备向老师展示他们的答案。他也会说一些话去吸引学生的注意力，表示他正在认真地检查学生们的写字板（谢谢大家都高高地举起了写字板），并且他采用了一些夸张的动作，如环视教室、踮起脚尖看学生的写字板等（见技巧51，让学生看到你在观察）。虽然特里萨连续两次没有回答问题，但是他还继续采用了随机提问（技

巧33）的方式提问她，以保证她能跟上大家的进度。

案例2. 玛蒂娜老师，手势展示

在练习之前，玛蒂娜老师先是营造一种轻松的气氛，让学生们不必担心犯错，并能够从错误中有所收获（我们很多同学第四题做错了，今天我们来学习一下这一题）。她特意叫了一名选了B答案（错误最多的答案）的同学和一名做对了的学生，并通过和学生的对话，让学生明确正确答案。并且他提醒学生要检查他们的答案，如果做错了的话要纠正答案，这样学生就可以很好地理解这个问题并记录下正确的答案。

如果学生们没有全体举手，她可以要求学生们重来一遍（技巧50）。她先提问了两个学生，这两个学生都回答错了，然后她又提问了一个学生，这个学生回答正确了，玛蒂娜老师就默认为所有的学生都理解了，继续进行下面的课程。

反思

运用学过的知识，回答这位老师关于在教室里使用"向教师展示"这一方法时的一些顾虑。先写下你的答案，再与我们的看法进行比较。

我们的观点（我们相信你还有其他的想法）：当学生们出示选择题答案时，教师可以让学生解释选择的理由，以提高问题的严谨度。教师可以让学生根据他们的答案进行认真的讨论。然而，选择题本质上并不会降低问题的严谨度，关键要看问题是如何设计的。

使用"写字板展示"的教学方法，教师可以用多种形式评价学生的思考，包括写作。例如，教师可以要求学生概括段落大意，写成一个句子，并且让学生展示给他看。教师还可以采用一些其他的展示形式：要求学生拼写一个词、写下一个关键术语的定义、写下一道题的解题思路。为了防止学生们互相抄袭答案，教师可以要求学生在他的提示下才可以展示答案，

（3、2、1……举起写字板）。更具体地说，在使用手势展示时，教师可以要求学生遮上眼睛，在教师要求睁开的时候才可以睁开眼睛（闭眼展示）；或者要求学生先把手放在书桌下面，在教师要求展示的时候才可以展示出来。使用写字板展示之前，教师要向学生详细地解释他的要求，让学生了解他们要用记号笔在写字板上写什么内容。

技巧设计练习

使用下列问题和框架进行"向教师展示"练习，包括手势展示、写字板展示，或同时进行。

学生要回答的问题：

_____

标准答案：

_____

可能出现的错误答案：

_____

手势展示练习方案

如何向学生做出手势展示的指令（例如，用剪刀手势表示2、1……2！）

_____

如何表述我看到的情况：

_____

通过哪些行为表示我看到的情形：

_____

对没有举手或举手少的情况，该如何回应：

_____

对回答正确的学生提的第一个问题：

_____

对回答错误的学生提的第一个问题：
_____

写字板展示练习方案

在使用写字板展示时，我的提示语，如：3、2、1，大家现在盖上笔帽，把你知道的展示给我看！
_____

如何表述看到的情况：
_____

通过哪些行为表示我看到的情形：
_____

对于没举起写字板，或写字板举得比较低的同学，我的回应是：
_____

学生们该如何处理写字板展示活动所用到的一些工具（写字板、记号笔、其他的一些工具）：
_____

在写字板上写答案之前：
_____

写字时：
_____

写完之后：
_____

对于回答正确的学生，我要问的第一个问题：
_____

对于答错的学生，我要问的第一个问题：
_____

技巧实施

请在下面画线区域写一下你在实施"向教师展示"技巧之前,是如何向学生进行介绍的。在介绍时,要做到以下几点:

- 让学生清楚他们在活动中什么时间该做什么事。
- 要清晰、明确地告诉学生"向教师展示"的目的。
- 推行过程要迅速、把握准确度(最好控制在两分钟之内)。

_____

_____

如果可能,把你的推行方案与你的同事交流一下,并听取他们的建议。

角色扮演练习

选择"向教师展示"两种形式中的任意一种(手势展示或写字板展示)。运用你提前备好的教案,与你的两个同事一起练习"向教师展示"教学技巧。

在这个活动中有三个轮转角色:教师、学生1和学生2,下述内容为每一轮活动的基本顺序:

1. 教师提出问题,给学生1和学生2一些应答时间,并对学生发出"向教师展示"的指令。

2. 学生展示他们的答案(通过手势符号或写字板)。如果学生回答正确,则进入第四步。如果回答错误,则进入第三步。

3. 教师通过学生的答案得到反馈,并且再次练习。

4. 转换角色,与一位新的老师重新练习这个过程。

在进行每一轮练习时,老师补充的指令为:

第一轮:两个学生都答对了,教师浏览答案。

第二轮:两个学生都答对了,教师选择一个问题并提问。

第三轮:学生1做错了,学生2做对了,教师提问学生1。

行动计划

根据下列标准,评价自己对"向教师展示"这一技巧的练习效果:
- 预备了一些问题,可以使提问活动更严密,错误更明晰。
- 全班学生一起举起手或写字板。
- 没有人在教师要求的时间之外抄写或修改答案。
- 你得到了清晰的数据,了解了全班学生的理解水平。

我目前做得怎样?

根据已有的情况制订和改进计划,确定行动周期,按时回顾,进行自我评价。

行动计划(截止日期;练习对象;评价方式)
截止 _____(日期),我将_____
我是怎样做的?
闪光点:_____
存在的问题:_____
改进方案:_____

技巧6

积极检查：为学生给出及时反馈

概要

在积极检查过程中，要让学生们积极参与进来，以便检查他们的知识理解情况，不仅如此，学生还应该向你确认他们对一些关键知识点所完成的任务是正确的、有成效的而且是严谨的。

反思

你现在是采用什么方法来检验学生在独立完成作业时的知识理解情况？

_____

_____

基本原理

保证好的活动效果

在教师积极检查时，可能会出现一个不太乐观的情况：学生们坐在那里等待你的检查时，他们可能会无所事事，浪费时间，并且他们还会走神。因此，你应该认真考虑一下应该怎样做才能确保学生不会坐在那里无所事事地等待。我们提出了一些建议，你也可以在下列的空白处填上你的想法。

统一练习格式

专门设计学生们的学习资料，这样你可以轻易地找到你需要的信息，例如，你可以在学生的练习资料上留空白，他们要在这些空白处写上答案，因此你也可以更加快速地找到学生的答案。

使用答题纸。这也可以加快你检查的速度。

给出多个问题。多给学生出几道题，这样你就有更多的时间检查学生的答案并确定所有的学生何时将完成作业。

让学生自查。在一些情况下，你可以让学生互相检查作业，比如你提供正确答案后，让他们可以正确地批改对方的作业，并且在对方作业上签字确认。

你的看法：

_____

_____

教学计划和技巧实施

在接下来的教案中，看一下在哪些环节可以进行"积极的检查"。在教案中，针对以下几点做好记录：

- 将使用的积极检查的方法。
- 你将检查的问题或活动、签字的位置。
- 如何保证高效、准确地进行检查。

因为积极检查是一个分享的过程，因此学生的认同是非常重要的。写一个计划稿，记录你将使用什么样的方法简单地对学生解释积极检查的进行过程，并且告诉学生这种方法对他们的好处。在下列空白处，写一个草稿：

_____

_____

深入分析

我们在前文中曾提到，你不必总是亲自检查。当学生们进行自我检查时，你可以将学生们要检查的问题张贴出来，或将答案放在教室中学生们可以拿到的位置。确实，你可能会面临一些风险，学生们进行自我检查可能会降低积极检查活动所得数据的准确性，但是这样的形式对于鼓励学生的主动性和推进课堂的高效运行方面仍是很有效的。

除了之前的教案之外，你也许还需要做一些记录，设计学生们进行积极检查活动的步骤和方法：

- 谁是检查者？他们要检查哪些问题？检查方法？检查时间？
- 你如何确保检查过程的高效性和准确性？
- 你是否会检验那些学生检查者的工作？如果是，你将如何检查？

行动计划

用如下标准评价你的积极检查教学过程：

- 通过检查，你得到了掌握学生学习状况的相关信息。
- 在这个过程中，没有学生会无所事事，无事可做。

我目前做得怎样？

根据已有的情况制订和改进计划，确定行动周期，按时回顾，进行自我评价。

行动计划（截止日期；练习对象；评价方式）
截止 _____（日期），我将_____
我是怎样做的?
闪光点：_____
存在的问题：_____
改进方案：_____

《像冠军一样教学》回顾

希拉里·路易斯是布鲁克林拔萃女校一年级教师,她在学生单独做作业之前使用积极检查的方式评估学生的掌握情况。一开始,希拉里要求学生在绿色贴纸或"纸券"上完成一道数学题,之后让学生用"纸券"换取独立练习的机会。她把这种交换比作"看电影"的经历,以此唤起学生的兴趣,制造悬念。通过让学生"赚取"独立练习的特权,教师将整个过程变成了奖励。因为学生必须认真答题才能独立练习,所以他们不会为了速度而牺牲准确率。这也是在暗示每一位学生,教师重视的是质量而非速度。

学生们一个接一个地完成任务,耐心等待教师的指示。希拉里叫学生们举起手。由于已经指示学生要把作业写在贴纸上,所以她知道该往哪里看。如果学生的作业是正确的,她会给予亲切、积极的回应,但是语气又不会夸张:"不错。答对了,跟我预期的一样。"如果学生的答案是错的,她的回应依然是亲切的、支持的:"好,很棒,你做了这道题。我希望你再做那道题(她一边指着黑板说)。"她的反应是在向学生表示:"答错"和"答对"一样正常。

第二章

采取有把握的行动，
建立犯错文化

技巧7

预备错误：更好地掌控课堂

概要

在课堂上，学生们在学习知识的同时，也会犯错误，这两个过程紧密相连，课程成功与否取决于后者是否能成功地转变为前者，将错误转化为学习知识的关键之一就是要提前预备错误。

反思

作为教师，我们都知道学生们在我们的课上一定会犯错误，但是当我们写教案时，往往不会对错误进行预判，并准备好纠错，原因是什么？

_____

当我们在写教案时，如果不提前为学生的错误和纠错做好准备，会有什么后果呢？

_____

我们的观点（我们确定你可能有其他的见解）：如果不对错误进行预判，在课堂上我们可能就不会及时对学生大的错误进行反馈，更甚者，我们有可能会忽略掉很多学习数据，而这些数据恰恰反映了学生们并没有掌握所讲的知识。这样就会进一步打击我们的信心，不确定我们能够通过预备错误和反馈错误提高我们的教学能力，因此，那些能快速掌握知识的学生和那些学习吃力的学生表现出来的差距就越来越大，那些学习吃力的学生就会感到越来越多的挫败感。与此同时，我们就会发现我们没有时间继续讲解更多的教学内容，因为我们需要花费更多的时间重新对学生讲授知识。

基本原理

预备错误包括两个方面：如何处理课堂上一些具体的、可预见的错误，以及何时、如何进行重新讲授。

预备特定错误

如果能够预测到学生们会犯什么错误，你就能够在匆忙的教学过程中轻松地回应。但即使学生们没有犯你预测的那些错误，预备的过程也可以让你在精神上和知识上都有更好的准备，你可以做下列三方面的工作：

区分先后次序。因为你的时间和精力都是有限的，因此预备错误这个方式只放在你课程中最重要的问题上。判断问题的重要性的一个方法，就是要评价这个问题与你当天教学关键目标是否吻合，或与你讲授的这个单元的教学目标是否吻合（技巧16，从结果开始）。

拟订目标答案。在开始进行"预备错误"时，最好的方法就是先拟订目标答案——针对课程中的最重要的问题拟订出最好的答案，这会使你更好地坚持自己的正确方法（技巧12，正确就是100%正确）。最终，拟订目标答案可以让你了解你在课堂上需要讲什么，应该怎么讲，才能教会学生正确地回答问题。

记住一些特别的学生，并列出计划。中学数学老师卡蒂·迈克尼科尔使用这样的方法，在课前预想了不同学生可能会犯的不同错误，这样她就可以事先预测出错误的类型，并且有针对性地准备她的答案。例如，在最近的一次课上，她预测到一些学生很有可能会犯一些概念性错误，而其他一些已经掌握概念的学生，也极有可能会犯一些小错误。因此，针对这个问题她计划了两套答案：一套根据"分解问题"（技巧35）来设计，这些问题可以帮助她找出那些后进生可能会犯的错误；另外一套问题的针对性没有那么强，例如一些回转问题（重复学生的回答"你最大的整数是7吗"），这些问题可以帮助那些学习成绩比较好的学生纠正他们的错误。

反思

如果你的一个同事说了如下的话，你会有何反应？

在理论上，我喜欢"预备错误"的理念，但是，如果想预测我的学生会得出什么样的答案或他们哪些地方没有想到，这确实很困难。每当我认为学生们在某些方面会存在学习困难时，他们反而会轻松地完成，反之亦然。最终，我不会把时间放在那些我不确定是否有效果的事情上。我认为对错误进行回应的最好的方法就是当场对学生们犯的错误进行反馈。你不能通过提前规划来重复这个过程。

我们的观点（当然，你也可能有其他的想法）：在"预备错误"的过程中，你做的准备越多，就会做得越好。如果在这一方面你还做得不够好，那更应该多进行错误预判。即使学生们犯的错误与你预测的错误不一致，"预备错误"的方法仍然是有好处的，因为它会帮助你在课堂上更好地对学生的错误进行回应。这种技巧也可以帮助你消除一些"意想不到的因素"，如果你对错误进行了预判，当你遇到学生们犯的这些错误时，也就不会措手不及了。

预留时间，进行重新讲授或帮助学生提高

在课堂上，如果出现学生对知识不理解的情况，我们可能需要把这些知识全部重新讲解一遍，这会给课堂授课带来很大压力。减少这种压力的一个方法就是分配好课堂时间，根据学生的表现，决定你的课堂时间是用于重新讲授知识还是讲一些更难的知识点，帮助学生们取得更好的成绩。这个技巧的更高级的使用方法是在你的教学内容中加入一些针对学生所犯

错误的补充内容。

案例研究：雅各布老师，中学数学/科学

阅读雅各布老师的"预备错误"技巧教学案例，记录一些"闪光点"和"待改进之处"。她在哪些方面做得比较好，在哪些方面仍需改进？

教学目标：学生可以区分有体积的图形和没有体积的图形。
本课关键问题：这两个图形都有体积吗？为什么有或为什么没有？

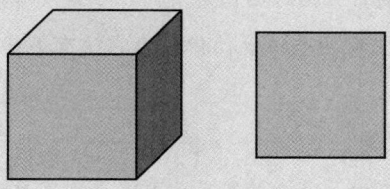

目标答案：有体积的物体，一定会占据空间，只有三维的物体才可以做到这一点。右边的图形没有体积，因为它仅仅只有两维，也就是只有长和宽，而没有高。左边的图形是有体积的，它有长、宽和高，因此是占据空间的。

最可能出现的错误或不确切答案：

错误1：这两个图形都是有体积的，因为这两个图形都有面积（学生如果这样回答，那他就是混淆了体积和面积的概念）。

错误2：这两个图形都有体积，因为这两个图形都占据了空间（学生如果这样回答，那就说明他没有理解一个物体必须具备三维，也就是长、宽、高，才可以占据空间。左边的图形确实是，但是右边的图形并不具备这个特点）。

我可能做出的回答：

错误1：
- 一个图形需要有长和宽才能有面积。
- 一个图形有几个维度才能有体积？看看你记过的笔记（需要有三个维度）。
- 很好。那么我们看一下这些图形，这两个都是三维的吗？（不，左边的图形是，右边的图形不是。）
- 那么哪个图形有体积？（左边的图形有体积。）
- 解释一下为什么右边的图形有面积但是没有体积？（右边的图形有面积，因为它有两个维度，但因为它没有第三个维度，所以它没有体积。）

错误2：
- 让我们回顾一下体积的定义，有没有同学可以重复一下？（一个图形占据的空间的量。）
- 为了占据空间，这个图形需要具备什么条件？（需要有三个维度。）
- 这两个图形都是三维的吗？（不，只有左边的图形是。）
- 为什么右边的图形不是？（它只有两个维度。）

填写下表，再继续阅读。

闪光点	待改进之处
雅各布老师的这些做法很有效：	下次，她可以尝试：

我们对雅各布老师的点评（你的观点可能与我们的不同）：雅各布老师很巧妙地提前准备了一个关键问题，这个问题与她的教学目标一致。她预备了一个非常严谨、完善的目标答案，并且使用了非常学术的语言。她预备了学生们可能会犯的错误以及有讨论价值的问题。她对错误的答案不仅仅包括一些通用规则，还列举了一些分解问题（技巧35）和提示，引导学生们思考，并引导学生们说出正确答案。并不是每个"预备错误"过程都要这样做，但这样做确实是有效的。

为了正确回答问题，学生们必须能够分清每个图形的维度，并且他们可以通过维度确定哪个图形是有体积的，并了解原因。为了确定学生能掌握这个知识点，她可以在教案中加入下列问题：

一个图形如果要有体积，它需要有哪些维度？（有体积的图形需要有三个维度：长、宽、高。）

那么，这两个图形是不是都有体积？为什么有或为什么没有？（不。右边的图形没有体积，因为它只有两个维度，长和宽；左边的图形有三个维度，长、宽、高，因此它是有体积的。）

右边的图形如果要想有体积，需要增加哪个维度？（需要有高。）

她可以预备使用针对性提问（技巧2）和冷不防提问（技巧33）的方法，检查学生对知识的理解：

- 圆柱状的物体有没有体积？为什么？
- 这个纸巾盒有没有体积呢？说出你的原因？
- 这张纸呢？
- 一个有长和宽的图形是不是就有体积呢？
- 一个有体积的图形是不是二维的？为什么？

案例分析

针对在"预备错误"这一章列出的每个例子，写下你的观察笔记和想法，然后与我们后面的观察笔记相比较。

案例1. 布莱恩·白朗格，八年级，数学

本课的关键问题：

4. 不等式 $-3q - 42 \geq 18 - 9q$ 的解是？

A. $q \geq -5$

B. $q \geq 10$

C. $q \leq -5$

D. $q \leq 10$

目标答案：（B）要让学生意识到这是一个不等式。他们首先应该将所有的项都移到左边，因为在求解的过程中，求解项应该置于左边。否则在相除的时候，需要使用相反的符号，然后还是需要把变量移到左边。

可能出现的错误或不确切答案：

A. 计算错误

B. 计算错误和符号错误

C. 不等式符号错误（最可能出现）

学生们可能会犯以上错误。学生们可能不会把所有的变量移到等式的左边，因此当他们除以"–6"时，不会反转符号，或者当他们弄反了顺序，没有把变量放在左边。学生不太可能会很聪明地把所有的变量都移到左边，但是还是弄反了符号……

我的目标是让学生们清楚地表达出为什么最好是首先把变量移动到左边，他们怎样可以知道是否应该反转符号。

我的回答：

我：解答这个方程的第一步有很多种方法，你选择哪一种，为什么？

学生A：两边都加上$9q$，因为我们想要将变量放在左边……

我：（如果学生A解释这个问题有困难）"为什么你这样做会比两边都加上$3q$要更好呢？"（我会将这一步列出来）我是否需要反转不等号呢？你是如何知道的？

学生B：不需要，因为你不会除以负数，并且变量在左边。

我：那么正确答案是什么呢？（答案是B）现在，你是否还觉得如果在两边都加上3q，你会得到相同的答案呢？

（给学生列出正确的解题步骤作为示范，帮助学生了解他们的错误之处，并且重新确定最终变量就是要放在左边的，因此首先将变量移到左边是最佳解题步骤）。

案例2. 艾丽卡·利姆，九年级，世界史

本课的关键问题：

为了与伊斯兰教进行竞争，在印度教信仰中，种姓制度和轮回的后古典主义转变是如何进行的？

目标答案：因为伊斯兰教强调在安拉面前精神平等，印度教通过种姓制度，限制了人口的社会流动，因此比起印度教，伊斯兰教更受下层印度人的欢迎。在后古典主义时期，约有四分之一的印度人转而皈依伊斯兰教，这些人大多来自低种姓人群。为了留住信奉者，吸引更多的底层人群，印度教融合了一些伊斯兰教的教义，如：一神论和信奉者人人平等。因此，后古典主义中的印度教不再严格强调种姓制度，而是着重强调信仰，取得唯一神的拯救，例如在印度诸神殿中的克利须那神的拯救。

最可能犯的错误或不确切答案：

学生可能会不理解两个知识点之间的因果关系，知识点A：与伊斯兰教竞争；知识点B：印度教改变教义以吸引下层人民。问题的关键是要确定下层人民是这个问题的根源。大多数学生会忽视这两个主要线索：

1. 大多数穆斯林信徒是低种姓人群。
2. 印度教教义的改变是为了迎合低种姓人群。

我的答案：

关键知识点：伊斯兰教吸引了大量的低层印度人，而印度教由于它的种姓制度，限制了这些底层人民的社会流动。

- 为什么伊斯兰教对这些印度人有吸引力？哪些印度人？
- 怎样才可以在伊斯兰教中得到拯救？（信奉安拉，五大支柱。）
- 思考五大支柱，什么是第一支柱？（安拉是唯一真神，穆罕默德是他的先知，哈巴德。）
- 如果那是第一个，最重要的要求，谁将能够获得伊斯兰教的拯救？（任何人。）
- 穆斯林的理想吸引了印度社会的哪些人？为什么？（低种姓人群，根据印度教教义，他们在生活中没有被给予社会流动的机会，无法变为高等级种姓。）
- 回到上一页的练习，推测一下，转去皈依伊斯兰教的那20%～25%的印度人是哪些人？（低种姓人。）

关键知识点：为了留住信奉者、吸引低等阶级人群，印度教融合了一些流行的穆斯林教义，例如：一神论和信奉者人人平等。

- 为什么这对印度教是个问题？（他们失去了很多的信奉者，这些信奉者都转而信奉伊斯兰教。）
- 面对失去了很多追随者的境况，印度教有什么反应？（改变一些关于种姓制度和拯救之路方面的核心教义，使印度教变得更加包容。）
- 回到我们的文献部分——在文献一中，克利须那神重视哪个种姓等级？在文献二中呢？（文献一中的高种姓等级VS.文献二中的低种姓等级。）
- 为什么克利须那神在文献二中重视低种姓等级？（给予所有的人成佛的机会，并把这些人留在印度教。）

案例点评

案例1

除了列出了最可能出现的错误答案之外，布莱恩老师列举了学生们可能会犯的其他错误。除了确认正确答案之外，他还精确地计划出他想从学生那里听到什么答案和他想让学生学会的知识（我的目标是让学生清楚地了解为什么首先要将变量移到左边，他们如何了解他们是否应该将符号反转）。他计划出确切的提示和问题，当学生们的答案出现错误时，他可以用这些提示和问题对学生给予反馈，在预测了学生们可能的答案之后，他的教案就更加完备。在本质上，他对于学生错误的回应做了双重规划（技巧19），预想出了他和他的学生要做的和要说的所有内容。

案例2

艾丽卡老师使用学术语言设计了一个目标答案，并且她希望学生能够学会使用这种语言。因为她在预备一个开放式的答案，她的聪明之处在于她并没有仅仅设计一个错误答案，与此相反，她确认了学生们最有可能忽略的两个关键线索和学生们可能不理解的内容。通过这样的做法，她就可以清楚地了解她需要解决的问题，不会仅仅局限于某个学生可能会也可能不会给出的答案。然后，她设计了一系列的问题和提示，帮助学生了解那两个关键线索，最终完全理解重要的内容。

为错误做计划

使用预备错误的模板，对下一课中的一两个错误或误解做出计划。如果可能的话，将你已完成的模板与你的同事分享，寻找提高这个技巧的方法。

预备错误计划模板

我的课程目标（技巧17）：

_____

本课的关键问题：

_____

目标答案（理想的或正确的答案）：
_____

可能的错误或不确切答案：
_____

潜在的分歧或误解

学生们可能会迷惑或忘记要做的事情是什么？
_____

我可能的回应（见技巧35——你将给出什么提示或问哪些分解问题）：

回应1：
_____

回应2：
_____

角色扮演练习：练习回应错误

带上预备错误模板，组成三人小组（一个老师、一个学生、一个指导老师）或与你的同事组成两人小组（老师和学生），按照如下顺序，练习对预备的错误进行回应：

1. 老师根据课程提问关键问题。
2. 学生给出错误答案。
3. 老师按照计划对错误答案给出回应。
4. 学生回答正确。

在教师练习了对错误回应之后，指导老师紧接着对教师指出了闪光点（这里比较有效的做法是……）和待改进之处（下一次，可以尝试……）。教师重新尝试，对学生给出反馈，查找这些成功点：

● 教师使用标准的语言，规范化错误（这个题比较难，我们一起把这道题做对）。

- 教师有效地对学生的错误给出回应，并且帮助学生得到正确的答案。

行动计划

利用上述的成功点，继续进行"预备错误"练习。

我目前做得怎样？

根据已有的情况制订和改进计划，确定行动周期，按时回顾，进行自我评价。

行动计划（截止日期；练习对象；评价方式）

截止 _____（日期），我将_____

我是怎样做的？

闪光点：_____

存在的问题：_____

改进方案：_____

> **技巧8**
>
> **犯错文化：让学生敢于犯错，勇于在错误中总结经验**

概要

错误是学习过程的重要部分，是能够更好地学习的机会，不应被忽视或否定，这是我们应该让学生了解的最重要的信念之一。在一个具有犯错文化的课堂，学生们可以很坦然地接受错误，他们很愿意让老师和其他同学了解他们的错误，他们完全了解他们的努力可能会以失败而告终。坚持犯错文化，不仅强化了这种想法——值得学习的知识总是具有挑战性的，只要努力了总会成功，更为实际的是，坚持犯错文化可以使学生的错误更容易被发现、被研究。当学生们毫无保留、非常平静地回应错误时，研究错误的学习价值就更容易了。以下四种特定的行为可以帮助你建立犯错文化。

- 期待错误。
- 隐瞒答案。
- 不要露出马脚。
- 表扬冒险。

反思

教师们都希望学生们能从他们的错误中学到一些知识，但并不是每个课堂上都有这种犯错文化。哪些因素阻碍了犯错文化的实施呢？如何克服这些因素呢？

_____

_____

我们的观点：教师在对学生进行表扬时，可能会间接地让学生形成一种认识，即他们取得的成绩是由他们的天赋决定的。教师有时会表扬学生的天赋而不表扬他们的努力，例如，"你很聪明"或"你是个数学天才"或"你在这方面很有天赋"等。或者他们可能过度表扬学生们取得的成绩，赞扬他们得到的高分或者正确的答案，却忽视了对学生经过努力取得的进步进行表扬。在这种课堂氛围下，学生们不敢说出他们的错误，因为每当他们说出错误，教师们会表现出不耐烦、挫败或失望的语调或肢体动作。

此外，即使教师努力在课堂中营造一种珍视错误的氛围，但如果学生们不予配合，则这种尊重犯错的文化氛围也无法存续。

建立犯错文化

教师对错误的回应会传达一个强有力的信息，告诉学生们该怎样理解或认识错误。在此，我们将阐述如何通过教师的言行建立犯错文化的四种方法，在这种犯错文化中，学生会将他们自己和他人的错误看成是促进他们学习进步的有价值的来源。

期待错误

谨慎地选择话语和行为，告诉学生犯错是正常的，也是学习必备的过程。你要让学生知道，犯错不是了不得的事。有一个例子，鲍勃·季默里老师在他的课堂上对学生的错误进行反馈，他这样说："我很高兴看到了你的错误，这样我就知道该如何帮你了。"他的话语提示学生，他们的错误是非常好的机会，以鼓励学生继续自愿展示他们的错误，而不是努力地隐藏错误。

隐瞒正确答案

作为教师，我们经常会急着告诉学生他们的答案是否正确。我们会先说对错，然后再回去研究解题的过程，我们会说："好的，让我们考虑一下为什么是这个答案，怎样得出这个答案的。"然而，为了建立一种有效的犯错文化，我们应该先要求学生讨论问题，分析各种答案的正误，然后再揭示正确答案，这对于建立犯错文化是很有用的。凯蒂·贝鲁奇老师做到了这一点，她说："我看到大家的答案有B、C、D。"我们可以看到她没有告诉学生哪个答案是正确的，她会在最后才告诉学生正确答案。

即使你想要在说出答案后马上分析解题过程，但当学生们听到他们做错了，他们就会感到挫败，不好好听讲，或者当他们听到他们做对了，他们就会觉得已经明白了，也不好好听讲。隐瞒答案会使学生更好地融入课堂的讨论部分，并且关注解题的过程，而不仅仅局限于答案的对错。

不要露出马脚

许多教师总是无意中暴露他们的想法，那就是他们知道哪个是正确答案。学生们经常会读出老师的一些行为和言语，猜测出他们的答案可能不正确，因此他们就不会冒险，也不会积极参与课堂活动。

然而，教师也经常会露出马脚。尽管一些无意识的话语，如"哦，我喜欢这个答案"和"噢，这个答案！"并没有打算传达一种肯定的或否定的情感反馈，但是这样的话语仍然传达出了一些重要信息，比方说，如果你对大多数答案都给出肯定答复，但你不再给出肯定答复的时候，那意味着什么？那就是告诉学生这个答案是错误的，你的答复露出了马脚。

所有的教师都会有一些无意识的话语和行为，流露出他们对答案的情感反应，当然，这本身并没有多大问题，但想要掌握检查学生理解水平的艺术，就需要我们有意识地控制一些露马脚的行为，尽可能减少这些行为和话语，至少也要意识到这样的话语和行为会暴露我们的心理状态。

教师常常会露出马脚的话语

答案错误时	答案正确时
思考学生的答案，眼睛向上凝视，似乎祈求老天帮助	学生说出答案时，你非常急切地点头
说"好吧"或"嗯"	不自觉地发出"嗯"的声音，表现出来似乎你很开心听到了这样的答案
只在黑板上写出正确答案	"噢，大家都听清楚了吗？"
开口说话之前，停顿几秒	
说"其他同学怎么看"或"不错"，或者询问学生是否确定自己的答案	

如果条件允许，你可以与同事再次练习，对正确的和错误的答案进行回应，不露出马脚，创建一种犯错文化。

表扬冒险

教师建立犯错文化的第四种方法是表扬学生冒险、表扬学生挑战较难的问题。例如，如果学生举手回答一个很难的问题，你可以对学生说"我喜欢所有能够勇敢举手的同学"，让学生们明白：你看见了并非常感谢他们勇敢的挑战。如果学生们正在努力做你布置的难题，不确定答案是否正确，你可以告诉学生"这是个好迹象"，让学生们明白，做题的时候拿不准是一种正常现象。你甚至可以用一些比较轻松的方式要求学生尝试一个更难的问题，就像凯·胡费恩在课堂上做的那样，她告诉学生"我打赌你不敢使用这三个证据"，这样的语言可以鼓励学生们抓住在学术上进步的机会，使学生不再害怕失败和其他的因素，勇于尝试。

犯错文化中使用的语言

从下列犯错文化的表述中选取一条，加以改进，并用在你的课堂上，然后，再加上一些你自己的例子。

"你认为，哪个选项是我最喜欢的错误答案？"

"我看到有些学生选择答案x，有些选择答案y，不论我选A还是选B，我该如何为我的答案辩护呢？"

"我看到有几种不同的答案，我们讨论一下，大家准备好为你的答案辩护了吗？"

"这个问题人们已经争论了几十年，人们都不知道是否存在一个正确答案，因此让我听听你最好的想法。"

"这个问题很难，如果你还没做出来，那是一个很好的迹象，现在，谁能大胆地回答一下这个问题？"

技巧：提问，但不要露出马脚

这个练习最好与同伴配合完成，但如果没有合适的搭档，你可以先单独练习。

在下面的画线处，设计并写出你在创建班级犯错文化时所说的话以及如何才能避免露出马脚。从你的教案中选择一个问题，并设计一个正确答案和两个错误答案。

和搭档练习在犯错文化中，如何对学生们的正确和错误答案进行回应，且不能露出马脚。

避免露出马脚

针对正确答案：

例子：我要尽量不抬眉毛。

针对错误答案：
例子：我尽量不露出迷惑的表情。

犯错文化中你可以使用的措辞：
例子：我很高兴听到同学们中有不同的想法。

从你的教案或学习材料中选取一个问题，设计两个错误答案和一个正确答案。与一到两名搭档一起，利用这个问题，练习对正确和错误答案进行回应，你的措辞要有利于犯错文化的创建，且不要露出马脚。

问题：

正确答案的回应：

错误答案的回应1：

错误答案的回应2：

反思

设想一下，你明天早上醒来时，你的课堂里充满了犯错文化氛围，你会看到什么？听到什么？如何让这样的设想变为现实？

行动计划

利用下列规划继续进行创建犯错文化练习，能做到如下几点，说明训练效果良好：

- 隐瞒答案，不要露出马脚。

- 创建一种氛围，在这种氛围中，出错是正常的，值得讨论。
- 学生们不会担心犯错，并愿意冒险尝试一些更难的问题。

我目前做得怎样？

根据已有的情况制订和改进计划，确定行动周期，按时回顾，进行自我评价。

行动计划（截止日期；练习对象；评价方式）
截止 _____（日期），我将_____
我是怎样做的？
闪光点：_____
存在的问题：_____
改进方案：_____

技巧9

挖掘错误：迅速找到最佳解决方法

概要

学生和教师都可以从学生们犯的错误中学到一些东西，这是因为这种错误并不是偶然性的，而是逻辑错误，因此我们要了解错误背后的问题。然而，想要完全了解错误能给我们带来的好处，教师必须挖掘错误。我们的意思是我们要在课堂上分析错误，解决一些潜在的误解。可想而知，教师对错误回应的尺度随着情景的改变而改变。教师可以选择让全班同学针对某个问题进行深度、扩展讨论，也可以进行一对一的讲授，不进行全体讨论。为了更好地解释不同的方法和决定的过程，我们根据挖掘错误的程度和类别，将其分为三个层次：

- 评估和保持课堂进度。
- 轻度挖掘。
- 深度挖掘。

这些方法是一个系统的过程，也提示我们要用不同的方法研究学生的错误。有时，最简单的方法反而最有效，但有的时候，那些比较复杂的、有深度的方法会更有效。优秀的教师会尽力保持这两者的平衡，采用最有效的方法。

反思

在决定需要留给学生多长时间来讨论他们的答案时，你认为最重要的考虑因素是什么？

_____

_____

基本原理：三个层次
评估和保持课堂进度

在一些情况下，你可以有策略地决定不在课堂上讲解错误，而是继续进行你的教学。例如，如果大多数人都回答正确了，而只有一个学生回答不出，你可以对这个学生单独辅导。或者你可以将两三个学习有困难的学生叫到一起，坐在一张桌子周围，对这些学生进行单独辅导。

轻度挖掘

教师有时会遇到许多意料不到的错误，需要快速进行回应。如果几个学生都犯了同样的错误，或者这个错误值得讨论，你可以考虑采用轻度挖掘的技巧，让学生分析错误答案中蕴含的肯定含义（"从你们的答案中可以看到一些不错的想法"），这也让学生分析答案中的错误之处或漏掉的内容（"但是在文末，有一行特别重要的文字，我们中的一些人已经读过了，甚至重复读了不止一遍"）。

我们观察了一些教师，他们采用了不同形式的轻度挖掘：

- **寻求其他答案**。你可以先要求学生说出他们的答案，在不告诉他们答案是否正确的情况下，要求其他学生说出不同的答案："根据这篇文章，乔纳斯可以看到什么，谁还有其他的理解？"

- **比较回答**。教师不必按顺序分析各个答案，但可以进行比较："让我们看看这两个答案，哪个答案更有力度？"尽管并不是很必要，但是你也可以考虑将两名学生的作业放在一起进行展示，并引导学生进行分析。

- **分析错误回答**。要求学生评价错误答案，解释错误原因，或者让他们说一下在解题过程中看似正确实则错误的解题思路，如"许多人说答案是36，让我们分析一下出现这个错误的原因"。
- **寻求学生意见**。教师不必自己提出一个"常见错误"，可以把这项任务交给学生："这一段非常难懂，但是大家不妨大胆猜测一下，你们认为乔纳斯看到了什么？回答错了也不要紧。"

深度挖掘

在掌握一课或一个单元的知识点时，学生们不可避免地会犯错，也正是通过错误以及对错误的深度挖掘，才能让学生更好地掌握知识。在某些情况下，教师可能会关注各种可能的答案，找出各种错误。在另外一些时候，教师会深度研究一个错误答案，要求学生评价已掌握的知识和需要复习的知识（在下面的案例1中你可以看到这个技巧）。这样的方法需要大量的时间，因此你需要把深度挖掘放在最重要的问题上。

反思

除了时间因素外，你认为还有哪些因素会影响你对上面三种方法的选择？

_____

_____

案例分析

研究下面每个案例，并写下你从中发现的亮点和不足，然后将你的评价与我们的点评（在案例2之后）进行比较。

案例1. 代数，乔丹老师

在课前的"现在就做"活动中（技巧20），乔丹老师要求全班学生简化下面的代数式。

$$4x(2x-9)-2(5x-6)$$

他决定列出一名学生的解题步骤，以便全班同学都能从中学到一些东西。下面是一名学生的解题方法：

$$4x(2x-9)-2(5x-6)$$
$$=8x-36x-10x+12$$
$$=-38x+12$$

乔丹老师：这个答案不正确，但这里面的一些计算还是不错的，我觉得我们可以从中学到一些东西。在这个同学的解题过程中，哪一步做得比较好？

杰西卡：他分配了4x和-2。

乔丹老师：你如何知道他进行了分配运算的？

特伦斯：没有其他的圆括号了。

乔丹老师：这个同学正确地分配运算了-2了吗？你是怎么知道的？

麦哥尔：是的，我知道他做对了，是因为他把-2与括号里的项相乘。-2与5x相乘得出-10x，-2与-6相乘得出12。

乔丹老师：在分配运算时，他记得带上了什么？

麦哥尔：负号。

乔丹老师：正确。让我们跳到第二步和第三步，他做了什么让我很高兴？

约翰：他将相似项进行加减。

乔丹老师：那么他哪里做错了？

约翰：他得出8x，应该是$8x^2$，因此如果我们用$8x^2$替换8x，会得出什么答案？

艾琳：$8x^2$减46x加上12。

乔丹老师：完全正确。确定你做出了正确答案，继续第三个问题。

闪光点	待改进之处
当乔丹老师这样做的时候很有效……	下一次，他可以尝试这样做……

案例2. 生物学，赫尔南德斯老师

有些毒物对生物体是有毒的，因为他们干扰了线粒体中的酶的机能，这样会直接导致细胞失去哪个功能？

A. 储存信息

B. 构建蛋白质

C. 从营养物中释放能量

D. 代谢废料的处理

赫尔南德斯老师：我们从A开始，A这种功能指的是？

麦凯拉：指的是储存信息。

赫尔南德斯老师：是线粒体储存信息吗？

麦凯拉：不，是DNA在储存信息，所以A不对。

赫尔南德斯老师：不错。B说的是构建蛋白质，吉米，你为什么没有选B？

吉米：我没有选B是因为线粒体创造能量，蛋白质不是能量。

赫尔南德斯老师：哪个细胞器具有这个功能？

吉米：核糖体。

赫尔南德斯老师：达全，你选了D，说说你的想法。

达全：嗯，这个问题说的是有毒药和毒物，那是一种废物，因此我选D，

因为这里说的是代谢废物。

赫尔南德斯老师：这个问题中提到的毒物有什么作用？

达全：它们会影响线粒体的功能。

赫尔南德斯老师：那么这个问题中提到了任何与处理废物有关的事情吗？

达全：没有。

赫尔南德斯老师：所以哪个细胞器可以代谢废物？

达全：细胞膜，所以选项D肯定是错的。

赫尔南德斯老师：很好，让我们把正确答案挑出来，只剩下C了，为什么C是正确的？

杰拉尔德：问题问的是线粒体的哪个机能受到了影响，线粒体的功能是给细胞提供能量。

赫尔南德斯老师：很好，如果你做对了，就把C圈出来。

闪光点	待改进之处
当赫尔南德斯老师这样做的时候很有效……	下一次，她可以尝试这样做……

案例点评

案例1

乔丹老师提示学生评价错误的正误之处，通过这样的方式，他有效地促进了对错误的深度研究。他也通过重视对错误的研究，加强了在课堂上有关犯错文化的构建。（"我想我们可以从错误中学到很多。"）为了进一步提高，乔丹老师问约翰为什么8x是错误的，这样可以帮助学生弄明白这个学生的重要错误，他忘记了运算所有的变量，两个x相乘是x^2。另外，他没有清楚地要求学生进行自主学习和追踪（见技巧10），特别是当学生做错的时候，他可以要求学生纠正错误，并且评价他们原来答案中的正确和错误的部分。

案例2

赫尔南德斯老师引导学生系统地对四个选项进行深入分析。这种深入的分析解决了学生们的困惑，了解了线粒体和其他细胞器的功能（核糖体、细胞膜等）。她也不厌其烦地要求学生划掉错误的选项，以便它们不会与正确答案相混淆。最后，当学生说出了错误答案或正确答案时，她尽量不露出马脚，不进行任何评论，与此相反，她用一些"为什么""怎样做"之类的问题回应学生，要求学生解释他们的解题思路，而没有表现出任何关于他们答案正误的迹象。

深入学习计划

技巧16和17对如何确定每堂课的目标进行了更多的阐述。在你正在备课的教案中，要明确学生们需要回答的最重要的问题，设计目标答案，并预测最可能出现的错误。策划一系列的即兴提问问题（技巧33），用这些问题深挖错误。如果可能的话，与一个同伴互相交换教案，从同伴那里得到反馈，并把这种反馈加入到你的教案中。

关键问题：
_____

目标答案：
_____

最可能出现的错误：
_____

深挖错误计划：
_____

角色扮演练习：挖掘错误

首先完成"深入学习计划"，然后将学生组成四人小组，他们轮流扮演四个角色：教师、导师、两个学生，每位教师都要进行三轮练习。

作为教师，在每一轮中设想在学生自主学习时，你刚刚完成了在教室四处走动（技巧24），你的学生回答了你的关键问题。现在，你决定让学生们一起回顾学习内容，解决你注意到的错误。幸运的是，你现在有时间为每一轮设计回应。

第一轮：在这一轮中，因为两个学生都回答正确了，你评价学生的表现并继续进行。

第二轮：轻度挖掘，因为一个学生的答案与你的目标答案相近，而另外一个学生回答错误。

第三轮：深度挖掘，因为两个学生的答案都与目标答案相近。

作为教师，设计一下在第一轮和第二轮中你会说的话和会做的事情，在第三轮中，你会用到在"深入学习计划"中所设计的内容。

第一轮　行动计划

_____

第二轮　行动计划（可以考虑要求学生提交另一个答案、比较答案、分析错误选项、要求学生给出推荐答案）：

_____

根据指导者的观察记录和上文中学生回应的设计，演完每一轮角色扮演。在下列这些闪光点的基础上，完成每一轮之后，写出指导者的反馈：闪光点（这样做是有效的）和待改进之处（下一次可以尝试这样做）。

● 使用支持性语言，让学生不用担心犯错（告诉学生"这个错误可以使我更好地帮助你"或"很多同学都做不出这道题"）。

- 用中立的语气或表达方式对错误进行回应，避免露出马脚。
- 提出问题或提示，有效并高效地帮助学生纠正错误的概念。

从角色扮演中，你学到了什么，在这里记录：

_____
_____

行动计划

运用在"角色扮演练习"中发现的闪光点，跟踪你挖掘错误的练习进程。

我目前做得怎样？

根据已有的情况制订和改进计划，确定行动周期，按时回顾，进行自我评价。

行动计划（截止日期；练习对象；评价方式）

截止 _____ （日期），我将_____

我是怎样做的？

闪光点：_____

存在的问题：_____

改进方案：_____

技巧10

自主学习与追踪：防止学生将错误的例子记得更牢

概要

作为教师，我们应该投入大量的时间和精力来了解学生们在学习中出现的错误，帮助学生将误解转化为理解，把他们的错误答案改为正确答案。

但如果我们的目标是帮助学生从错误中得到启发，并提高他们的学习成绩，那么仅仅让学生改错只完成了目标的一半。检验学生是否能够应对并掌握关键知识点的方法是看他们是否能够运用这些知识点来改善他们以后的学习任务，这就要求学生对他们学过的知识进行反思，并明白为什么他们之前的答案是错误的。学生们必须学会自主学习并追踪错误：在他们改正错误的过程中，学到知识并对这些知识进行反思，这意味着学生们要积极参与改错的过程并对改错的过程进行记录。

我们将自主学习和追踪错误分为四个步骤，教师可以按照下列步骤训练学生：

1. 写下正确的答案。
2. 改善作业质量。
3. 了解错误答案的元认知。
4. 了解正确答案的元认知。

我们也会研究教师们如何平衡地使用直接提示和间接提示。

反思

如果学生没有进行自主学习并追踪正确答案，他们将错过什么？如果我们不要求学生反思为什么一个答案是正确的而另外的答案是错误的,我们将错过什么?先回答问题,再继续读下面的内容。

我们的观点(我们确定你有其他的想法):即使学生们给出了正确答案,他们仍然可能会弄不明白其他答案出错的原因,掌握了学习内容的学生也可能不了解这个正确答案的正确之处到底在哪里。

从教师的角度来看,不要求学生自主学习并追踪回答,验证他们是否能真正地使用他们从讨论中得到的知识就变得更加困难,这意味着学生们将没有机会提高他们的学习。

当学生们回顾他们做过的题时,可能想不起来得出正确答案或错误答案的思考过程,因此,他们并不能从这个过程中得到很多收获,更不用说将其用于将来的学习了。因为他们不知道错在哪里,以后可能还会犯类似的错误,而如果不认真地对待错误,也无法从改错中受益。

基本原理

如前文所述,自主学习和追踪错误需要有多种追踪形式,学生们可以从分析错误中得到收获:区分并解释正确答案,记录错误答案的原因,把错误答案标出来,以防止他们忽视这些错误。

1. 锁定正确答案

研究表明,在某些情况下,学生们在记住正确答案时也会记住错误答案。研究表明,学习不好的学生更可能会混淆正确答案和错误答案,即使你相信你已经讲明白a+b是正确答案,a-b是错误答案,学生们可能还是误以为a-b是正确答案,为什么会这样呢?

当你花费时间分析了错误答案和正确答案之后,你要确保学生们已经标记出正确答案,并且能与其他答案区分开,这是很有用的。例如,你可以要求学生标记出正确答案和错误答案,让他们划掉错误答案,圈出正确答案,也可以用星号标记正确答案或者用其他的方式标记。清楚地告诉学生各种符号和标签的样子和含义是非常重要的,当你在教室里走动查看时,就可以轻松地掌握学生们是否已经跟上了你的教学进度。

也许最重要的是,让学生清楚地区分错误答案和正确答案,或者说做完与做好,会将他们的书面作业从一种存在混淆的、错误理解的状态转化为一种有用的、正确的复习工具。当他们后来再回过头复习时,就会很清楚地了解他们学过的知识。

标记1

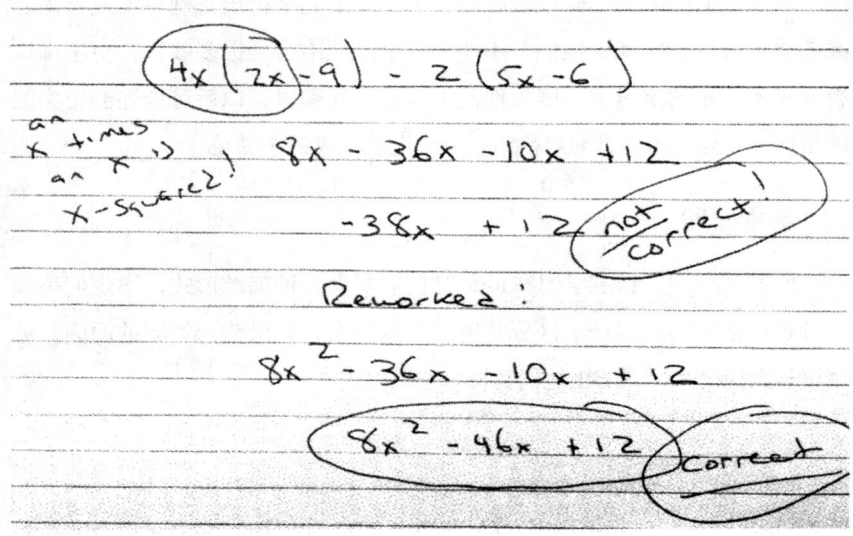

2. 改进作业

在深入分析错误答案和正确答案之后,再要求学生们使用他们所学习的知识进行复习和提高,这种做法非常有益,这会让学生们积极地跟踪讨论。讨论错误也是一个有用的方法,它可以评价你是否很好地处理了一些错误理解。如果学生们能够有准备地使用他们从错误中习得的内容去提高未来的学习，这说明他们已经掌握了这些知识。

3. 对错误进行元认知思考

你在研究或纠正错误过程上关注的越多，对纠错的反思就会变得越重要。因此，他们做了笔记去记录学习过程和思考过程，他们之后可以研读笔记，一次又一次地将他们从错误过程中得到的知识运用在相似的学习任务中。例如，在标记1中，这个学生圈出了错误的精确位置，然后他清楚地做了标记，写出应该怎样做才是正确的（一个x乘以一个x是x^2）。学生并没有具体说明错误在哪里（如：我忘记了你的指数运算），在这个笔记中描述了定律，学生可以将这样的定律用于未来的学习中。从文化角度来看，这个练习也帮助学生了解并深度思考他们错误的价值，也形象化地表示出他们所学习的知识。

标记2

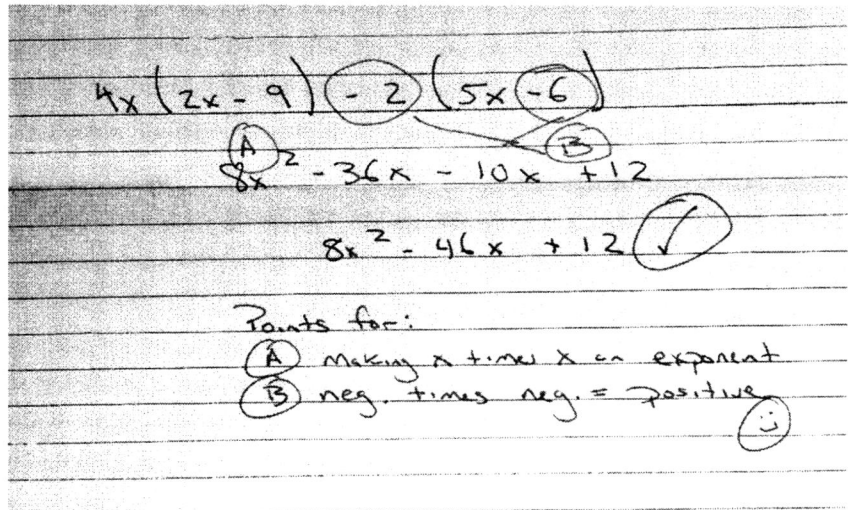

4. 对正确回答也要进行元认知研究

让学生了解他们回答正确的原因与让学生了解他们错误的原因同样重要，这样会一直提醒他们应该做什么，不应该做什么，会给他们之后的学习提供重要的指导。帮助学生们了解不完美回答中的正确之处，可以让学生知道他们距离成功很近——也许比他们原来想象的还要接近。在我们最喜欢的一个关于错误文化的视频中（见网站http://www.teachingchannel.org/videos/class-warm-up-routine），你可以看到利亚·阿尔卡拉老师用一个被她称为"我最喜欢的错误"的练习，系统地强化了这种理念。在"现在就做"（技巧20）的活动中，她选择了"最喜欢的错误答案"这种练习方式，并要求学生讨论从错误答案中得到的启发和改正错误的方法。她介绍了这个活动的基本原理："我把这个活动称为'我最喜欢的错误'，因为我想让学生了解他们的错误。我想让学生们意识到这个错误中有一些好的地方，因为这里有一些值得学习的计算过程。"这样可以帮助学生看到学习错误答案的价值，了解错误答案中的肯定之处。在很多方面，学生们如何标记和思考正确答案应该与他们对错误答案的反应相似。正如我们在标记2中所见到的那样，它可以帮助学生清楚地了解他们哪里正确以及是如何做对的。在这个例子中，教师要求学生圈出了指向正确答案的重要指示点，然后，他进一步推动学生，要求他们给这些重要的知识点加脚注，解释他们的思考过程。这种标记体系给学生提供了足够的空间，清楚地解释答案的正确之处，不需要与题目本身挤到一起。当你要求学生自主学习和追踪错误时，标记3就是学生记录的实例。

标记3

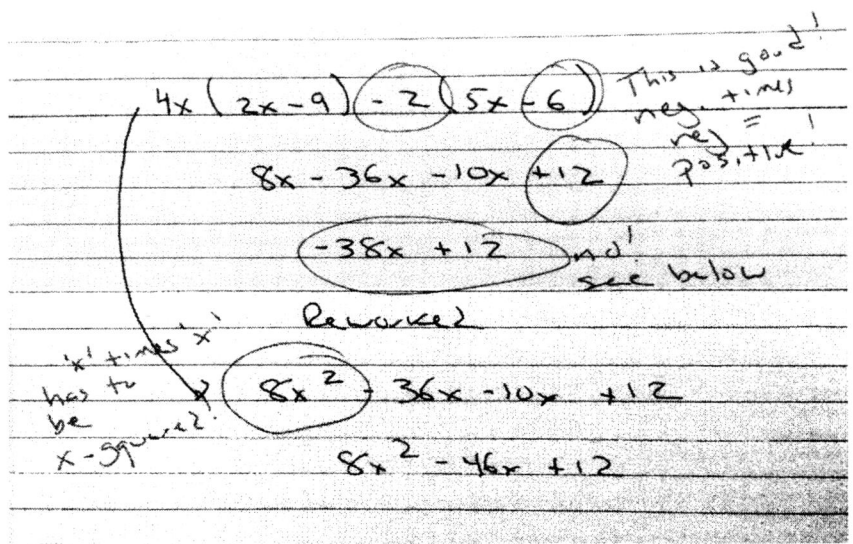

关于自主学习和跟踪错误的提示

参考以下提示，帮助学生进行自主学习并跟踪错误，标出两条对你最有用的提示。在你的课堂里最少使用其中的一条提示，再加上你自己的一些方法。

1. 检查一下做对的每一步，如果你漏掉了一个步骤，加上它，然后做笔记记录下来。

2. 划掉答案B，在空白处做记录，解释运算是怎样出错的。

3. 在语法错误处画线标注，在上面的空白处或旁边的空白处重写正确答案。

4. 将你的答案中表达"不满意"的文字标出来，在空白处，写出一个更加负面语气的文字代替这个字，了解这个角色的强烈感受。

5. 圈出括号外面的负号，画条线指到空白处，并做记录：分配运算负号→负号×负号=正号。

6. 重新阅读你的答案,从我们的讨论内容中增加至少一条证据,支持你的答案,一定要在空白处记录你为什么要增加这条证据。

7. 将词组"变得平等"画出来,在这个词组上面写上"达到平衡"。

8. _____

9. _____

10. _____

深入研究

减少支持

一旦学生们熟悉了自主学习和跟踪错误的过程,你可以使用一些不太直接的提示,也就是说给学生更大的决策权和更大的责任,自己决定如何进行自主学习和跟踪错误。例如,在讨论了实验室记录中的一些常见错误之后,你可以要求学生在研究了实验室记录之后,将你学到的内容记录下来,这样做可以使学生们了解自己最好的跟踪学习方法。重新考虑你之前选择或设计的提示,写出3个新的提示,你可以经常将其用在你的课堂中。在这里重新写出这些直接的或间接的提示,我们给出了两个例子。

直接提示	间接提示
修正后的:圈出括号外面的负号,画条线指到空白处,并做记录:分配运算负号→负号×负号=正号	原始的:圈出你的错误答案,并记录下来
1.	1.
2.	2.
3.	3.

自主学习和跟踪错误的练习策划

你可以在教案中选择一个问题,这个问题是完成课程主要目标的关键。预测出学生们可能会犯的两个错误,并且为每个问题都设计一个自主学习和跟踪技巧的提示,如果可能的话,与你的同伴交流各自设计的提示,交流各自的看法,并且对自己的提示进行修改。

你的问题:

_____

目标答案:

_____

可能出现的错误答案:

_____

你的自主学习和跟踪错误提示:

_____

角色扮演练习

重新阅读你设计的自主学习和追踪错误的文稿,如果有3个参与者,3个角色分别是教师、学生和指导老师。练习向学生传达你的自主学习和跟踪错误的提示,下列是练习活动进行的顺序:

1. 教师提问。
2. 学生提供预测的错误答案。
3. 教师在学生的帮助下分析错误。
4. 教师要求学生自主学习并跟踪错误,包括正确和错误的答案,也包括这些错误为什么对、为什么错。

在教师练习完自主学习和跟踪错误之后,指导老师(或同伴)要列出一个闪光点(这是很有效的,当他这样做……)和一个待改进之处(下一次,他可以尝试这样做……)。运用这些反馈,教师再次进行该技巧的练习。

在这个反馈中，讨论教师是否做到：给学生清晰的指示，告诉学生如何标记正确的和错误的答案；不要露出马脚（见技巧8"犯错文化"），坚持使用中立的表达和语气，对错误答案进行回应。

行动计划

利用该方案继续进行自主学习和追踪错误练习。如果学生们能做到如下几点，则表明训练效果良好：

- 锁定正确答案。
- 改善了练习质量。
- 对于正确答案和错误答案进行思考，并写下元认知记录。

我目前做得怎样？

根据已有的情况制订和改进计划，确定行动周期，按时回顾，进行自我评价。

行动计划（截止日期；练习对象；评价方式）
截止 _____（日期），我将_____
我是怎样做的？
闪光点：_____
存在的问题：_____
改进方案：_____

第二部分

严谨的教学态度与行动

第三章

赋予学生高期望

技巧11

不放弃：鼓励学生有问必答

问题时，教师的应对方式对于课堂教学的……教师往往采用"不放弃"的方法，这种方……问题的学生最终能正确地回答出教师所提……

……了课堂上的学术期望：建立个体责任文化，……确回答问题时，让学生排演成功解题的过……

……题，你可以增加难度，提高学生的积极性……要求学生解释选择这个答案的原因，或用……

……的问题时

……，可能有多方面的原因，这是个值得思考……学生会无法回答你的问题？请尽可能多地如果你提问学生，而学生无法回答你的问题时，你却听之任之，可能会出现什么后果？

_____

_____

我们的观点（我们确定你也有过其他的想法）： 学生们不回答的原因可能有以下几种：确实不知道如何回答；由于害羞、怕出丑而不敢尝试、不愿尝试；向你表示想不想学习是他们自己的事，或者他们认为问题太简单，不值一提。

教师如果允许学生不回答他们的问题，会产生如下后果：教师的权威降低、学生课堂上不回答问题变得常态化、学生不参与课堂活动、学生更少地体验到成功，不回答问题的学生也会确信你根本不在乎他们是否成功。

基本原理

有经验的教师在运用"不放弃"技巧，帮助学生得到正确答案时，共有四种模式。尽管每种模式看起来都稍有不同，最后的结果都是学生们正确地回答出问题。

模式1：你提供答案，学生重复答案。

模式2：另一个学生（或全班）提供答案，最开始的那个学生重复答案。

模式3：你提供一个线索，学生运用这个线索找到答案。

模式4：另一个学生提供提示，最开始回答的那个学生运用这个提示去找到答案。

用多种模式设计"不放弃"环节

阅读范例，完成下列两个版本的"不放弃"环节使用次序，每个版本都使用不同的模式，选出你难以处理的模式。

"不放弃"环节使用次序范例

不放弃环节次序（版本1）	不放弃环节次序（版本2）
教师：在日心说中，哪个天体位于太阳系的中心？ 学生：我不知道。 教师：好的，同学们，大家一起告诉我太阳系的中心是什么，一、二！ 全班同学：太阳！ 教师：正确，那么，太阳系的中心是什么？ 学生：太阳位于太阳系的中心。	教师：在日心说中，哪个天体位于太阳系的中心？ 学生一：我不知道。 教师：好的，第二个同学，你能不能给同学一个提示？ 学生二：昨天，我们谈论了赫利俄斯，希腊的太阳神。 教师：正确。如果赫利俄斯是太阳神，那么日心说的中心是什么呢， 学生一：在日心说中，太阳位于太阳系的中心。

提示

《像冠军一样教学》回顾

提示和暗示是有区别的。"提示"的意思是：

提示可以给学生提供有用的信息，根据提示，学生可以得到正确的思考过程。与此相对，暗示只提供相关的信息。如果我提问："有人能给詹姆斯一个暗示，帮助他找到这个问题的答案吗？"一个学生可能说"首字母是M"。这肯定能帮助詹姆斯猜到答案，但这对他下次回答问题没有任何帮助。在"不放弃"环节，这四种提示对学生来说是非常重要的：

1. 答案的位置。

"谁能告诉詹姆斯，他可以从哪里找到答案？"

2. 这时需要进行过程中的第二步。

"谁能告诉詹姆斯，他要做的第一件事是什么？"

3. 问题"术语"的另一个名字。

"谁能告诉詹姆斯，分母是什么意思？"

4. 确定错误。

"谁能告诉詹姆斯，可能做错了什么？"

教会学生寻求帮助

当学生们感到困惑时，让学生得到正确答案的另外一个方法就是教他们学会问阐释性的问题。

费舍曼奖获得者，科学教师迈克尔·汤告诉道格："如果我问他们：'磁通量的速度是多少？'我想他们会说：'我不知道你说的磁通量是什么意思。'"

为了教会学生做这道题，他允许学生们把"我不知道"换成富有成效的、自我辩护的行为。为了培养学生做到这一点，迈克尔为学生举了一些阐释性问题的例子，这种方法的另一个好处是你可以更轻易地发现这个学生是不会回答问题还是不想回答问题。

在下列例子中，用星号标出最吸引你的例子。最少改造一个例子，使这个例子更有效，然后再想出更多的例子。

1. 你能解释 _____ 的意思吗？
2. 我能不能花点时间查查我的笔记？
3. 我能寻求朋友的帮助吗？
4. ……是谁？/……是什么？
5. 你能重复/弄明白你问题的第二部分吗？
6. 我再确定一下，你问的是（问题的意思）吗？

7. _____
8. _____
9. _____
10. _____

面对抵抗

每位用过"不放弃"方法的教师都知道,这种方法在使用时并不总是一帆风顺的,有时你会遇到一些学生的抵触,这种有意识的抵触可以表现为耸耸肩或一声带有嘲讽意味的"我不知道"。尽管存在着这样的抵触,但重要的是学生最终能够正确地回答问题。允许学生不回答问题,不仅会削弱你的权威,还会让学生们意识到在课堂上不回答问题也是行得通的。

做好准备,应对学生的拒绝

阅读下列范例,在学生拒绝时,你将怎样回答?

如果学生说……	我会这样回答……	其他我可以做的事情
什么都不说,只是冷漠地耸耸肩	好的,我们听听(另一个学生的名字)怎么回答?我一会儿再问你这个问题	看起来很平静,很确定

如果学生说……	我会回答……	其他我可以做的事情
我不知道(带着点讽刺的语气)。		
我已经告诉你了,我不会(带着点挫败的感觉)。		

续表

如果学生说……	我会回答……	其他我可以做的事情
你在问我吗？我没有举手		
我不知道（但你知道他/她知道答案）。		
你为什么总是叫我？		

深入分析

优秀的教师不会仅满足于让学生做对题，而是往往在"不放弃"之后，再向学生提问一个更难的问题或布置额外的练习。我们看到教师使用了如下四种方法：

技巧25，教导学生反复练习。要求学生回答相似的问题，或者进行一系列的针对性提问（技巧2），以确定学生真的掌握了某项技巧或话题。

技巧13，扩展知识。在学生正确回答问题以后，再提问一些难度更大的问题，例如，提问为什么或怎样得到这个答案、要求给出这个答案的依据、提问一个需要把刚掌握的技巧与其他技巧结合起来的问题等。

进行错误分析（见第二章），要求学生分析他们最初的错误。例如，"你最开始哪里做错了？"这就可以确保学生充分了解了错误，并且从其他同学的错误中得到一些启发。

增加一颗星号，公开表扬学生的坚持不懈、表扬学生某个具体的行为（我看到你查看了笔记），或使用一些激励性的语言成功地完成"不放弃"

的过程，鼓励学生"是的，这就是我想看到的"。为了使这些活动取得更好的效果，要对那些值得全体学生注意的回答进行标注。

案例分析

从"不放弃"的角度考虑下列范例，看一下每位教师在运用这种技巧时的有效做法以及有哪些待改进的地方。将你的书面答案与我们的点评进行比较。

案例1. 瓦卡老师，英语

瓦卡老师：香塔尔，"insidious"的定义是什么？

香塔尔：insidious？（她耸耸肩，表示不会）

瓦卡老师：贾冯，你帮她解答一下。

贾冯：引起严重的伤害（一般是没被注意到的，等注意到了就晚了）。

瓦卡老师：谢谢你，贾冯。香塔尔，"insidious"是什么意思呢？

香塔尔："insidious"的意思是引起严重的伤害，一般注意不到，注意到了就晚了。（香塔尔的声音很小，基本听不见。）

瓦卡老师：是的，那你能解释得更详细一些吗？

香塔尔：它是被忽视的。

瓦卡老师：你能说出一个角色，对奥赛罗有"insidious"影响的吗？

香塔尔：埃古。

瓦卡老师：你为什么这么说呢？

香塔尔：埃古给奥赛罗错误的暗示，让他以为戴斯泰蒙娜和卡西乌斯有不正当的关系，引起奥赛罗的嫉妒。

瓦卡老师：是的，这确实是非常"阴险的"！做得很棒！

闪光点	待改进之处
瓦卡老师这种做法很有效：	下一次，他可以尝试这样做……

案例2. 尼尔森老师，代数

尼尔森老师：使用乘法分配律简化下列算式：-5(x+2)。

杰里米：-5x+10。

尼尔森老师：现在告诉我你是怎样得出这个结果的。

杰里米：我将括号里的每一项都乘以-5。

尼尔森老师：好的，你用x乘以-5得出-5x，那2乘以-5该得多少？

杰里米：应该是-10。

尼尔森老师：很好，你最开始的时候忘记了什么呢？

杰里米：我忘记了-5中的负号。

尼尔森老师：正确。当你分配运算-5时，我们将正数2与负数-5相乘，那我们就会得到一个负数-10。那么我们要简化-5(x+2)算式，结果是什么呢？

杰里米：-5x-10。

尼尔森老师：就应该这样说，很棒！

闪光点	待改进之处
尼尔森老师这种做法很有效：	下一次，她可以尝试这样做……

案例1点评

在提问问题"你能说出一个角色，对奥赛罗产生了"insidious"的影响吗"时，瓦卡老师有效地加入了"扩展知识"技巧。最后，他还对学生的努力给予了认可和表扬。下一次，他可以尝试增加更多的练习（技巧25）：

瓦卡老师：你能说出一个角色，对奥赛罗有"insidious"影响的吗？

香塔尔：埃古。

瓦卡老师：第三幕中哪些著名的话预示了这一点？

香塔尔：埃古说："噢，将军，要当心嫉妒！/嫉妒是一个绿眼的妖怪，最会戏弄它所要吞噬的鱼肉。"

瓦卡老师：为什么说这预示着埃古对奥赛罗是阴险的呢？

香塔尔：这说明埃古对奥赛罗说的关于苔丝狄蒙娜的谎言会使奥赛罗内心充满了嫉妒。

瓦卡老师：你说得非常好！

案例2点评

尼尔森老师有效地使用了加分技巧："就应该这样说，很棒！"她还采用了挖掘错误的技巧（技巧9），回顾了杰里米的错误，让全班同学都能从中得到一些收获，她问："在最开始的时候你忘记了什么呢？"像瓦卡老师一样，她也可以增加更多的反复练习。例如：

尼尔森老师：现在，如果我要求你简化$-5(x-2)$，应该怎样做呢？

杰里米：应该用x乘以-5，用-2乘以-5，最后会得出$-5x+10$。

尼尔森老师：那你为什么得出的是$+10$，而不是-10呢？

杰里米：因为当分配运算-5时，将-5乘以-2，最后得出的是$+10$。

尼尔森老师：就应该这样说，很棒！

在挖掘错误方面，她应该鼓励杰里米自己解释自己的错误，而不是由老师自己来做。

尼尔森老师：很好，那么解释一下你最开始犯了什么错误呢？

杰里米：我忘记了分配运算-5上的负号，当正数与负数相乘时，会得出一个负数（$-5 \times 2 = -10$）。因此，应该得出-10，而不是$+10$。

角色扮演练习

这种角色扮演练习可以给你提供更多的练习机会，来改进对"不放弃"技巧的应用。为了得到最佳效果，最好与另外两个人进行练习。

简单地开始：在改变练习模式之前，进行角色互换。

三个角色：教师、学生1、学生2。

以下是练习的基本顺序：

1. 教师向学生1提问一个简单的问题：3+5得多少？
2. 学生1回答"我不知道"。
3. 教师要求学生2给出正确答案。
4. 学生2直接给出正确答案。

5. 教师回头要求学生1重复这个正确答案。

6. 学生1回答正确答案。

7. 教师确认了正确答案。

在你和同伴做这个练习时，要重点关注对方是否掌握了以下几个关键点：

- 对于正确答案和错误答案都做出一致、中立的回应。
- 当听到错误答案时，给出一个提示，一个答案，或者要求另一个学生给出答案。
- 当学生最终回答正确时，立刻用言语或非言语方式确认正确答案。

行动计划

结合上文提到的关键点，对自己的技巧练习进行评价。

我目前做得怎样？

根据已有的情况制订和改进计划，确定行动周期，按时回顾，进行自我评价。

行动计划（截止日期；练习对象；评价方式）

截止 _____（日期），我将_____

我是怎样做的？

闪光点：_____

存在的问题：_____

改进方案：_____

技巧12

正确就是100%正确

概要

当学生的回答不完全正确时,理想的做法是:教师要让学生通过必要的努力,改进他们的回答,并最终给出完全正确的答案。教师们要明白"基本正确"并不代表"完全正确",而且解题的最后一两步要让学生独立完成。但在很多情况下,当学生在答题中出现问题时,教师往往会帮助学生完成,我们把这个过程称为"补台"。

反思:"补台"的吸引力

所谓"补台",是指在课堂教学中,把学生们那些"基本正确"的答案加以完善,使之变得完全正确。

教师:在《罗密欧与朱丽叶》的开始部分,凯普莱特和蒙太古两家的关系怎么样?

学生:他们不喜欢彼此。

教师:对,他们不喜欢彼此,他们有世仇。

在这个例子中,教师通过补充关键细节("他们有世仇"),完善了一个勉强正确或部分正确的回答。老师之所以说"对",是因为教师认为学生们已经了解这个额外的信息,只是没有提到而已,换句话说,教师要让学生明确那些不确定的信息。

在你回答完下面问题之后,请将你的想法与我们的观点进行比较。

在哪种情况下,你或者其他老师可能会帮助学生完善答案(补台)?这是由哪些因素决定的？

你认为补台可能会引起的不利后果是什么？

我们的观点（我们确定你也有其他的想法）：当我们不确定什么是完全正确的答案或者当我们问了一个特别严谨的问题时，就可能需要进行补台。当我们想要通过肯定学生的回答，鼓励学生努力学习、积极参与，并且想让部分学生在课堂上体会到成功的感觉时，或者想要确定我们的学生已经掌握了知识时（特别是我们通过学生的表现来评价我们自己工作的有效性时），我们都可能会补台。

由于教师的补台，学生们可能没有掌握想要教授的知识，更糟的是，学生们会记住不正确的信息，与此同时，他们会高估他们对知识的理解程度。补台还可能会降低学生对自己的期望，削弱对你的专业知识的信心，特别是当答案明明不正确，你却说答案完全正确的时候。

基本原理

"泥沙俱下"的答案

在某些情况下，学生答案的缺点不是缺少细节，而是其中包含了过多的细节。学生给了你一堆乱七八糟的答案，说出他们知道的一切与话题相关的内容。关于这个话题他们了解了很多，但并不知道如何回答你提问的这个问题。他们猜想如果他们一直说，把知道的事实和信息都说出来，当他们提到关键的信息时，老师就会让他们停下来，然后这就算他们回答正确了。但是，我们必须了解这并不能说明学生们答对了。

阅读下列文字记录，注意五年级老师凯瑟琳·奥尔弗斯是如何回应这种杂乱无章、泥沙俱下的答案的。

凯瑟琳老师：赫尔克拉斯在杀了他的孩子们之后怎样了？

学生：当他杀死了自己的孩子之后，他神志恢复清醒，他被自己做过的事情吓坏了，他赶往德尔菲神谕处，他请求神能告诉他有关他的罪行，神告诉他，他需要给他的表弟尤里斯修斯做十年奴隶。

凯瑟琳老师：不错，你说了很多信息。将你说过的内容归纳成一句简单的话，最后赫尔克拉斯怎么了？（看向另外一名学生）安布尔，你来说一下。

学生：当赫尔克拉斯杀死了自己的孩子之后，他恢复了神志，他为尤里斯修斯做了十年奴隶。

一定要先写下问题答案，再继续阅读。凯瑟琳老师是如何坚持得到正确答案的？结果呢？

可能的回答：尽管学生的答案中有正确的信息，凯瑟琳老师也要求学生进一步精确回答，她说："将你说过的内容归纳成一句简单的话，最后赫尔克拉斯怎么了？"这样才能确保学生去掉冗余信息，给出正确的答案。

与此同时，凯瑟琳老师也肯定了学生的努力和他们思考的过程，她并没说学生的答案是错误的，回答只是不够精确而已。通过引导学生得出一句简单而又完全正确的答案，凯瑟琳老师帮助学生们理解了精确的重要性，如果有些学生想要用啰唆、杂乱无章、泥沙俱下的答案来掩盖他们的似懂非懂，就会发现老师并不认可他们的这种回答方式。

支持性的"随时可用的"措辞

在运用"正确就是100%正确"技巧时，最大的难点是达到语气的平衡。一方面，我们想要鼓励学生，而在另一方面，我们又要尊重事实，承认他们的答案不完全正确，仍需努力。要达到这两方面的平衡，最好的办法就是提前准备一些随时可用的措辞。

用星号标出下列话语中最吸引你的两条，并最少在你的课堂上使用其中的一条，然后再举出更多的例子。

1. 我最喜欢你回答中的……

2. 你基本回答正确了/我们的答案更近了一步。

3. 我喜欢你回答问题的方向，再多说一些……

4. 我知道你完成了所有的步骤，抓住了问题的前两部分，使用了科学的语言等，但你知道你漏掉的最后一条是什么吗？

5. 很好，我们得到了80%的答案。

6. 你的回答为我们解题开了个好头，我们应该怎样做这道题呢？

7. _____

8. _____

9. _____

10. _____

"追求完全正确答案"的练习计划

根据你将要在课堂上提问的关键问题，运用下列提纲，设计你的回复方式。设计目标答案、两个"基本正确"的答案，然后设计两个提示，你可以使用这样的提示，帮助学生得出完全正确的答案。

你的问题：

_____

你给出的完全正确的答案：

_____

第一个预设的"基本正确"的答案：

_____

第二个预设的"基本正确"的答案：

_____

针对完全正确答案的第一个提示：

_____

针对完全正确答案的第二个提示：

_____

其他问题

除了完整的、重点突出的答案之外,认真的教师还会关注以下几点的准确度:

回答问题。要求学生严格地回答你最初提出的问题,而不是回答他们认为的或希望你提的问题。

正确的回答,正确的时间。当学生回答的内容超纲了,或者想要回答一些其他同学都没有学过的问题时,不要给予这些学生肯定,不要支持这样的行为。

特定的词汇。确保学生用精确的词汇和专业术语回答问题。

"正确就是100%正确"技巧实施过程

阅读范例,完成下列两个版本的实施过程,每种版本都是用不同的技巧模式。

范例

"正确就是100%正确"实施过程 (版本1)	"正确就是100%正确"实施过程 (版本2)
教师:体积衡量的是什么? (回答:体积衡量的是物体所占据的空间。) **学生:**体积=长×宽×高。 **教师:**你说的是体积怎样计算,但我问的是体积衡量的是什么? **学生:**体积衡量的是物体占据的空间。	**教师:**体积衡量的是什么? (回答:体积衡量的是物体所占据的空间) **学生:**体积衡量的是物体所处于的空间。 **教师:**"所处于"这个词的术语应该是? **学生:**占据。 **教师:**很好,那再跟我说一下,体积衡量的是什么? **学生:**体积衡量的是物体所占据的空间。

案例分析

基于"正确就是100%正确"的角度,阅读下列案例,看看每位教师的做法有哪些亮点和不足之处,并写出这些教师运用这个技巧时做到的或没有做到的地方。

案例1. 科学

教师:在扩散时,分子是如何在不同浓度的环境中移动的?(回答:分子从高浓度环境向低浓度环境移动。)

学生1:分子移动不需要消耗能量。

教师:是的,但我问的是分子在扩散时是如何移动的?

学生1:它们从高往低移动。

教师:再具体一些,从高到低的什么东西?

学生1:扩散时从高浓度到低浓度的地方。

教师:正确,分子是从高浓度移动到低浓度。(转向学生二)分子什么时候会停止移动?(回答:当分子浓度达到平衡时。)

学生2:当它们是平等的时候。

教师:正确,做得很棒!

闪光点	待改进之处
这位老师的这些做法是非常有效的……	下一次,这位老师可以尝试……

将你的答案与我们在案例后面给出的观点进行比较。

案例2. 历史

学生根据下列提示写出了答案。教师要求他们重读林肯的《哥底斯堡演说》中的这句话,并且描述一下林肯所说的内战中利害攸关的事情是什么?

现在我们正在进行一场伟大的内战,以考验这个国家,或者任何一个孕育于自由和奉行上述原则的国家是否能够长久存在下去。

教师挑了一个学生的作业,并把它放到投影仪下,使全班同学都可以看到。

教师:大家看一下约翰写的答案(大声读出约翰写的答案),"利害攸关的是国家和政府的存亡,这是一个民有、民治、民享的政府",约翰的答案对于我们更好地回答这个问题有什么启发?

学生1:他指出这是一个民有、民治、民享的政府。他还谈到了我们多么不想失去它。

教师:正确,他清晰地概括出利害攸关的是美国的民主体系,除此之外,还有什么需要补充的吗?

学生2:全世界的民主。

教师:我喜欢你的思路,不妨多说一点。

学生2:他说的是:利害攸关的是向全世界展示,像我们这样的民主政府可以经受住这场战争的考验。

教师:你说得对,现在我们把这点加入到约翰的答案中。

闪光点	待改进之处
这位老师的这些举动是非常有效的……	下一次,这位老师可以尝试……

案例1点评

为了有效地得到完全正确的答案，这位教师说："再具体一些，从高到低的什么东西？"她还要求学生回答她实际提的问题。

可能存在的待改进之处：学生说的"扩散时从高浓度到低浓度的地方"这个答案并不完全正确，因为不是扩散移动，而是分子移动。教师没有坚持得到正确答案，而是自行补充了答案。当学生说"当它们平等的时候"，教师应该提示学生使用专业词汇，这个问题更科学的答案应该是"当分子达到平衡时"。

案例2点评

这位教师擅长使用支持性的措辞，她会说："约翰的答案对于我们更好地回答这个问题有什么启发？"或者"我喜欢你的思路，不妨多说一点"，而且她两次都坚持得到了完全正确的答案。第一次的时候，她问："除此之外，还有什么需要补充的吗？"尽管学生一对约翰回答的分析是正确的，但是回答不完整，因此，教师进一步引导，确保学生们理解其他在战争中利害攸关的事情。这位教师可以更好地坚持得到"完全正确"的答案，推动约翰和学生1将模糊的词语如"这个国家"替换为更具体的名词"美国"，这样做可以使其他读者更完整地了解答案。至于专业词汇，当约翰和学生1都将政府描述为民治、民享的政府时，教师自动将答案改为"政府的民主体系"，并自动默认学生们理解了这个答案。

角色扮演练习：坚持得到完全正确的答案

与一名同事进行角色扮演练习，同事扮演学生，给出了一个不完全正确的答案，教师练习如何坚持得到完全正确的答案。

1. 教师向学生提问了一个简单的问题。（例如：如果我有三美元，花掉了两美元，我还剩多少钱？）学生给出了一个不完全正确的答案。（例如：

还剩一。)

2. 教师对学生进行提示。(例如:"差不多,但是一什么?")学生直接给出了正确答案。(一美元!)

3. 与同伴转换角色,每个人扮演教师角色两次。根据练习中的心得,对练习方案进行修改。

如果你能做到如下几点,你就接近成功了。

- 清楚地了解完全正确的答案。
- 对不完全正确的答案,能够始终如一、有效地给出提示,引导学生给出完全正确的答案。
- 既要肯定学生的努力,还要督促学生再接再厉。

行动计划

根据上述提出的关键点,对自己的技巧做出练习。

我目前做得怎样?

根据已有的情况制订和改进计划,确定行动周期,按时回顾,进行自我评价。

行动计划(截止日期;练习对象;评价方式)

截止 _____(日期),我将_____

我是怎样做的?

闪光点:_____

存在的问题:_____

改进方案:_____

技巧13

扩展知识：让学生勇于迎接挑战

概要

当学生们得出了正确答案，我们或者他们就会感觉问题已经彻底解决了。但如果我们针对学生的正确答案提出更多的问题——我们把这种做法称为知识，至少可以达到以下效果：

- 我们可以让学生养成更加深入思考的习惯。
- 我们会让学生知道，学无止境。
- 通过不断地用一些更具挑战性的问题"奖励"学生的成功，我们可以帮助学生建立一种成长型的思维模式。

反思："做得不错"？

很多教师会用一些肯定性的话语，如"很好"或"做得不错"回应学生的正确回答。如果用提问的方式回应学生的正确答案，会为班级文化带来什么改变？会给学生带来什么好处？请先写下你的想法，然后再继续阅读。

_____

_____

我们的观点（你也可能有其他的想法）： 在学生给出正确答案之后再继续提问，可以使学生始终参与其中，这可以帮助我们区分出那些需要进一步提高的学生。提问这些问题可以让他们感到兴奋，促进他们学习，将他们的知识应用于不同的场景，活跃思维，并解决一些难度更大的问题，进而营造一种学习的氛围。

基本原理

有多种"扩展提问"的提问方式。虽然你不需要太纠结于这些问题，但是你也应该有目的地考虑不同种类的扩展问题，扩展学生的知识面，来强化学生的多种思考方式。

指导性提示或提问

在提问和提示时，可以使用指导性的措辞，推动并引导运用那些他们看起来已经掌握了的知识，这会给学生提供一个语言模板，帮助他们正确地组织他们的答案。其他问题可以不用给予过多的指导或者干脆不提供指导，而只是促使学生能够更深入地进行思考即可。下列的"《像冠军一样教学》回顾"截取了一些道格进行指导性提问的例子。

《像冠军一样教学》回顾

问怎么样或为什么

要验证学生的答案是否可靠——是否能在某一个话题上始终保持正确的答案，最好的方法是他们能否解释如何得到答案。

教师：杜兰戈和普韦布洛距离多远？

学生：600英里。

教师：怎么算出来的？

学生：我在地图上测量的结果是3英寸，然后200加200再加200得到的。

教师：你怎么知道每英寸对应200英里？

学生：我看了地图上的比例尺。

问另一种解题方法

一道题常常有多种解题方法，如果学生只使用了一种方法，教师还可以引导他们尝试其他的方法。

教师：杜兰戈和普韦布洛距离多远？

学生：600英里。

教师：怎么算出来的？

学生：我在地图上测量的结果是3英寸，然后200加200再加200得到的。

教师：除了三次加法，还有更简单的方法吗？

学生：我可以用200乘以3。

教师：如果用乘法，结果是多少？

学生：600。

问更好的词或更精确的表达

学生在描述概念时，一开始往往用最简单的语言。教师可以给他们机会使用更具体的词和正在熟悉的新词，这样就能够达到扩充词汇的目标。

教师：杰妮斯，索菲为什么喘粗气？

学生：她喘粗气，是因为跳进去的时候水冷（cold）。

教师：你能用一个词形容水有多冷吗？

学生：索菲喘粗气是因为水冰凉（freezing）。

教师：好，能不能用一个词汇表里的单词？

学生：索菲喘粗气是因为水凉刺骨（frigid）。

问证据

教师通过要求学生给出支持结论的证据，描述提出和支持论点的过程。很多时候，正确答案并没有那么明确，重要的是论证要完整，因此这种练习用处非常大。教师也可以防止学生做主观论断，做到这一点往往是对教师的挑战。不必说论证无力，只需让学生给出证据。

教师：如何描述琼斯博士的性格？他具有哪些品质？

学生：他居心不良。

教师：居心不良的意思是？

学生：居心不良的意思是他忿忿不平，想让别人也痛苦。

教师：好。从故事中给我读两段，证明琼斯博士居心不良。

要求学生将相关的技巧联系起来

在现实中，解决问题不止涉及一种技巧。为了让学生准备好面对现实，让他们更好地掌握解决问题的技巧，可以要求他们将最近掌握的技巧联系起来。

教师：谁能用stride（大步前行）造个句？

学生："I stride down the street."（我在街道上大步前行。）

教师：你能增加点细节，展示stride的更多含义吗？

学生："I stride down the street to buy some candy at the store."（我在街道上大步前行，去商店买些糖果。）

教师：能增加个形容词修饰street（街道）吗？

学生："I stride down the wide street to buy some candy at the store."（我在宽阔的街道上大步前行，去商店买些糖果。）

教师：好。句子能用复合主语吗？

学生："My brother and I stride down the wide street to buy some candy at the store."（我和弟弟在宽阔的街道上大步前行，去商店买些糖果。）

教师：能用过去时态吗？

学生："My brother and I strode down the wide street to buy some candy at the store."（此句使用了stride的过去式strode。）

要求学生在新环境下运用同一技巧

一旦学生掌握了一项技巧，教师可以考虑让他们在全新或更具挑战的环境中运用该技巧。

教师：这篇故事的背景是什么？

学生：背景是从前一个名叫桑吉维尔的小镇。

教师：好。我注意到，你们记住了背景中的两个部分。你们还记得《了不起的狐狸爸爸》的背景吗？

学生：不久前的一个农场。

教师：你怎么知道是不久前？

学生：他们有拖拉机。

教师：好。那电影呢？电影有背景吗？

学生：有。

教师：很好。我说一部电影，你们告诉我背景，准备好了吗？

在下文中，我们会更多地讨论较少的指导或非指导性提示，如"继续"。

编写"扩展知识"技巧使用教案

从下列问题中选出三到四个问题，练习编写不同类型的指导性提问问题，进行"扩展知识"的训练。对于每个问题，至少提问两个不同类型的扩展问题。

1. 问题："用'很棒'造个句子。"

答案："在我完成作业以后，我妈妈说我很棒。"你的扩展提示：

_____

2. 问题："四边形的特点是什么样的？"

答案："四边形是一种有四条边的图形，其内角度数总和是360度。"

你的扩展提示：

_____

3. 问题："美国政府分为哪三个职能部门？"

答案："美国政府分为行政、立法和司法三大部门。"

你的扩展提示：

_____

4. 问题："80%的最简分数形式是什么？"

答案："4/5。"

你的扩展提示：

_____

5. 问题："水循环的四个主要环节是什么？"

答案："四个主要环节是蒸发、凝结、降水、聚集。"

你的扩展提示：

_____

6. 问题："你认为《狼来了》这个故事给我们的教训是什么？"

答案："这个故事给我们的教训是：除非你真的需要帮助，否则不要随便喊救命。"

你的扩展提示：

_____

从你写出的问题中选出一些，并写出你认为学生们会给出的答案。

你对你问的这些扩展问题有何感想？

_____

你认为你设计的这些问题对学生的思考方式有何要求？

_____

向你的搭档进行扩展提问

如果你们能做到以下几点，说明你们的练习效果良好：

- 提问多种类型的问题。
- 你的提问方式有利于在课堂上营造一种积极的氛围，便于"扩展知识"的开展。

与你的同伴一起，练习设计并提问你在课堂上可能会用到的"扩展知识"问题。在与同伴练习之前，先设计好要提问的问题和"扩展知识"问题，并设计好学生的预期回答（见技巧2，针对性提问）。当你选择问题类型时，要考虑你想要得到的目标答案。

问题：

_____

问题的目标答案：

_____

"扩展知识"问题：

_____

"扩展知识"问题的目标答案：

_____

按照以下步骤，与你的同伴进行角色交换练习。

1. 一次提问一个问题，教师先问学生或辅导老师一个设计好的问题，在这个学生回答了问题之后，提问"扩展知识"的问题。

2. 作为学生或辅导老师，当你回答每个问题时，也要考虑向教师提供反馈信息。

3. 作为学生或辅导老师，根据上文提到的成功运用技巧的关键点，给教师一些反馈（一个亮点，一个待改进之处），如"你在进行知识扩展时，在这方面做得很好""下一次，你可以尝试这样做"。

4. 根据这些反馈，教师再次进行尝试。

你发现不同类型的扩展问题对学生的回答有何影响？

_____

你在什么时候会使用不同类型的扩展问题？

_____

非指导性提示

在进行非指导性提问或提示时，往往会使用一些简单的表述，如"说得详细点"或"进一步解释"。

部分指导性的提示：

"说得详细点，我们怎么知道这个与那个观点有关？"

"进一步谈一下《亨利四世》中关于性别作用的最后论证。"

"继续讲，接下来该怎么解决这个问题？"

非指导性提示：

"说得详细点。"

"继续讲。"

从指导性提示到非指导性提示，这个过程应该是连续性的，部分指导性的提示处于两者之间。例如，为了对学生回答的问题进行反馈，你可以将非指导性的话语（如"多讲一些"）与之前学过的非常有利于扩展的问题回答结合起来，你可以对学生说："关于上一个知识点，再多讲一些。"

当对学生进行提示已经成为你的习惯，你可以去掉提示的话语部分，将之换成非话语性提示。下面列出了一些有效的非话语性提示：

- 用手做出起伏的手势——类似篮球运动中的运球动作。
- 点头。
- 抬抬眉毛，或其他的一些明显的面部表情。

当你逐渐意识到使用提示的重要性,就可以准备出各种各样的"扩展知识"的提示,示例如下:

非话语性的→	非指导性的→	部分指导性的→	指导性的→
"带球走步"动作。	"还有呢?"	"关于第一部分,再多跟我讲一些。"	"哪些证据能证明你的观点?"

在什么情况下你可能会使用更多的非指导性提示或更多的指导性提示?你该如何平衡使用"扩展知识"时的不同水平的指导性问题?

_____
_____
_____

深入研究
继续向你的搭档进行扩展提问

这部分是之前"与同伴进行扩展知识技巧练习"的继续,下列几点是成功的关键点:

- 你的提示很清晰。
- 你的提示促使学生以富有成效的方式思考。

在下列"合作伙伴提示表"中,在"问题"一栏中填入两个向搭档提问的扩展问题,要提前设计好这两个问题的答案。设计一下如何使用非指导性的提示进行提问,然后根据表格后面的步骤提示,继续进行练习。

搭档提示表格

问　题	非指导性提示	部分指导性提示	非话语提示

1. 一次提问一个问题，教师要向学生或辅导老师提问最初的那个问题，学生回答问题之后，教师继续对学生进行提示引导。

2. 作为学生或辅导老师，当你回答每个问题时，也要考虑向教师提供反馈信息。

3. 作为学生或辅导老师，根据上文提到的成功运用技巧的关键点，给教师一些反馈（一个亮点、一个待改进之处），如"你在进行知识扩展时，在这方面做得很好""下一次，你可以尝试这样做"。

4. 根据这些反馈，教师再次进行尝试。

技巧实施

只有通过不断练习,才能熟练掌握"扩展知识"的技巧,下列几点建议能够帮助你在课堂内培养"扩展知识"的良好习惯:

清晰地解释"扩展知识"技巧。让学生知道,如果他们能正确地回答问题,你会向他们提问更多的扩展问题。并且要教给学生,当他们理解或不理解所问问题时,分别该如何回答。

使"扩展知识"变得有趣、易懂。要对学生取得的成功表示祝贺,并使学生能够掌握一种"成长型思维"。

要求学生互相之间进行扩展提问。真正的课堂文化都是由大家共同营造的。寻找一些机会,让学生们之间互相提问"扩展知识"问题,或扩展提示。

思考一下你想要在课堂上营造一种什么样的学习风气,并考虑一下你需要采取哪些步骤才能实现。在教案中单独找个位置,起草一下你将如何向你的学生讲解"扩展知识"技巧,并在下节课付诸行动。

为了得到更多的反馈信息,可以与你的搭档进行"扩展知识"技能实施练习。

行动计划

考虑一下,你将从哪些方面进行"扩展知识"技巧运用,首先你要考虑增加这个技巧的使用频率,然后通过多种形式的提问能够自如地运用这种技巧。基于这种思路,对你的每一步行动计划设定目标。几周之后,重读这些步骤,对所取得的进步进行反思,并考虑如何取得进一步的提高。如果能做到如下几点,则表明训练效果良好:

● 我能有意识地根据我想要从学生那里得到的结果,确定"扩展知识"问题的类型。

● 对于正确的回答,我会提出更多的问题作为对学生的奖励。

- 我能够有针对性地使用指导性提示、非指导性提示和非话语性提示。
- 我的学生们能够互相之间进行"扩展知识"提问。

我目前做得怎样？

根据已有的情况制订和改进计划，确定行动周期，按时回顾，进行自我评价。

行动计划（截止日期；练习对象；评价方式）
截止 ＿＿＿＿＿＿＿＿（日期），我将＿＿＿＿＿＿＿＿＿＿＿＿＿＿＿＿
我是怎样做的？
闪光点：＿＿＿＿＿＿＿＿＿＿＿＿＿＿＿＿＿＿＿＿＿＿＿＿＿＿
存在的问题：＿＿＿＿＿＿＿＿＿＿＿＿＿＿＿＿＿＿＿＿＿＿＿
改进方案：＿＿＿＿＿＿＿＿＿＿＿＿＿＿＿＿＿＿＿＿＿＿＿＿

技巧14

表达形式很重要：让学生的观点变得更可信、更缜密

概要

无论是在学校里还是在生活中，学生们说话的方式有时与他们说话的内容同样重要。为了让学生们能够在未来写出像样的科学报告或者得体地主持某次董事会，应该教给他们学会使用专业的学术语言进行写作或参与讨论。从某种程度来说，沟通的方式意味着各种机遇，良好的沟通方式不仅需要掌握完整的句子表达，还需要把握各种各样的非语言规则。"表达形式很重要"这种技巧告诉教师如何帮助学生在上学时养成良好的交流习惯，让学生的表达方式能够与他们的思想内容相符，并且要确保学生能够不断地抓住机会表达他们的想法。

反思

为什么要鼓励学生根据不同的情况表达他们的想法？先写下你的答案，再阅读我们的观点。

我们的观点（我们确定你还有其他的想法）：教会学生清晰地、有说服力地表达他们的想法是非常重要的。对学生表达的方式和时机设定高要求，会让他们相信他们正在向着学习和职业上的成功迈进，并不断展望自己未来的发展预期。这种能力的培养是一种文化资本，将来会帮助学生们克服各种困难、取得成功。

得体的表达形式还能提升他人对你的学生的期望,给他人留下好印象,无论是对学校里的人还是对职场上的人来说,得体的表达形式都意味着充分的准备和专业的素养。

基本原理

"表达形式很重要"这个技巧帮助教师树立并坚持一种理念,即学生们在学校里应该坚持以一种清晰、完整的形式进行交流。为了使话语表达更规范,教师们需要对学生表达中的不足及时进行回应,在回应时要采用支持性的和中立性的语气。在对这个技巧进行最简单的应用时,教师会要求学生以结构完整、语法准确、发音清晰的句子进行回答。

完整的句子形式

完整的句子是敲开大学大门的敲门砖,督促学生经常用完整的句子表达他们的观点,并确保他们用这个重要的技巧做足够多的练习。我们看到一些优秀教师会使用如下方法对学生的不完整的句子进行回应:

- 在学生开始回答问题之前,对学生进行提醒。("谁能用完整的句子告诉我这个故事的背景是什么?")
- 给学生提供一个完整句子的前几个词。("故事的背景是……")
- 在学生回答问题之后,用迅速、简单的提示提醒学生。("完整的句子。")

语法形式

确保学生用正确的句法、语法和词汇用法进行沟通,下面列出了两个有用的方法:

- **确定错误**。向学生重复一遍错误,就像你在提问一样。("我们正在沿着街道向下走吗?")
- **开始纠正**。按照正确的方式向学生重复他们的答案,要求学生将句子补充完整。("我们正在……？")

声音洪亮

希望学生能够用足够大的声音表达他的观点，以便班上的每个人都能听清他的回答，并从中有所收获，特别是当他们对讨论的内容进行评论时。如果其他同学听不见他的答案，就会迅速降低课堂互动的价值，学生们会认为这个观点并不重要，听不听都无所谓。

技巧场景练习

根据下列范例，补充完成以下几个技巧练习。

范例1（节选自一堂词汇课）

教师：你能在游乐场里找到"隐士"吗？

学生：不能。

教师：不，你不能……

学生：不，你不能在游乐场里找到"隐士"。

教师：因为……

学生：因为游乐场太拥挤了。

教师：很好，你能把这些答案连起来吗？

学生：不，你不能在游乐场里找到"隐士"，因为游乐场太拥挤了。

范例2（同一节课）

教师：你能在游乐场里找到"隐士"吗？

学生：你不能在游乐场里找到"隐士"，因为他们一般都被很多人拥挤。

教师：他们一般被拥挤……？

学生：你不能在游乐场里找到"隐士"，因为里面一般都很拥挤，有很多人。

场景1

教师：当奶奶教给埃斯佩兰萨如何钩织的时候，她说："不要害怕重新来过。"奶奶仅仅是在教给埃斯佩兰萨如何钩织吗？

学生：不。当她的奶奶与她谈话时，奶奶在用钩织比喻如何处理生活中的困难。

教师：
_____
_____

学生：
_____
_____

场景2

教师：光合作用的产物是什么？

学生：氧气。

教师：
_____
_____

学生：
_____
_____

场景3

教师：约翰尼斯·古腾堡哪一年发明了印刷机？

学生：（几乎听不见声音）古腾堡在1440年发明了印刷机。

教师：
_____
_____

学生：
_____
_____

场景4

教师：你怎么知道那两个角是互为余角的？

学生：因为这两个角加起来是90度，所以它们互为余角。

教师：
_____
_____

学生：
_____
_____

要求格式正确的练习计划

选择一个下节课要讲的重点问题，预设两个学生可能会给出的格式不正确的答案，然后设计两种你可能会用到的纠正方式，确保学生最终能用正确的形式回答问题。

你的问题：
_____

目标答案（正确的形式）：
_____

错误形式的答案：
_____

纠正方式：

___

另一个错误形式的答案：

___

纠正方式：

___

深入分析：学院范的表达形式

"表达形式很重要"这项技能的深层要求是要帮助学生借助大学或专业领域的语言代码，使他们给出更强有力的清晰、完整、语法正确的答案。

自1971年的巴兹尔·伯恩斯坦以来，社会学家们研究了一个人的语言代码，即语言模式和表达习惯如何反映出他们的社会身份。说话者通常在无意识的状态下传递了这些信息，但这并不意味着其他人注意不到。在某些场景下，需要用一些更加复杂的句法和学术词汇表达隐含的意思，这样能够获得某些优势带来的便利，反过来讲，用隐含的意思表达更有可能被特定的人群所接纳。幸运的是，这种表达形式的一些习惯不仅有利于你被某些精英团体所接纳，而且会使你的表达更加专业和具体，比如用"该作者"替换"他"或"她"，或者具体说出作品的题目，而不是模糊地说"这个故事"等。

在下面的表格中，你可以看到一个句子的演化过程，看一下这个句子是如何在形式上变得越来越有学术气息的。

一个句子的演化

问题：为什么奥威尔给这些猪起名字？ 最开始的句子："他像俄国人一样给它们分配角色。"	
用具体所指替换代词和模糊的名词	奥威尔像在苏联大革命中的领导人一样给这些猪分配角色
复杂的句法	奥威尔像苏联大革命中的那些领导人一样，给这些猪分配角色
关注细节和依据	奥威尔像苏联大革命中的那些领导人，如列宁、托洛茨基和其他人一样，给猪分配角色
精确的学术词汇	奥威尔将猪拟人化，把苏联大革命中的列宁、托洛茨基和其他领导人比拟为猪
学术范的表达形式：奥威尔将猪拟人化，把苏联大革命中的列宁、托洛茨基和其他领导人比拟为猪	

练习如何达到学术范的表达形式

针对下列几门课程中的某个案例，设计提示方式，来帮助学生给出更具学术范的答案。

历史问题

"解释一下，为什么甘地的公民不服从和非暴力反抗可以有效地帮助印度从大英帝国获得独立？"

目标答案（学院派表达形式）："甘地的公民不服从之所以有效，是因为它吸引了全世界的注意力，最终迫使大英帝国将印度让与他的人民。"

学生最初的答案："他的和平抗议起作用了，因为这使英国在世界人民的眼中看起来很坏。"

为了帮助学生更接近目标答案，我会使用下面的提示：

_____

_____

科学问题

"请解释当容积增加时,气压会发生什么变化?"

目标答案(学院派表达形式):"当容积增加时,气压会降低,因为容器中会有更多的空间供空气分子移动,而不会出现相互碰撞的情况。"

学生最初的答案:"当它增加时,气压会下降,因为会留给分子更多的空间。"

为了帮助学生更接近目标答案,我会使用下面的提示:

_____

_____

数学问题

"体积测量的是什么?"

目标答案(学院派表达形式):"体积测量的是一个物体所占据的立方单位。"

学生最初的答案:"体积测量的是物品占据的空间的数量。"

为了帮助学生更接近目标答案,我会使用下面的提示:

_____

_____

集体讨论:如何帮助学生给出学术范的回答

用星号标注出两个吸引你的范例,至少改编一个,并应用到你的课堂上,然后再添加一些你自己设计的提示方式。

"用一句话重新表达一下,这句话用作开头(插入句子开头)。"

"请使用数学/科学/技术语言。"

"(插入短语)这个短语更复杂的说法是?"

"告诉我'他'/'她'/'它'是谁?"

"再回答一次,要使用课文中的论据。"

"用大学里要求的那种规范语言回答。"

"_____"
"_____"
"_____"
"_____"

技巧实施

> **《像冠军一样教学》回顾**
>
> 但是，很多教师担心，纠正学生的表达方式相当于在暗示他们"你不能这么说，因为这种表达不好"。这些教师不想与学生进行这样的交流，也不想表现得很消极或者苛刻。关于这个问题，你可以一开始就和学生说明用意，指出每个人都在不停地切换语言——不同场合，使用的语言也不尽相同。你可以说："如果你觉得我在课堂上说话跟和朋友说话一样，那你就错了。在不同的情景下，我们使用的语言也不同。在课堂上，我说的是学术语言。"通过交代这条原理，冠军教师们强调了表达形式的重要性。

在下列空白处，设计一下你将如何将"表达形式很重要"这个技巧运用到课堂上。在实施过程中，要注意以下几点：

- 对学生们的回答形式构建清晰的设想。
- 得到学生的认同。
- 保持语言的简练。

_____
_____
_____
_____

如果条件允许，与你的搭档进行技巧实施练习，并从对方那里得到反馈。

角色扮演练习

回顾之前的"集体讨论：如何帮助学生给出学术范的回答"，与同事轮流扮演教师和学生或辅导老师，使用你之前设计的纠错方法，练习回应学生们不正确的回答形式。

搭档角色扮演

下面是一个简单有效的练习，你和搭档每人都要对下面几个下节课即将用到的问题进行练习。

1. 教师提出问题。
2. 学生用不正确的方式给出答案。
3. 教师对表达方式进行纠正。
4. 学生用正确的表达形式回答问题。
5. 学生根据下文"行动计划"中提到的两个成功点，向教师给出反馈——一个闪光点（对于表现形式的纠正，这个做法非常有效……）和一个待改进之处（下次你可以尝试……）。
6. 根据这些反馈，教师重做一遍。
7. 交换角色。

行动计划

对自己在该技巧练习中的表现进行评价。如果你能做到如下几点，则说明练习效果良好：

- 用支持性的、坚决的语气对学生的表达形式错误进行回应。
- 高效、准确地纠正学生的错误。

我目前做得怎样？

根据已有的情况制订和改进计划，确定行动周期，按时回顾，进行自我评价。

行动计划（截止日期；练习对象；评价方式）
截止 _____（日期），我将_____
我是怎样做的？
闪光点：_____
存在的问题：_____
改进方案：_____

技巧15
不要为学生找借口：鼓励学生接受高难度的挑战

概要

在优秀教师的眼中，永远都没有无聊的内容，学生需要掌握的材料都是妙趣横生、启人心智的，这就意味着我们不应该把学习需要掌握的知识加上一些标签，如："枯燥无趣的""太难了，无法掌握"或"超纲的"等。优秀的教师会尽力避免这样的"道歉"，这种道歉其实是在为淡化内容和降低难度寻找借口。

教师有时会不自觉地做出下列这些行为，向学生"道歉"：

- 告诉学生内容可能会很枯燥。
- 指责内容，将其归咎于外来因素。
- 打着"让内容更易于理解"的幌子，淡化了内容或降低难度。
- 认定学生无法掌握最难的知识。

我们随时都会犯"道歉"这样的错误。事实上，我们都曾经至少一次使用道歉这样的方式，改变了我们的教学过程。如果你能意识到这种风险的存在，就可以一直保持头脑清醒，找到其他的解决方法，因此你的学生们就能掌握那些较难的、有挑战性的知识，也能取得更高的学业成就。

反思

你有没有思考过或清楚地表达过我们上文描述的这种"道歉"呢？为什么？还有没有其他的想法或做法会传达给学生一种想法——这个学习材料不适合他们？

先写出你的答案，再看看我们的想法。

_____

_____

可能的想法（你可能会有更有用的想法）：你可能会担心学生的课堂参与和课堂兴趣，讲授难的知识似乎是一个很大的风险，或者学习材料对你来说是无趣的（你认为没意思，并不表示其他人也不喜欢），或者因为以前学生们就弄不懂这部分内容，你不自信你能将这些内容讲清楚。学生们可能一开始就告诉你他们不想学，或学不会。这是因为你对他们的期望较低，他们的学习信念受到了影响，摇摆不定。或者，你可能觉得，在这个学期你没有足够的时间用理想的方式讲授这个内容。

基本原理

认识到你可能会道歉，会使用一些逃避责任的话语。练习使用一些激发积极性的语言来替代那些表示歉意的语言。

听起来熟悉吗

"同学们，我知道这确实很无聊，但我们要尽量完成它。"
"这个材料在考试中会出现，我们必须得学。"
"这个故事我也不喜欢，但是我无法决定我们阅读的内容。"
"这个内容跟你们中的一些人无关，但还是要学。"
"拼写时间，哦，好吧，我们来拼写吧。"
"这个你们可能理解不了，但是……"

设计一些积极的提示，鼓励学生乐于学习，不仅要写出你要说的话，还要大声地讲出来。

- 有一篇非常重要的关于冻土层生态系统的文章，但是你可能会认为这个话题很无聊。
- 这章讨论的是古希腊，一个犬儒派的人可能会建议你的孩子们不要关心古希腊。

- 一个特别抽象的数学概念。

你有没有在班上说过一些话，为你的学生要学习的材料感到抱歉？（我们当中的所有人，至少我遇到的每位老师都这么做过。我们的目标是让大家意识到这个问题，而不是对你们进行批判。）写下你能记起的曾经说过的话（或者可能会说的话），你觉得为什么当时要说这样的话？你能不能立刻想到其他的表达方法或解决方法？如果你想不起来之前说过的道歉的话语，根据上文中我们引用的话语，想象一下你说过的类似的话。

你说过的道歉的话：

_____

当时为什么要说这些话：

_____

其他的表达方式：

_____

没有枯燥的内容

1. 想一下你今年教授的材料，找出两到三部分你或其他人可能会认为对学生来说很枯燥的学习材料。

_____
_____

2. 为什么说学会这个材料对考大学来说是非常重要的？（有时对学生讲明这一点会有很好的效果。）

_____
_____

3. 引用证据说明学生对这个材料感到无聊。

_____
_____

4. 你的证据可靠吗？可以适用于所有学生吗？除了话题本身，还有什么可以证明你的证据是可靠的？

_____

_____

5. 你注意到哪些学生感兴趣的迹象？

_____

_____

6. 你该如何利用学生的一丝兴趣，更好地激励他们？

_____

_____

7. 设身处地地去想一下那些着迷于这个材料的人——那些一生致力于研究这个材料的人，或每天都会使用这个材料的人，或对这个材料感到满足的人。不管哪个话题都会有人热衷，你认为他们为什么会感兴趣呢？如果是这样的人来介绍这个话题，他们会怎样介绍呢？

_____

_____

拓展视野

1. 你认为学生们的主要兴趣是什么？

_____

_____

2. 所有的学生都有同样的兴趣爱好吗？你认为是什么样的经历和互动（与谁）使那些学习认真的学生成为所有学生的榜样？

_____

_____

3. 你认为你的学生们对什么不感兴趣?

_____
_____

4. 你怎样更深入地去寻找相反的证据?

_____
_____

5. 我们都有过这样的经历:有些东西我们可能一开始并不喜欢,但后来却成为我们热衷的东西,这可能包括我们大学的专业,甚至包括我们当初当教师的决定。考虑一下你在一段时间内非常感兴趣的事情,是什么使你对这件事情由不感兴趣变为非常感兴趣的呢?是你读过的书还是你听到过的什么事情,还是你遇到的人?你如何把你自己的经验传达给学生呢?

_____
_____

退却的根源

在一些其实很有价值的知识面前,你可能打过退堂鼓,找出你当时道歉的方式和原因。

归咎于外部因素

1. 说出你课程中的一些主要是为了满足外部权威部门或标准化考试要求的知识点。

_____
_____

2. 你感觉哪些材料是无价值的?你在这里要具体写明,将你的担忧写下来。

_____
_____

3. 由于哪些学术原因，这些学习材料会出现在这里？为什么职权部门认为学生们学习这个材料是非常关键的？你如何与学生沟通这方面的内容？

_____

_____

4. 这个学习材料能不能放在其他部分，为其他的学习目标服务，而不是放在现在的位置？

_____

_____

淡化和替代

1. 写出一种教师可能会使用的淡化材料的方法，从而使课程更"容易理解"。

_____

_____

2. 对于那些可能会让你陷入陷阱中的原始材料，你能够从中更多地学到哪些内容？

_____

_____

3. 学习材料有挑战性是件好事，你能不能把这种困难当作一个吸引学生的手段？设计一种吸引学生的方法——完成难题会使一些学生与众不同，解决难题的能力既会让学生有所收获，也是优秀的一种体现。

_____

_____

为学生辩解

1. 在你讲授的学习材料中，你担心你的学生有可能学不会哪个部分的内容？

_____

_____

2. 你认为，因为他们缺少了哪些技巧或背景知识，才会导致他们无法完全掌握这些材料？

_____

_____

3. 你认为他们无法成功地掌握这个学习内容，你有确实的证据吗？如果有的话，你可以采取哪些行动帮助学生克服困难？如果没有，你该要求学生做什么，才能证明他们能够解决这个难题？

_____

_____

《像冠军一样教学》回顾

在讨论技巧15的时候，道格模拟了一些教师可以用来鼓励学生的话语，而不是为内容道歉：

- "这个材料非常好，因为十分具有挑战性！"
- "很多人上了大学才懂得这些，你们现在就了解了，很酷。"
- "这点可以帮助你成功。"
- "等你们理解了，就会发现非常有意思。"
- "我们在学习的过程中会得到乐趣。"
- "很多人害怕这个内容，等你掌握了，就会比很多成人懂得还多。"
- "这背后有个非常有意思的故事。"

为了更好地鼓励学生接受高难度的挑战，教师可以采取以下措施：

- "知道下面这个内容，你们真的会感到骄傲。"
- "等你们上了大学，可以向别人展示自己知道这么多内容。"
- "不用担心，这只是几个花里胡哨的词。一旦了解了，也就能记住了。"
- "这个真的不容易,但是只要用心,就不会做不到。"
- "我知道你们能做到,所以在这道题上,我会一直支持你们。"
- "第一次都会感到困惑,但是我们能解决,所以我们再试一次。"

把道格的一些替代表达加以变化,使之成为自己的表达。你还可以增加哪些替代语言,当……

你预计到材料乏味的时候?

"_____"
"_____"

你感觉到学生没有信心的时候?

"_____"
"_____"

你想要推诿责任的时候?

"_____"
"_____"

你故意地不去淡化知识的时候?

"_____"
"_____"

你的学生不想正视困难的时候?

"_____"
"_____"

深入分析

当学生为自己找借口

你的学生会不会为自己找借口呢？例如，想当然地认为他们没有能力做或为自己的不努力寻找借口。想出至少三种回应，可以用言语方式或其他方式。

1. 学生说：

"_____"

"_____"

你的回应：

"_____"

"_____"

2. 学生说：

"_____"

"_____"

你的回应：

"_____"

"_____"

提前起草

1. 在教案中，设计一两个用来应对困难的措辞，向学生表达你对他们最高的期待。

2. 如果你担心教案中的一些内容达不到教学目标，那么就将这些内容去掉，将之替换为完整的教学材料。为了让学生掌握知识，你可以考虑加入一些必要的支撑材料。

3. 为你的课程设计一个好的开头，即使你最后并不使用这个开头，这也可以激励你好好地上这堂课。

技巧练习

比较你们的回应

在前文中,你曾经与你的同伴或团队分享、比较过你的课堂回复,回顾一下你所做过的工作,倾听你没有考虑到的一些做法。

关于考试指定学习内容,有人可能不愿意讲或可能会为这些内容向学生道歉,比较一下不同教师的看法。针对课堂上的一些内容或标准化的考试,有的教师可能持有消极的态度,给出你的最佳反驳意见,提出相反的观点,并从这位教师那里得到他的反馈意见。

从这样的对话中,你可以得到哪些见解?

针对大家提出的每一种课堂道歉方式,大家再次进行练习,开动脑筋,每次想出一种替代的、非道歉性的话语,然后跟团队的其他人分享你的观点。

大家再次坐到一起讨论时,会有什么不同的感受?还有其他见解吗?

行动计划

利用该行动计划,继续练习"不要为学生找借口"的技巧,利用下列关键点来对自己的练习进行评价:

- 你确认了一些你想要为学生找借口,逃避学习的课程内容,并且将这些内容记在了教案中。
- 对于为什么期待学生学习这部分内容,你可以给学生提供不止一个充分的理由。
- 学生们能够理解,你的教课方式能够帮助他们解决遇到的所有难题。

技巧16"从结果开始"将会让你不再为课程内容感到抱歉。无论你有没有掌握技巧16,都要先从这里的第一轮开始。如果有必要,可以多回顾几遍。

行动方案	我将怎么做
第1轮（第2、3轮同此表）	
我应当接受而不是为此感到抱歉：	有哪些做法很有用，我应当坚持？
在课程计划中，我要：	面临哪些问题？
我的要点在于：	我打算如何面对这些挑战：
我认为成功的定义是：	

第四章

确保学习成效的教学计划

技巧16
从结果开始：以目标为导向来选择课堂活动

概要

成功的计划通常起始于远大的目标，比如着眼于将会持续几天甚至几周的某个单元中你想让学生掌握的重要知识点。一旦你确定了这个大的目标，下一步要做的就是将这个大目标分解成一些小的目标。在设定完这些小的目标之后，再去设计课程教案和学生要参与的课堂活动，来帮助学生完成每天的学习目标。

活动顺序是成功的关键，活动顺序如下：

1. 为每一章确定主要目标或话题，这个目标可以是水循环、分数的加减或《蝇王》的文学解读。

2. 将单元目标分解为每日课程目标，这个目标可以是了解冷凝在水循环中的作用，或者分析《蝇王》第三章中象征主义的运用。

3. 确定你的评价方法，评价你是否有效地达成了每天的教学目标。你可能会想"学生将会描述冷凝的过程，并且通过比较和对比，区分冷凝与降水"，或者"学生会明确并解释象征主义在本章的文章中的使用，并将这章中的内容与这本书中其他的象征符号进行对比"。

4. 选择有效的课堂活动，为教学目标服务，而且这些活动可以帮助评价学生们对知识的掌握情况。

反思：距离目标还有多远？

在阅读我们的观点之前，先写下你的观点。

你之前可能也试着这么做过,并发现这个简单的想法执行起来其实很难。你认为在使用"从结果开始"这个技巧时,遇到的最大的困难是什么?为什么使用这个教学方法是非常重要的?

_____

_____

我们的观点:即使是在一个单元或一节课末尾,有些教师也不是特别清楚他们到底想让学生学会什么。有些概念很难分解,因为一分解就会漏掉一些内容。哪些教学目标值得投入更多的时间、精力和注意力,这很难决定。有的时候,一天只关注一件事情是很难的,并且对每天能够讲解的知识数量进行计划,也有难度。

对一些较大的、宽泛的话题和概念进行有序分解是非常重要的,这可以帮助我们了解这些概念中隐含的深意,也可以帮助我们将复杂的问题简单化,使其更易于学生理解,同时这也有助于跟踪我们的进展。

基本原理

在执行"从结果开始"这个技巧时,我们要坚持以下关键步骤:

1. 明确一个单元的主要目标

首先,应尽可能具体地列出3~5个学生们在本单元需要掌握的最重要的知识点。即使你找到了不止5个知识点,也要把这些知识点进行提炼、缩减数量,确保当有疑问的时候,你明白你最想花时间处理的是哪个知识点。

2. 将单元目标分解成每天的小目标

大致思考一下每日课程数量和教学周的数量,设计一系列的教学目标,每天完成这个单元中的一个目标,每个目标都应该包含一个较大的技巧或在内容方面稍微有点不同的方面。例如,第一天的教学目标是介绍公分母,第二天的教学目标是让学生能够独立找出公分母，第三天的教学目标是自动发现公分母。如果你在规定的时间内，无法讲完你计划的内容，你有两种显而易见的选择：增加分配的时间或减少本单元的知识范围。在教学时，你也可以回顾一些课程（或课程中的一些部分），并重新讲一下学生们不懂的内容。根据经验法则，翻转10%~20%的教学时间是比较适合的。

使用四大准则（技巧17）进行评价，并尽可能提高目标的精密性：要考虑这个目标是否是可评价的、可管理的、最先形成的（在活动被选择之前已确定）、是否是最重要的。

3. 确定评价每天目标的完成情况的方法

根据每一个教学目标，在每天末尾（通过出站验票的技巧）和每章结束的时候，做好笔记，记录你可能采用的评价学生的方法。

针对这点，你可以采用下页的表格（单元、目标、评价），理解这些信息。

4. 根据教学目标，选择和设计课堂活动

选择两三个教学目标，设计课堂活动，确保学生们能够完成教学目标。这些课堂活动要考虑到以往学过的知识和做过的练习，特别要考虑到学生们在活动中的做法，这些课堂活动将帮助学生完成教学目标。

在你选定一个课堂活动之前，至少准备另外两个课堂活动，以备不时之需。这些替代活动中的一些优点能否与你现在的活动相结合，形成一个更有效的课堂活动？

进行双重规划（技巧19）：从头到尾看一遍你的课程，写出在每一个知识点上学生要做的事情。挑战自己，要使学生的任务积极、严密，符合你每天的教学目标和单元目标。

单元、目标、评价

单元目标：
目标1：
评价记录：
目标2：
评价记录：
目标3（以此类推）：

保持知识的持久性

作为教师，我们有时会很快地了解到学生们的需求，他们需要继续练习他们已经掌握了的技巧，教师需要帮助学生保持并拓展这些技巧。请利用下面的模板，为未来的课程做计划，帮助学生加强并拓展他们已掌握的知识。

每周加强和拓展已学知识的模板

日期：					
现在就做 定期使用3~5分钟的课堂导入时间，复习已学过的知识					
将复习融入核心课程中 找到合适的机会，将额外的练习并入到新课程的核心部分。有目的地做计划，可能帮助你完成教学计划					
小复习 在课堂上花费5分钟的时间，使用快速投击（技巧36）和全班动笔（技巧37）这两种方法高效地进行复习。"好，同学们，在今天的课堂上回顾我们过去最重视的知识，我们要确保每个人都了解了冷凝。"或："我们再说一下第三单元中的象征主义。"					
家庭作业 不仅要复习今天的课程知识，也要偶尔复习前面课程中的重要内容					

使用规范的格式设计课堂活动计划

根据你的经验和其他因素,在上课之前先准备好教案,或多或少地写出细节。用适合的格式或方法写出教案,为课程做准备,考虑做出两个版本的教案——一个详细的版本,需要的时候可以参考;一个概括性的版本,可以写在卡片上或半张纸上,上课时可以不时地扫一眼。

深入分析

节约计划时间

好的方案确实需要花费时间,考虑到你的经验水平,教授的班级数量,和他们要学习的知识,实事求是地规划所需时间是非常重要的。然而,保持活动的持续性可以使你的教学计划更加高效,如果你能够根据教学目标来做教学计划,并且不断地使用第一部分(评估学生的理解水平)中提到的技巧,你就可以节省不少的时间。

英语,人文学科

文章分析:教师给学生一篇书上的短文,让学生分析这篇文章,并写下分析内容(或者与同伴一起讨论)。"分析"的步骤都是一样的,都是提前确定好的。例如,道格在《反思阅读》这本书中,提出了一个课堂活动的版本,包含以下问题:

- 确定文章中的角色——那些说话的人和那些重要的角色。
- 确定书中场景发生的背景,解释一下这个场景如何讨论或反映文章的重要主题或主要观点的。
- 将文章中的这个场景与小说中或故事中的至少一个场景相比较,或者与在班上曾经读过的某个场景相比较,解释主题、观点和动机是如何被描绘出来的。

数学

你要养成"挑战问题"或演示提问(技巧39)的习惯。基本上,你可以在每节课上都布置一个复杂的问题，给学生几分钟时间，让他们独立完成，然后使用"演示提问"的技巧，要求两名学生回答问题，要求学生们分析并比较他们的答案。

讲授阅读技巧的课程计划

在一节阅读课和英语课上，要求学生阅读一本书中的一部分或其他文学作品，这个科目的有效教学计划和教学目标可能与其他科目有所不同。

大多数的阅读课都要求学生阅读、讨论或写下他们已经阅读过的内容，尽管大多数的优秀阅读教师在他们的阅读课上还会包括一些其他的活动，如词汇积累、写作练习或语法练习等，但阅读课教案最重要的部分应该是反思学生们在阅读过程中的行为习惯，首先要考虑如下问题：

- 学生们会进行独立阅读的内容有多少？进行大声集体阅读的内容有多少？
- 我的学生们是否准备好独立阅读其中的一部分？
- 为了确保学生已经理解了他们独立阅读的内容，我可以提什么问题？我可以给学生布置什么样的学习任务？
- 当我与学生们一起大声阅读时，有没有要注意的关键时刻，可以解开关键篇章中的难题或点出令人高兴的事。

设计阅读过程中你将提问的问题，达到如下目的：

- 给学生们提供足够的课后练习，要求学生使用最重要的技巧。
- 平衡好检查对故事细节和语言理解的需求（句子层面和篇章层面）和检查对全文观点理解的需求之间的关系。
- 确保学生们能够用书面语言和口头语言表达他们的理解。

阅读教师（历史教师和其他学科教师）经常会将问题和停止点标注在课上要阅读的课文上，并且在与学生大声朗读时，使用这篇标注过的文章。因为问题（和答案）都是以课文内容为基础的，因此要将这些问题写在课文上，而不是写在一份单独的教案上，不需要来回翻动课文和教案就提高了课堂效率。

反思

相比围绕着一系列的技巧组织活动，在学习一门课和各个单元时，围绕着学习目标（一篇文学作品、一个项目、一个地方或文化），组织一系列的课堂活动，你是否更能从中受益？如果是这样的话，在学习课程过程中，你需要加入哪些具体目标？

_____
_____
_____

你写出的内容对如何选择最佳学习目标有何启发？

_____
_____
_____

与团队或同伴练习制订活动计划

回顾你做过的工作，分享并比较你们的回答，了解其他人的选择。

带两份你过去用过的课程教案的复印件：一份执行得很好，没有任何问题；另外一份你想要进一步改善，以备未来之需。至少带一份单元材料概述的复印件，根据这个概述，对你的课程进行分解。

评价过去的课程教案

1. 第一步，交换执行情况良好的教案副本，花几分钟看看这些教案，然后谈谈这个教案如何显示了"从结果开始"这个技巧的一些步骤或所有的四个步骤。

2. 第二步，轮流分享你的感想，说说你对其他人的课程计划的看法，你喜欢哪部分，你觉得哪部分很有用。然后，谈谈你觉得还可以使用什么方法进一步改善你的教案,并邀请团队的其他成员对你的教案进行评价。

3. 对于执行不畅的课程计划,使用步骤一和步骤二,重新执行。

4. 写下你在团队工作中的收获,并与其他人分享。

5. 修正你的一份或两份教案,以备未来之需。

分享并评价即将推出的计划

使用一种你以前从未尝试过的教案,教案的设计同样要运用这个技巧中的第一步到第四步,当你讲完这节课之后,向你的团队汇报这个教案的实施情况和你的收获(通过会议或发信息的方式)。

行动计划

在课后,定期地回顾"从结果开始"这个技巧的使用,仔细思考活动执行的进程和你下一步要改善的做法。利用下列的关键点,评价你的课程计划:

- 课程计划从单元层面下降到课程目标层面。
- 我做好计划,给学生提供复习机会,并要求学生使用本单元的重要技巧做额外的练习。

我目前做得怎样?

根据已有的情况制订和改进计划,确定行动周期,按时回顾,进行自我评价。

行动计划(截止日期;练习对象;评价方式)

截止 _____(日期),我将_____

我是怎样做的?

闪光点:_____

存在的问题:_____

改进方案:_____

> **技巧17**
>
> 课程目标的四大准则：找对方向才是硬道理

概要

"从目标开始"旨在使教案的设计更有计划性、有条理、方向明确。"四大准则"这项技巧主要讨论如何精心制订学习目标，使之达到最大效果，每个准则都代表着一个有效的课程目标的评价标准。

可管控。目标可以在上课时间达成。

可测算。在设置目标时应保证最好在课堂结束时，能够测算成功效率。

放在首位。这个目标要被优先选择，并根据目标决定在教案中要包含哪些活动，而不是仅仅解释最佳活动的优点。

最重要。制订目标应该只关注学生通往大学之路上最重要的内容，告诉他们在攀登学术高峰时下一步该怎么走。

反思

对你来说，课程目标的四大准则中哪个准则是最困难的或者最重要的？为什么？

_____

_____

基本原理

可管控

这个目标可以在一节课上实现吗？有没有一个好的活动可以在规定时

间内完成，包括独立练习的时间，是否有足够的时间完成？有没有一些评价方法可以在规定时间内完成？在课程完成时，你最好要了解你的学生们是否已经达成了目标，学生也想了解这一点。

回顾最近的课程，是否出现过时间不够用或者时间安排不得当的情况？写下那节课的课程目标，然后调整一下这个目标，使之更精确、更容易管控。

_____

_____

当你在上课时时间不够用了，应该把哪一部分去掉？你认为时间为什么会不够用？

_____

_____

可测算

充分了解目标执行的情况，可以使每节课都成为一个学习机会，而不是一个意向不明的实验。

所谓"测算"，并不意味着这是一种"测试"或可以缜密量化的结果，它意味着认真使用第一部分（评估学生的理解水平）中的所有技巧。并不是班级中的每个学生都能在某次课上达到同样水平的成功，因此你需要事先考虑好如何定义成功。

我们强烈建议你使用"出站验票"（技巧26）来评价学生们当天的目标实现情况。如果你已经使用了这个技巧，从最近的十节课中挑出一摞"出站验票"技巧的表格，然后将这十节课的教案摆放到另外一摞，将每一摞的顺序都打乱，你能把它们重新搭配起来吗？你的同伴可以做到吗？你认为你（或你的同伴）能够很好地将"出站验票"技巧的表格与你写出的教学目标匹配起来吗？

如果有时你会将"评价"过程推迟到第二天或周末进行，你用什么方法可以确保对今天的目标实现情况完成评价呢？
_____
_____

放在首位

"放在首位"是指：目标是首先要考虑的因素，课堂活动要根据目标来设计。从目标出发可以帮助你思考课堂活动的内容和设计方案，也可以帮助你思考如何修改活动。想一个你经常在课堂上使用的活动，然后选择两个相似但不相同的学习目标，并且根据这两个不同的目标，设计一下你将要对这个活动做出的改变。

活动：
_____

目标1：
_____

改进的活动：
_____
_____

目标2：
_____

改进的活动：
_____
_____

最重要

一个有效的教学目标关注的是那些能够帮助学生走上高等教育之路的最重要的内容，这个目标在最大程度上与设定的课程和/或已确定的标准相契合，但是，练习明确目标是一个好习惯——至少是根据你自己的想法。

换句话说，作为备课的一部分，向自己解释这个教学目标的重要性，对于日常教学来说是非常重要的。

反思

你是否想知道你的课程结果是否符合课程目标的四大准则的评价标准？咨询你的同事。向她介绍一个你一直在努力完成的具体目标或大的学习目标，请她给出最佳的解决方法，使这个目标符合课程目标的四大准则中的一个或几个标准，并问问她还有没有其他新的想法。

_____

_____

评论一些目标的陈述

这些目标中的每一个都不符合课程目标的四大准则，看一下这个目标中缺少什么内容，并重写这个教学目标，以便它能符合所有的评价标准，然后将你的观点与我们的看法相比较。

1. 学生们将了解为什么莎士比亚在英语中，也可能在所有的语言中，是最伟大的作家。

重写：

_____

_____

2. 学生们能列出一个包含四个要点的评价标准，以此来判断一组单词是否构成了一个完整的句子。

重写：

_____

_____

3. 学生们能够命名细胞的各个部分，并能描述它们的功能。

重写：
_____
_____

4. 学生们将讨论《杀死知更鸟》的第二章。

重写：
_____
_____

你的回答是否与下列回答相似？

学生们要了解为什么在英语中莎士比亚是最伟大的作家。目标中的动词是非常重要的，它们描述了学生们要采取的行动。"了解"是一个模糊的词，因此无法衡量。如果使用一些动词，如"描述、解释、论证、概括或确定莎士比亚名声的正确性"，有助于设置一个更加可测算的目标。这些动词应该引起你这样的思考："我怎样才能知道他们是否了解？"因此更好的学习目标可能是："学生们将从《罗密欧与朱丽叶》这个故事中找到一些能够表现出莎士比亚伟大的情节元素，并描写这些情节元素中的一些例子。"

学生们能列出一个包含四个要点的评价标准来判断一组单词是否构成了一个完整的句子。这个陈述将目标和活动（列出清单）混在了一起。更简单地说，这个目标也许是"确定完整的句子和不完整的句子的区别"。更加严密的说法应该是："确定完整句子和不完整句子的区别，并成功地纠正不完整的句子，将它们改成完整的句子。"注意这个目标中的第二部分的可测算性。

学生们能够命名细胞的各个部分，并能描述它们的功能。这个目标是不可管控的。事实上，要实现这个目标很有可能会持续很多节课。

学生们将讨论《杀死知更鸟》的第二章，这是一个活动，不是一个目标，因此，这里没有将目标放在首位。这个目标可能会要求学生描绘杰姆和迪尔之间的关系，或者确定本章的关键主题，并且与另一本小说中的一个相似的主题相比较。

深入分析

写出一周的教学目标

如果没有完全完成一天的目标，你就要修正目标，以备第二天使用，但是为了练习，为了对你正在讲授的单元或可能讲授的单元产生影响，你应该为一系列五节相关联的课程设计教学目标。每个目标都要使用课程目标的四大准则进行衡量，将你修正过的教学目标写在下面：

第一天：
_____
_____

第二天：
_____
_____

第三天：
_____
_____

……

更易管控

你是否对你期望能够实际达成的目标数量提出了更严格的要求？为了实现这一点，试着在教案中有意识地加入课堂计时，例如，你计划在第一点上用20分钟，第二点上用25分钟。

当你进行课程描述时，先让一位同事听你讲5分钟，然后请他根据课程目标的四大准则分析你的课程。

给予热爱

> **《像冠军一样教学》回顾**
>
> 重读道格先生的富有启迪性的自白，来更好地了解"可预测"这个准则。

即使想要让学生喜欢上你所在领域中的一些内容，你的教学目标仍然要以技巧和知识为基础，但这并不是说不去激发学生分享你的热情。抛开教学目标不说，你还可以用什么方法，能够在尊重学生们审美差异的前提下，激发学生们的学习热情？

_____

_____

角色扮演练习

1. 拿出你的"评论目标的陈述"和"写出一周的教学目标"这两个活动结果的复印件，与你的同伴或团队分享和讨论，同时还要拿出你要讲授课程的书面课程目标，并注明你将如何测评学生的学习进步和成功。

2. 比较一下你们重写的"评论目标的陈述"的结果，并且在这些改写中使用课程目标的四大准则。

3. 比较你们的"写出一周的教学目标"活动中的五个目标，描述一下它们与大目标的关联和相互之间的关系，再一次使用"课程目标的四大准则"进行评价，你还可以做出哪些改进？

4. 轮流读出你们接下来要讲的课程的课程目标、现场提问课程目标四大准则的使用情况或其他的问题或机会。

行动计划

利用该计划,继续练习"课程目标的四大准则"技巧,看看你最近用过的教案或评价你写出的每个教案。你的目标是否是:

- 可管控的?
- 可测算的?
- 放在首位的?
- 最重要的?

我目前做得怎样?

根据已有的情况制订和改进计划,确定行动周期,按时回顾,进行自我评价。

行动计划(截止日期;练习对象;评价方式)

截止 _____(日期),我将_____

我是怎样做的?

闪光点:_____

存在的问题:_____

改进方案:_____

> **技巧18**
>
> **张贴课程目标：让每一位学生都知道你的良苦用心**

概要

对于你制订的每个课程目标，最好是能够将其张贴出来，让每个人都能看到，我们把这个技巧称为"张贴课程目标"。这个技巧是非常有用的，因为研究表明有目的的学习者学得更快。张贴课程目标这个技巧的使用要保持一致性：每天要张贴在相同的位置。张贴的位置和张贴的方式通常会受教室布局的影响，包括你选择的课桌摆放形式，因此，在本章我们也将讨论这些因素。

反思

探究并记录你的想法，并将其与我们的观点相比较。

将课程目标张贴在每个人都能看到的位置，还有什么好处？
_____
_____

你是否已经为每节要讲授的课都制订了课程目标？在上课期间，你是否已经使用了"张贴课程目标"这个技巧或其他的方法，保持学生对课程目标的注意力？这个方法现在对你是否有效？
_____

我们的观点（你可能有其他想法）：在整个课程期间，一个易见、易读的课程目标对你和学生来说都是课程完成情况的检验标准。当一个来访者进入教室时，你可以直接将教学目标指给他看，让他了解现在的课程进程，而不需要打断课程对他解释，这个过程中需要大家了解最基本的教学目标。如果你和你的学生很少能看到课程目标或脱离了课程目标，那就要查看一下这个课程目标是否张贴在了最佳位置。对学生来说，目标的陈述语言是不是通俗易懂、具体且容易理解的呢？你有没有检查过学生们是否理解了这个目标并已经将目标记在心里了呢？

基本原理

"张贴课程目标"是简单易行的：

在你进行课堂教学之前，用尽可能简单易懂的语言制订课程目标。一些教师将学习标准写在黑板上，并将其作为教学目标，例如："3、7、6学生们要阅读理解。"我们建议你写出的是你在教案中制订的每日教学目标，并且用简单易懂的、易于学生理解的语言介绍教学目标。（顺便说一下，如果你的这个日常教学目标是一个更大的学习目标中的一部分，那你要考虑将短期和长期课程目标同时张贴出来，这样做可以帮助学生们看到并思考他们现在所做的工作与大局的关联。）

每天在同样的位置张贴课程目标。大家都知道课程目标的张贴位置，学生们会养成习惯，到固定的位置查看，将目标写在黑板上是最简单有效的方法。然而，将课程目标写在一张白纸上，或写在便利贴上，并将它贴在黑板上也是有效的方法。使其成为对话的一部分，唤起学生对"张贴课程目标"这个技巧的注意力，并且检查学生对这个目标的理解。在课程开始或快要结束的时候，不定期地要求学生思考或回顾课程目标。在上课期间，间或用言语和手势提出课程目标。在临近下课时，你可以重新提及这个目标："我们的目标是要解出x和y，我们该怎么做呢？"

在课后，对张贴的教学目标进行反思。在你的课上，有没有实质性部分被其他的事情占据？能否避免这种情况的发生？怎样避免？

要让课堂的来访者也能意识到这个课程目标，鼓励来访者给你反馈信息，帮你了解在你的帮助下你的学生是否很好地掌握了课程目标，而不需要从来访者那里得到一些其他不相关的评价反馈。

角色扮演练习

提前一周在教室内张贴课程目标，然后与同事进行讨论。与同事分享你张贴的一些课程目标，并讨论下列内容：

- 用于张贴课程目标的一些简单方法或先进方法。
- 用简洁、清楚明白的语言表述课程目标。
- 确保班级的所有成员都能注意到这个课程目标，坐在座位上就能读到并且能理解课程目标。

把你"张贴课程目标"的做法与同事分享，集体讨论新的方法，讨论一些方法来强化这种技巧的应用。在讨论期间或讨论之后，写出你接下来的五个课程目标，并设计你将要使用的"张贴课程目标"方法，强化这些课程目标。

行动计划

利用该行动计划，继续进行"张贴课程目标"的技巧练习。利用下列的关键点对你的练习进行评价：

- 你的学生能够理解课程目标，并定期地查阅目标。
- 在临下课时，学生们能用自己的话表述出课程目标和他们达成目标的方法。

我目前做得怎样?

根据已有的情况制订和改进计划,确定行动周期,按时回顾,进行自我评价。

行动计划(截止日期;练习对象;评价方式)
截止 _____(日期),我将_____
我是怎样做的?
闪光点:_____
存在的问题:_____
改进方案:_____

技巧19

双重规划：为学生在每个时间点的表现做好准备

概要

双重规划是指你和你的学生们在课程的每个阶段要做的规划过程，这个规划可以使你通过学生的视角观察课程，确保平衡地采用各种有意义的活动。双重规划类似于一个简单的十字分类图，你的行动过程列在左边，学生要做的事情列在右边，或者，你可以更进一步，通过设计不同的课程材料来进行双重规划，例如讲义手稿、笔记模板、指定的阅读材料、课程包等。

反思

对于教师来说，为课程做计划是很自然的事情。提前策划学生们在每个阶段的做法有什么好处？当你写完之后，将你的回答与我们的观点进行比较。

_____

_____

我们的观点（你当然有其他的想法）：策划学生的行为有助于确保学生们从开始到结束都有一些富有成效的事情要做，并可以帮助我们发现学生们无事可做的时间。

基本原理

有效的双重规划技巧可以采用各种方式、规模和形式，但是这些规划都要达到以下几点要求：

1. 将所有的材料放在同一份讲义里。
2. 控制节奏。
3. 担负责任。
4. 收集整理信息，有针对性地进行教学。
5. 成功导向：以学生的角度审视课堂。
6. 内在适应性：让学生根据自己的节奏学习。

目标1. 将所有的材料放在同一份讲义里

为学生们准备一个精心设计的讲义包或发放资料，并将所有上课需要的材料放在里面是非常有用的，包括：图表、表格、小说摘录、写字和展示作业的空白处，甚至是一个有用的"双重规划"的工具。例如生物教师维奇·赫尔南德斯老师将科学文章的摘录、细胞繁殖关键过程的图解、学生课本上的一些选择题都放在了一份学习材料中，并分发给每个学生。其他的例子，如历史教师艾米莉·比斯将原始材料和关键的地图融合在一起，这样学生们就可以方便地拿到上课所需要的所有材料。

还有没有其他经常要求学生查阅的补充资料呢，如小说摘录片段、原始材料、图表、周期表或文章等？集体讨论一些方法，如何将这些补充材料加入你的重点讲义包或分发材料中，以便使所有的内容都放在同一份材料中。列出讨论的结果：

_____

_____

_____

目标2. 控制节奏

将所有的教学材料都设计在一份讲义里，也被称为"讲义包"，这样做的另外一个好处就是你可以使用一份副本，并且自己在上面做一些标记，这样你就可以更流畅和连贯地进行课堂教学了。例如，科琳·德里格斯将所有的内容都记录在她教案的空白处，从"现在就做"（技巧20）进行的时长到她给学生阅读和写下每个练习问题答案的时间。

目标3. 担负责任

双重规划的另外一个好处是可以帮你督促学生在课上写出高质量的作业。例如，我们从教材中选取的摘录可以发现，八年级教师玛吉·约翰逊给学生预留了空白位置，让学生写出答案、做讨论笔记或做演示提问的讨论记录。她甚至还标记出了专门的位置，供学生之后回顾、复习和改进答案，要求学生暂时不要在这里写字。

玛吉·约翰逊的教材节选

1. 下列哪个细节解释了司考特将阿克提斯比作艾克·芬奇的原因?

A. 表兄艾克·芬奇是梅岗镇唯一活着的联邦退伍军人。

B."我会走过这条路的每一个台阶,然后再沿着台阶走回来,就像我之前做过的那样……"

C."古老的蓝光还在天上,上帝舒展了他圣洁的额头……"

D."这次我们要与之战斗的不是美国佬,我们要与之战斗的是我们的朋友。"

当阿提克斯说"我们要与之战斗的是我们的朋友",他想表达什么意思?

_____
_____

> 当学生们写下了这个问题的答案之后,玛吉老师采用演示提问的方法要求学生说出他的答案,她认为这个答案可以帮助学生辨别出"好"和"很棒"的区别(技巧39),也就是说,她向全班同学展示这个学生的答案。

展示提问过程笔记:

_____
_____

> 在展示提问的过程中,针对如何根据同学的答案辨别"好"和"很棒"之间的区别的讨论,学生们做好笔记。

这里保留空白(供复习时使用):

_____
_____
_____

> 玛吉老师要求学生使用他们从展示提问讨论中得出的结论,重新写出上述问题的最初的答案:当阿提克斯说"我们要与之战斗的是我们的朋友",他想表达什么意思?

记下玛吉的教学材料中你认为有用的部分,并将其用在你自己的课上。

_____

_____

目标4. 收集整理信息,有针对性地进行教学

使用散发讲义和讲义包进行双重规划,同时再加入统一练习格式的技巧(技巧3),可以帮助教师快速、有效地通过观察收集信息。教师也可以不定期地停下来将学生写出的答案与目标答案相比较,他们之前已经将设计好的目标答案写在了教材副本的空白处。

有些教师还使用他们的教材去预备错误(技巧7)。例如,我们发现有些教师列出了一些预测的错误,并在空白处写出对这些错误的回应,这其中可能包括一些分解问题(技巧35)或一两个可以帮助挖掘错误的快速提示(技巧9)。还有其他教师在课堂上分配一些时间对错误进行反应("花四分钟的时间讨论选项D"),这可以使他们更有可能解决问题。

目标5. 成功导向:以学生的角度审视课堂

最有效的双重规划通过讲义包帮助尽可能多的学生达到或超越高学术标准,他们从学生的角度审视课堂,系统性地提供支持或移除成功的障碍,同时又不降低标准。

一些教师提供了各种支持,如"意见箱"、正确作业的样例、成功的标志("如果你能表演出来,就说明你知道你是在展示而不是告诉"),标准的指示("记得最少包括三个证据")以及提示学生在答题时应参考哪些资源("一定要使用昨天关于印度独立运动中非暴力不合作的笔记")。这些辅助让学生练习实现成功,同时帮助他们自我监控他们作业的数量。显然,有些课程不用提供这些支持,但是当你需要的时候,要牢记这些方法以便使用。

双重规划的成功

从下一节课程中,选取两个具体的活动,为了确保成功,要设计好这些学习材料的特点,例如:

- 一个有实用价值的"意见箱"。
- 正确或优秀作业的范例。
- 对学生答题参考资料的提示。("查看昨天关于细胞呼吸的笔记。")
- 关键点。("如果你能表演出来,就说明你知道你是在展示而不是告诉。")
- 标准的指示。("包含四个以上的句子""使用两个不同的技巧解决问题。")
- 使用一些评价表,学生可以用来评价他们的学习成果。

活动1的名称:
_____

简单描述:
_____
_____

材料特点(选择一个)

☐ 一个意见箱
☐ 正确的/优秀的作业
☐ 参考资料的提示
☐ 闪光点
☐ 标准的指示
☐ 评价表

_____
_____

目标6. 内在适应性：让学生根据自己的节奏学习

擅长双重规划的教师们认为讲义包是活的、会呼吸的材料，可以帮助他们应对学生不断变化的需求。布莱恩·白朗格讲义包中准备的问题常常超出学生的需求，因而可以根据学生的掌握情况有策略地提高教学速度或重新复习。

塔琳·普里卡德也在独立练习中采用类似的思路，根据难易程度将其分成不同层次："一般""中等""困难"。塔琳要求学生首先完成"一般"类的独立练习，之后尽力尝试后两个部分，作为附加的提高材料。学生可以按照自己的速度，不必因为不断征求教师的许可而打扰其他学生。其他教师还采用了二分法，在讲义中插入"挑战"或"深刻思考"的问题。不管选择哪种形式，在设计独立练习时要保证所有学生都能根据自己的速度挑战自己。

双重规划课堂活动

在接下来的课程中，使用双重规划模板（或其他类似的东西）精确地计划你和你的学生在某个课堂活动中的所有活动。如果可能的话，与一个同样做了这种准备的同事分享你的模板，找到一些方法来改进计划。

下面列出了一些活动想法，为下列活动或其他课堂活动做出规划。

书面作业。 停下来记录，单段日记，一个优美的句子（见技巧38，句子的艺术），小随笔，多段回答。

讨论。 转身讨论（技巧43），小组讨论，教师引导全组讨论，学生引导全组讨论。

复习。 同伴大声朗读作业，教师演示提问（技巧39）或模拟讲解、自评。

记笔记。 康奈尔笔记或相似的图形组织（十字分类图、韦恩图解），记下关键的讨论结论（例如，以子弹格式）。

阅读。学生朗读（技巧23，掌控游戏）；教师朗读，学生写下注释；学生独立朗读，写下注释，并且回答一个书面问题——我们将这种练习称为可靠的自主阅读方法。

双重规划模板示范

活动：负责任的独立阅读	
我要做的：	学生要做的：
1. 告诉学生，框出他们要阅读的课文的某一部分或在停止的位置用"×"做出标记。	根据我的指示，在课文上做出标记。
2. 要求学生在阅读时要做注释，并提出一个阅读焦点问题。	对于要注释的内容，在页边上用1~2个字做笔记。
3. 告诉他们阅读和做书面作业的时间，开始计时，并在教室里来回走动，监督他们做注释。	阅读，并对课文进行注释。
4. 给学生最后30秒钟，要求他们完成阅读，并且开始回答焦点问题。	根据我的提示信号，从阅读/注释的过程转入到回答焦点问题的过程。

双重规划模板

活动：_____	
我要做的：	学生要做的：

行动计划

如果能做到以下几点,说明练习效果良好:
- 在整堂课上,学生们都能积极参与进来。
- 你没有漏掉你原来计划要做的事情。
- 使学生能够更容易地发现他们真正需要的内容。

> **我目前做得怎样?**

根据已有的情况制订和改进计划,确定行动周期,按时回顾,进行自我评价。

行动计划(截止日期;练习对象;评价方式)
截止 _____(日期),我将_____
我是怎样做的?
闪光点:_____
存在的问题:_____
改进方案:_____

第五章

课程结构

技巧20

现在就做：率先勾起学生的学习兴趣

概要

对于一堂成功的课来说，其首要的学习任务就是要激发学生的兴趣，学生一进入教室，应该立刻投入学习。"现在就做"这一章虽然不长，但是很有价值，是一个强有力的工具，能够帮助评价学生的理解水平，并确保学生们从一打上课铃开始就迅速进入学习状态。有效的"现在就做"应达到以下4点要求：

- 每天都在同一个地方进行。
- 学生独立完成练习。
- 短时间和高效率。
- 兼顾复习和预习。

反思

如果你还没有运用过"现在就做"这个方法，那么在你的课堂上，刚开始上课时会发生什么情况，请将其记录下来。这样的开头对学生和剩下的课堂活动会产生什么影响？

_____

_____

如果你运用过"现在就做",回想一下你最近做过的效果不太好的一次,问题是不是出自上文提到的四点要求之一或者其他方面?请给出解释。

_____

_____

基本原理

有效的"现在就做"的标志

很多有经验的教师都明白,并不是所有的"现在就做"都能取得同样的效果,下面我们将详细阐明有效的"现在就做"的四个标准。

每天都在同一个地方进行。要保持一致性,学生们每天都会在同一个地方找到他们的学习任务,你可以提前把任务写在黑板上、打印的纸条上或者当天讲义的第一页上。

独立完成练习。学生们已经有了所有的必备材料,可以立刻开始进行激发学习兴趣的练习。

短时间和高效率。有效地激发学生兴趣的练习通常持续3~5分钟,并要求学生做一些书面练习。书面练习可以使这个学习任务更严密,你可以更有效地收集信息,并对学生的理解情况给出反馈。

复习或预习。激发学生学习兴趣的练习既可以用来预习将要进行的内容,也可以用来强化已经学过的内容,特别是与这节课有关的学习内容。

对一些"现在就做"进行评价

下面是教师们在课堂上进行的"现在就做"活动,使用上文提到的评价标准和其他标准来评价这些活动,写下你的评论,并与后面我们给出的点评进行比较。

案例1．玛吉·约翰逊，六年级，阅读

本次"现在就做"在一定程度上是用来检验学生们是否已经完成了对于艾利·维瑟尔的《夜》的阅读任务：

根据第一页和第二页中"冷漠的危险"，回答下列问题。不要查看小说和笔记，将答案写在答案纸上，扣在你的桌面上，然后翻到讲义的第二页，开始预习。

1. 艾利通过哪种方式说明他"对愤怒心存感激"？
   A. 解释了敌人的武器是多么的无关紧要。
   B. 描述了伊斯兰教徒的感受和无所畏惧。
   C. 因为美国人没有尽快释放集中营被关押的人，艾利解释了对他们的愤懑。
   D. 记得他被美国士兵从奥斯维辛集中营释放的那一天。

2. 艾利认为冷漠也可能是有吸引力的，因为……
   A. 人们更容易会漠视受害者，而不会参与其他人的痛苦。
   B. 冷漠在语源学上的意思是"无差别"。
   C. 邻居们通常会认为彼此的生活都是无意义的。

3. 提高问题：解释"冷漠的危险"中句子的含义。
   冷漠让一切变得空洞。

评价：

_____

从玛吉老师身上我可以学到：

_____

案例2. 布莱恩·白朗格,八年级,数学

这个练习用于检验本学年学到的各种技巧。

---

1. 根据右边的图形,下列哪个选项是正确的?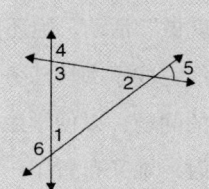

   A. m∠4=m∠2+m∠3

   B. m∠5=m∠1+m∠2

   C. m∠5=m∠1+m∠3

   D. m∠6=m∠2+m∠3

2. 下列哪个选项与这个表达式相等?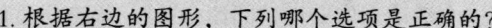

   A. $\dfrac{4w^?}{3x^?}$ C. $\dfrac{4}{3x^?}$

   B. $\dfrac{4w^?}{3x^?}$ A. $\dfrac{4w^?}{3}$

3. 写出上一题第一步的解法。

   _____

评价:

_____

_____

从布莱恩老师这里我可以学到:

_____

_____

案例分析

案例1. 玛吉·约翰逊

玛吉清楚地向学生们传达了指令，告诉他们该怎么做，然后开始了"现在就做"活动。她还把这个活动当作一种"阅读检验"，检查学生们是不是已经完成了阅读任务，是不是对材料的讨论做好了准备。她增加了一个较难的问题，以便学生们能进一步拓展思路。最后，当学生完成了他们的练习时，她又布置了一个学习任务，确保每个学生从头到尾都在做有意义的事情。

案例2. 布莱恩·白朗格

布莱恩老师根据从最近一次单元评测中收集到的信息，设计了此次"现在就做"，强化学生需要练习的技巧。多项选择题的选项简化了他了解学生理解水平的过程，他的开放式提问要求学生思考他们解题的方法，这样他可以精确地识别出学生不理解的地方，同时，他还给学生留出了足够的空间，学生可以将答案写在那里。

设计活动

使用模板，设计一个"现在就做"活动，然后与你的同事交换各自的活动方案，并聆听对方给出的反馈信息。如果有必要，对你的活动方案进行修改。这个模板涉及一种"出站验票"练习，使用一些简短的书面问题或提问，在临下课时提问学生，来检查他们的理解情况。

"现在就做"设计模板

课程目标：
_____

"出站验票"问题样题：
_____

我设计的"现在就做"：
给学生的指令：
_____

给学生的问题：
_____

☐ 每天都在同一个地方进行？ ☐ 学生独立完成练习？
☐ 短时间和高效率？　　　　 ☐ 复习或预习？

反思

下面简单陈述了一位教师在进行"现在就做"时遇到的最大挑战。根据你学过的方法，你可以给出什么建议来帮助她克服困难？如果你之前也没有这么做，你怎样将这个建议用在你的课堂上呢？

有的时候，我的"现在就做"持续时间太长了，我认为要5分钟可以完成的活动却花费了15分钟，这让学生们感到一种挫败感，因为他们不能按时完成，但如果我给他们额外的时间，我一半的课堂时间就没有了。如果我的活动时间太短，有的学生早早地完成了，开始焦躁不安，我没有足够的时间在教室里四处走动，搜集足够的信息。但我遇到的最大的难题是我在"现在就做"中花费的时间远远超过计划时间，这往往是因为我不得不花费时间来处理一些我没有预料到的错误，或讨论一个比较好的问题时忘记了时间，这使我不得不缩短学生独立完成作业的时间。
_____
_____

行动计划

每天都在同一个地方进行？学生独立完成练习？短时间和高效率？复习或预习？根据这四个标准对你的技巧练习进行评价。

> **我目前做得怎样？**

根据已有的情况制订和改进计划，确定行动周期，按时回顾，进行自我评价。

行动计划（截止日期；练习对象；评价方式）
截止 _____（日期），我将_____
我是怎样做的？
闪光点：_____
存在的问题：_____
改进方案：_____

技巧21

为步骤命名：规范每一个步骤，帮助学生掌握复杂技能

概要

熟练掌握某种技巧的人在使用这种技巧时会有一种很强的直觉，他们无须认真思考，就知道该怎么做。在教师眼里非常简单、可以轻松掌握的知识，对于学生们来说却非常复杂。这种知识结构和水平的差异，可能会使教师低估了学生们学习的困难。为避免这种情况的发生，教师应该把一些复杂的任务进行简化，将其细化为相对简单的多个步骤。我们把这种技巧称为"为步骤命名"，实际上，就是让学生清楚自己的学习过程。

"为步骤命名"可以分为以下三个部分：

1. 识别步骤。
2. 把这些步骤"深深刻在"学生脑海里。
3. 让学生知道如何解决问题的同时，还要对解决的过程进行反思。我们把这种做法称为"双向对话"，旨在让学生兼顾解决问题的结果和过程。

反思

反思自己的教学，并用书面形式回答下面的问题，然后将你的回答与我们的观点进行比较。

在你的教学中，当你向学生布置任务或发布指令时，尤其是一些记忆性的任务时，哪些因素会使学生们更容易完成？哪些因素会增加任务的难度？

_____

_____

我们的观点（你可能有不同的观点）： 一个好的任务指令需要包含学生在完成时所需的所有要素，而不好的指令往往对任务要求的描述过于笼统。我们在布置任务时，更多关注的是任务的完成时间，而很少注意任务中的各个环节和步骤，其实，这些具体的环节也应该给予说明。

基本原理

1. 识别步骤

《像冠军一样教学》回顾

道格在讲述"识别步骤"的重要性时，举了一个非常有趣的例子：

我的一个足球教练曾是国际足坛超级巨星。身为教练，他总是站在边线处大喊："防守，你们得赶紧防守！"我们都清楚我们的确在防守，同时，我们也知道自己防守得不太好。作为教练，他通常的指导方式是提供一些提示："不要管那边，道格！"

当我跟着另一名教练训练时，我才意识到教练其实就是教师。第二位教练会把防守的动作分解成一系列步骤：第一步，当你要防守的那个人不断靠近带球的队员时，你要不断靠近他；第二步，只有当你确信自己可以截球的时候，才进行绕前防守；第三步，当你防守的对象背对球门时，尽量不要让他转身；第四步，如果带球队友需要转身，把他引到边线；第五步，如果有必要，选择铲球；第六步，其他情况下，尽量不要让他靠近球门。

作为教练，他的指导方式（在比赛前，而不是在比赛时）总是在提醒我们下一步该怎么做。如果我的队友拿到球，他会温和地提醒我们"别让他转身"。如果我让他转身了（我经常会这样），他会告诉我"让他跑开点"。如果我没做到（我经常这样），那么他会告

> 诉我："如果你必须……"他提醒我防守的关键是不要让对手靠近球门，这比抢球更重要。在我不再跟他训练后的几年里，每当我踢球的时候，依然能回想起他教我的步骤（"如果你必须……"）。我曾经问他，他是怎样想到用这样的方式训练我们的，他的答案发人深省："因为那就是我掌握这种技巧的唯一方法。"

一位好的生物老师，他的教学目标之一是让学生学会如何观察某种动物的样本，从而确定这种动物的物种。要完成这个教学目标，教师可能会首先提出一个问题或设立一个小的思考环节，然后根据学生的回答情况，再提出另一个问题或思考环节，并逐步深入。这种教学方法不仅能够让学生更好地了解这种动物，还能让学生们通过一步步的推理，来确定其他动物的物种类型。

假如你现在要教给学生如何撰写某篇文章的概要。可根据自己的课程决定文章类型，可以是小说，也可以是其他体裁。请设计一个包括七个环节的教学步骤。

文章概述步骤

1. _____
2. _____
3. _____
4. _____
5. _____
6. _____
7. _____

在设计完各个步骤以后，检查一下，看步骤是否过多。在设计时，只需列出那些必要的环节，不要出现多余步骤。

2. 给每个环节贴上标签

> **《像冠军一样教学》回顾**
>
> 在课本第21个技巧部分，道格讨论了如何利用首字母代表各个环节。比如，用STORY代替故事的五个基本要素：
>
> S——场景，即故事发生的时间和地点。
> T——谈话的人物，即故事的主人公。
> O——天哪，有一个问题！即主人公想要一个东西，但得不到。
> R——解决，故事里的人物尝试解决问题，但是失败了。
> Y——是的！一个解决方案！即问题最终被搞定了。
>
> 这里有很多元素使得口诀变得更容易记忆——首字母缩写拼接成的单词并不是五个故事元素的直接拼接组合（场景、人物、问题、尝试解决、解决方案）。再加上一些语气词，比如："天哪！""是的！"让学生和故事有情感上的交集。
>
> 当学生长大了，他们会慢慢摆脱STORY模板的限制。但对于年纪较小的学生而言，这样的路线图对于概括一个小说大有裨益——无论是理解小说还是一些重要的部分都是如此——尤其是刚开始的前十几次。

给文章概括的各个环节配上简称

在下面的横线上，写下关于文章概括的各个步骤的简称。比如，对每个步骤都加上一个简短、易记的名字，来加深学生的印象，可以把这些简称联合起来组成一个便于记忆的英文单词。

各步骤的总称：_____

1.(_____) _____

_____

2.(_____) _____

_____

3.(_____) _____

_____

4.(_____) _____

_____

5.(_____) _____

_____

6.(_____) _____

_____

7.(_____) _____

《像冠军一样教学2》中的标签词

《像冠军一样教学2》这本书为读者们和学生们提供了各种各样的步骤程序，看一下这些步骤（以及其他的一些概念简称，比如技巧36快速投击中的"快速投击是由什么组成"），参考它们的名字，可以进行改编，换成一个实用的名字。利用这些方法，至少对一个标签词进行改编，并写下你的实验结果：

_____

_____

_____

跟同事交流你的想法，如果你觉得你改编的标签词可以为我们所用，请联系我们。

3. 运用双向对话

如果学生们了解了活动的各个环节,他们在交流时会提到两方面的内容:知识内容和学习的过程。优秀的教师能够在这两个方面进行灵活地转换,请看下例:

教师:保罗,请说一下故事背景。

保罗:故事发生在英格兰。

教师:大卫,在第一步中,我们还需要了解哪些信息?

大卫:时间!

教师:嗯,时间和地点。马特里娜,请说出时间。

马特里娜:当时维多利亚女王还活着。

教师:我们称这个时期为"维多利亚时代"。

马特里娜:维多利亚时期,维多利亚时代!

教师:卢克,故事发生在哪一年?

卢克:18世纪中期的某个时间。

教师:大家第一步完成的不错。第一步是关于故事背景的,我们用一个字母来代替,就是S(英文setting表示背景的意思)。摩根,我们下一步该做什么了?

摩根:T。

教师:T代表什么?

摩根:Talking,介绍故事的主要人物。

教师:卡洛塔,都有什么?

卡洛塔:是O,代表第三步Ooops(天哪)。

教师:我是问主要人物有谁?

卡洛塔:哦,有一个守财奴……

记得让一名学生:

- 在你完成每一步后,让他说一下完成的过程。

- 在你解释完各个步骤以后，让他独立完成。
- 既要了解步骤，也要掌握内容。

你也可以：
- 让一名学生关注过程，另一名学生关注问题。
- 故意出错，然后让学生指出你的错误或者给出正确答案。

设计练习

1. 看一下接下来几节课的教学计划，找出一部分需要进行任务分解的内容。

2. 根据适用的问题，确定任务的各个步骤，并设计如何向学生展示或怎样让学生接受。

3. 根据任务过程，将其分成单个步骤，并且这些步骤对类似的内容都适用。

4. 起草一些问题，这些问题能够让学生兼顾问题和解题的过程。

5. 如果需要，提前或在上课时，把这些步骤张贴在教室内，供学生以后上课时参考。

深入分析

通过指导学生对这些步骤进行充分练习，让他们能够在不用刻意分解步骤的情况下尝试完成整体任务。

正如第七章到第九章所讲，通过让学生对这些步骤进行认真和高效的练习，提高他们的思维的缜密性。

- 这种整体任务的练习能否帮助学生发现他们在哪个步骤需要加强？
- 找一个学生们在之前很难完成的任务，让他们对这个任务进行步骤分解，通过共同的努力，你和学生们可以通过步骤分解来解决这些任务。
- 设计一个活动，让学生们对解题步骤进行记录。当他们在解决其他问题被某个步骤所困时，他们可以回看他们的笔记。在做作业的时候，学生们可以查阅并利用这些笔记来解决一些多步骤的复杂任务。

角色扮演练习

把你之前进行章节概括的步骤练习与同事分享，并比较你们在解决问题时的经验。你们也可以比较你们设计的步骤列表，你们的步骤列表是否：

- 包含了其他列表中漏掉的步骤？
- 每个步骤都简单易行且非常明确？
- 这些步骤顺序合理吗？
- 每个步骤都贴上了标签？
- 其他原因？

哪个步骤列表最适合学生们？为什么？

最后，如果你有时间，可以与同事分享你在《像冠军一样教学2》标签词中的一些发现，或许可以从《像冠军一样教学2》这本书里找出一些标签词，并和同事们对其进行改编。

行动计划

利用下列关键点对你的技巧练习进行评估。

- 通过为步骤命名，学生们能够更好地完成一些复杂的任务。
- 学生能够越来越兼顾解决问题的过程。

我目前做得怎样？

根据已有的情况制订和改进计划，确定行动周期，按时回顾，进行自我评价。

行动计划（截止日期；练习对象；评价方式）

截止 _____（日期），我将_____

我是怎样做的？

闪光点：_____

存在的问题：_____

改进方案：_____

技巧22

黑板=白纸：教会学生准确、快速地记课堂笔记

概要

"黑板=白纸"指的是让学生养成记课堂笔记习惯，从而让学生把握教师所讲授的知识点（也包括学生们自己发现的知识点），学生们记的笔记往往反映了学生对知识的理解情况。

低年级的学生们在开始学记笔记的时候，应该照搬老师写在黑板上的内容（或者投在屏幕上的内容）。为了让学生更清楚地理解老师的要求，教师可以把一张表格投射到屏幕上，表格中留出一些空格。当老师在填充这些空格的信息时，学生们也照着填写。

经过一段时间的练习，学生们就会学着自己记笔记，并且当他们学着去使用和调整教师教给他们的笔记结构时，他们记笔记的自觉性就会越来越高。

《像冠军一样教学》回顾

在学习这个技巧之前，重新读一下道格在课本中提到的他自己在记笔记方面的不足。

反思

你的记笔记技巧如何?

_____

_____

你认为很多学生不能掌握记笔记技巧的原因是什么?这会给他们以后的生活带来哪些不好的影响?如果学生们能够勤奋、熟练地记笔记,这将会给他们带来哪些好处?

_____

_____

基本原理

学生应该学会如何有效地记笔记,即使在进入高中(甚至是大学)以后,很多学生也没有掌握如何认真地记笔记,以至于他们不知道"好好记笔记"这类指令的重要性,甚至在没人告诉的情况下他们都不知道该做什么。

教学生记笔记,既要示范,又要给他们提供帮助。首先要给学生做示范,让学生知道笔记应该是什么样的,然后逐渐地把一些记笔记的思路和技巧传授给学生。一开始,可以先让学生进行表格填空,然后慢慢地加大空格,让学生填写更多的信息。这种通过把一张表格投射到屏幕让学生补全信息的练习方式,是对学生很好的支持。

文学课笔记示例

背景

基本信息

背景的基本定义是指故事发生的（时间）和（地点）。

使学生对背景的认识更具学术范

今年，我们将要考虑背景的（五个）因素。

1. （地点）：（地理）位置；故事（发生在哪里）？
2. （时间）：故事发生的（时间）？
   （历史）时期，（年份）。
3. （天气）环境：（下雨）、（刮风）还是晴天？
4. （社会）环境：（主人公）的（日常）生活？
5. 情绪氛围：故事渲染的是一种（什么样的情绪）？
   情绪状态是恐怖的、（欢快的）还是（抑郁的）？

标注课文

请按照下面的方式，在课文中标出上述背景的五个方面：

1. P =（地点）
2. T =（时间）
3. WC =（天气状况）
4. SC =（社会环境）
5. MOA = 情绪或（氛围）

通过这种填空式的表格展示，学生开始先填入关键性的信息，然后随着空格信息越来越多，他们需要整理的填空信息也越来越多。最后，当老师在黑板上誊写概念和术语时，学生们就能独自在一张白纸上按照老师所期待的方式记笔记了。从长期来看，这种练习方法能够帮助学生们确立笔记框架，并且能够从老师的板书和其他资源中获得有益的信息，并记录下来。

深入分析

不管老师还是学生，切勿把记笔记看成是填空练习，这种清晰的表格填空方式是为了让学生学会如何有效地记笔记。

技巧实施

根据"从结果开始"的技巧制订教学计划，备课时要围绕记笔记技巧练习的目标进行。

在教师教学计划中，要考虑何时在教室内四处走动（技巧24），以检查学生们表格填空的完成情况。同时，还要考虑是提前把表格的空格填完，还是在上课时跟学生一起填写，或者两者结合起来。同时，还要考虑如何让学生在整个学年保存好笔记。

集体练习：记笔记的角色练习

如果条件允许，跟教授同年级的同事合作。如果没有，也可以找相差一两个年级的同事合作。合作小组中的小组长，应该提前准备好所需的设备。

1. 在集体练习之前，每位教师准备一个将在下节课使用的记笔记练习表格。如果没有，可以根据你讲课的板书设计一个，把表格的复印件发给其他同事。

2. 根据练习小组人数多少以及能否使用投影仪等情况进行练习。每位同事轮流担任教师，其他同事充当学生。练习结束后，教师和学生双方都要提出相应的反馈和建议。

3. 小组内部交换表格，并讨论下列问题：

在制作表格时，遇到哪些困难？

在表格制作过程中，是否发现准备的板书需要进行调整？如何调整？

之前的记笔记练习给现在的记笔记练习带来哪些困难？

下一步应该怎么进行微调？

在制作完表格以后，还需要怎么做？

反思：教给学生如何记笔记

通过小组练习，你认为有哪些收获可以帮助你完善在教给学生记笔记方面的短期和长期计划？

_____

_____

行动计划

利用小组练习中的反馈信息，根据你的课堂教学笔记，调整你的笔记教学方法。在练习时，请注意以下几个关键点：

- 随着独立记笔记能力的提高，学生们能够认识到记笔记的重要性。
- 通过每次记笔记练习，都能看到学生们在记笔记方面的进步。
- 考虑到在记笔记时学生速度不一致的情况。

我目前做得怎样?

根据已有的情况制订和改进计划,确定行动周期,按时回顾,进行自我评价。

行动计划(截止日期;练习对象;评价方式)
截止 _____(日期),我将_____
我是怎样做的?
闪光点:_____
存在的问题:_____
改进方案:_____

技巧23

掌控游戏：让学生大声朗读以增强对知识的理解

概要

"掌控游戏"是一套对学生的课上朗读进行管理的体系，这种技巧使朗读成为一种有效、有责任心和和高效的学习活动，而这个过程又反过来影响阅读，增加学生的阅读量，提高学生的阅读兴趣。

反思

你认为很多教师不让学生在课堂上大声朗读的原因是什么？
_____
_____

让学生大声朗读会带来哪些好处？
_____
_____

请先写出你的想法，然后再对比我们的观点。

反对大声朗读以及支持大声朗读的理由（你或许还了解其他的观点）：

反对观点一：只让一名学生朗读，其他学生都在被动地听。

我们的观点：但是如果当一名学生在积极地朗读时，其他的27名学生也跟着一起朗读，就像在独立朗读一样，就不会出现一个人朗读，其他人旁听的情况了。

反对观点二：大声朗读很浪费时间。

我们的观点：学生大声朗读，有利于你观察并了解学生的阅读情况。

反对观点三：让学生在班内大声朗读，有的学生可能会不情愿，甚至感到害羞，进而使他们今后更厌恶阅读。

我们的观点：通过营造积极的课堂氛围，可以增加学生们阅读时的安全感，而不会让学生感到手足无措。有经验和技巧的老师能够通过很好地掌控阅读活动，让学生们的阅读能力逐步得到提高，并克服对阅读的恐惧，使大声朗读成为一种常态化的课堂行为。

基本原理

通过掌控游戏，你可以把对阅读的热爱传递给学生们，并让学生们爱上阅读。在让学生朗读时，可以运用下列方法使活动取得最佳效果：

不要固定学生持续朗读的时间。为了提高学生的参与度，最好不要明确告诉学生朗读的时间，这样学生们不知道什么时候会被老师叫到，于是每个人都会保持积极参与的态度，把注意力放在阅读上。让阅读者的身份具有不确定性，不要提前告诉学生们谁是下一位阅读者。如果学生们提前知道了下一位阅读者，他们可能会开小差，减少过程成本。在阅读者之间进行切换时，要采用统一的、简练的指令，因为冗长啰唆的指令会影响阅读的节奏。采用"杰西卡，接着读"或"下一个，佩里"这样的指令，比"谢谢你阿伦，吉安提，你想接着读吗"这样的指令要高效得多。

适当介入，做好衔接。在切换不同的阅读者时，教师可以适当地介入，读一下其中的一小部分或几个句子。老师的朗读，可以给学生起到很好的示范作用（语流、有感情地阅读、对故事的喜爱）。在以下几种情况下，最好由教师进行介入朗读：

在教师想向学生演示如何朗读文章中一些复杂的地方时；

读到文中比较复杂的部分时，阅读的速度会降低，为了阅读继续进行下去；

向学生示范如何流利地、充满感情地朗读。

在进行朗读活动之前，要先对学生进行提醒，不然学生会认为这是突然袭击！同时提醒学生要跟着朗读，因为任何同学都可能会成为下一个朗读者。此外，还要告诉学生们，如果他们遇到困难或需要帮助，应该向老师提出。

写出你在课堂朗读时提高学生积极性的几句话，比如"让我们一起爱上朗读"或者"我在这里就能听到乔纳斯的声音，拉沙德，读得真棒"！

_____

_____

把自己说话的过程录下来，看一下效果如何！

技巧练习

选取你打算与学生进行朗读的文章片段，进行下面四轮练习，最好能够跟同事配合进行。（注意：最后两轮练习技术要求较高，适用于对"掌控游戏"有经验的教师。）

我们建议，根据每轮练习的情况在你的课文中进行必要标注，并把练习中的心得写到你的教案里。

第一轮：练习切换阅读者的指令

在你的教案中，准备一到两种指令，在朗读活动中，统一用于阅读者的切换。如果是与同事一起练习，可以把各自的指令写在纸上，进行交换。需要切换朗读者的地方，要在课文中做出标记，同时，还要提前打算好让哪些学生进行朗读。

这个练习可以独自进行，但是如果和同事配合，效果会更好。可以让同事扮演学生角色，在他读完几行以后，你说一下切换指令"下一位学生"，然后他继续朗读，你和同事轮流扮演教师和学生角色。

根据以下几个标准，对自己在本轮的表现进行打分：

- 在叫下一名学生进行朗读时，用尽量简短的话。
- 对刚朗读完的学生不要说过多的话，甚至可以不说。（例如，只需说

"谢谢"就可以了，而无须说"谢谢，你读得很棒"。）

- 即使是已经读过的学生，也可以重新叫起来朗读，这样可以让学生们保持注意力的集中。
- 在没有目光交流的情况下，就把学生叫起来朗读。

第二轮：练习如何衔接

在课文中标注出让学生读的部分和自己读的部分，进行单独练习或与同事合作练习。

练习的关键点：

- 在学生朗读时，适当地进行介入，朗读文章中的某些片段，给学生示范如何流利地朗读，并让朗读活动具有不确定性。
- 在衔接时，要让朗读更富有感情。
- 选择衔接部分时，要有针对性。也就是说，要在学生们朗读有困难的地方进行衔接和介入，通过示范，提高学生的理解，提高朗读质量。

第三轮（高级阶段）：点读问题

这一轮主要是让学生停下来，然后问他们关于课文的问题，并让他们把问题指出来。比如，"请大家指到单词ambiguous，考虑一下，作者如何使用这个单词？"

根据课文设计好点读的问题。请注意，这个练习并不局限于让学生指出文章中的相关词语，也可以进行一些解释或写作练习。

这轮练习的关键在于：

- 要给学生足够的思考时间或让学生打草稿，来准备问题的答案。
- 将过程成本降至最低，使阅读保持连贯。

第四轮（高级阶段）：如何对待没有做好朗读准备的学生

要考虑好，如果某位学生没有做好朗读的准备，应该如何应对。面对这种情况，不管是哪位学生，教师所给出的回应都应该是一致的，主要说一下，如果跟上朗读进度，可能会产生的后果。

本轮练习中应该注意的关键问题：

- 对没有做好朗读准备的学生，可以给出小的提醒（比如对学生说："亚伦，要跟上我们的进度。现在我们已经读到第三页的上面了。"）
- 在让另一名学生读完以后，再回头检查之前没做好准备的学生（来考察他的认真度）。
- 对没有跟上进度的学生要及时给予单独纠正。

行动计划

利用下面的方案继续练习"掌控游戏"。练习的关键是让你所教的学生能够积极参与到游戏中来。

我目前做得怎样？

根据已有的情况制订和改进计划，确定行动周期，按时回顾，进行自我评价。

行动计划（截止日期；练习对象；评价方式）

截止 _____（日期），我将_____

我是怎样做的？

闪光点：_____

存在的问题：_____

改进方案：_____

技巧24

在教室四处走动：以温和的方式建立对教室的掌控

概要

优秀的教师会在教师内到处走动，以温和的方式接近学生，了解学生的学习状况和教室内的一些情况，并提高学生的认真度和参与度。我们把这种教学技巧称为"在教室内四处走动"，很多优秀的教师能够很好地运用这种技巧。

反思

在你上课时，你是否有意识地走动？你在教室的多大范围内走动？如果学生们在做课堂作业时，你是否也会到处走动？

_____

_____

基本原理

基本概念

打破平面

要毫不犹豫地打破隔在教师和学生之间的那堵无形的墙，如果教师能够打破空间局限，不仅能够提高教学的活力，还能让你更好地了解学生的学习情况。此外，还会让学生意识到，作为教师，在任何时候在教室内走动是很正常的事情。

全面接触

在教室内走动时,要尽量覆盖教室内的各个角落,而且不要中断讲课的过程。在走动的过程中,无须移动教室内的桌椅或学生用品,只需很自然地走动。为了能够接触到全班学生,不要在教室内留死角,如果有些物品给你的走动带来不便,可以将其移到一旁,如果有的书包掉在了过道上,可以将其挪开。除了这些障碍物,还会有心理上的障碍,尤其是坐在后排的学生,他们可能会通过一些手势或其他的信号排斥教师进入他们的"私人领地"。

反思:教师禁区

在你的教室内是否存在"教师禁区"?一般在哪个位置?你认为如何去除这样的区域?

_____

_____

在走动中加强师生交流

在教室内走动的时候,既可以监控学生在座位上的学习情况,又可以与他们进行交流互动,最大程度地提高他们的参与度。这项技巧主要有两个目标:

强化教学过程。通过在教室内走动,可以拉近学生与教师的关系,提高对学生的行为要求和学习要求。

提高学生的认真度。在教室内走动时,你可以观察到教室内的一切。要通过观察,确保学生们能够真正参与到学习中,让学生们意识到你在关注他们。

下表中列举了教师在教室内走动时可以采用的互动交流方式,请标出你目前所用的方式。

走动中的互动方式

	非语言方式	语言方式
强化学习过程	肢体语言 微笑或点头 积极性的身体接触（比如，轻轻拍一下学生的肩膀） 指出做得很好的作业	表扬 精准的表扬：在全体学生面前进行表扬或私下表扬 对学生的一些好的想法表示赞许
提高认真度	肢体语言 通过非语言的方式对学生的错误进行纠正 保持提醒 把学生的作业内容读出来 指点学生的笔记	精确的表扬：在全体学生面前进行表扬或私下表扬 小声纠正学生的错误 对学生的一些好的想法表示赞许

在你的教学中，你认为对于哪些情况或学生行为，可以通过上述的方式来强化学习效果或提高学生的认真度？请列举一到两个例子。上述各种方式中，你认为哪种效果最好？请列举几种具体情况以及针对这种情况所应用的方式。

教学情况：

_____

_____

互动方式及使用方法：

_____

_____

教学情况：

_____

_____

互动方式及使用方法：

_____

_____

仪态自然，全面监控

在教室内走动时，你要涉及全班的范围，了解班内每个角落的情况，并让学生认为你在走动中的举止和互动是一种很自然和正常的教学活动。

同时，在走动的过程中，还要注意观察教室内的情况，不时地扫视全班（技巧51），让学生知道你在关注他们的学习。

技巧实施

准备一张大的白纸，在纸上画出教室的布局图，并在布局图的旁边写明三点提示：

涉及全班

步速适中

扫视教室

在布局图上画出你的走动路线，并根据自己计划实施的教学行为在路线图上做出标注。

- 多设计几条下次上课时的走动路线。
- 在你打算停留和讲课的几个地点用星号进行标记。
- 在表格旁边写下你打算采用的互动方式。

到一个无人的教室练习走动路线图，体验一下边走边教的感觉，看一下教室内座椅的摆放是否会在不影响学生的前提下，妨碍你到达教室的任何角落，如果发现问题，要及时调整。

角色扮演练习

1. 跟同事交流之前在教室内边走边教的感觉，并讨论其间遇到的各种难题。

2. 通过现场听课、观看照片或教学录像等形式，和同事相互找出各自教室中的死角，并考虑如何解决这些死角问题。

3. 和同事讨论各自设计的布局图、走动线路图和互动方式。

4. 实际练习走动教学和互动方式。练习走动教学中的互动方式，并征求同事的建议。

行动计划

利用下面的计划表继续练习"在教室内四处走动"，以下是验证练习是否成功的关键点：

- 走到教室内的各个角落。
- 在走动过程中能够与学生互动（强化学习过程，提高学生认真度）。
- 能够监控整个教室。

我目前做得怎样？

根据已有的情况制订和改进计划，确定行动周期，按时回顾，进行自我评价。

行动计划（截止日期；练习对象；评价方式）

截止 ＿＿＿＿＿＿（日期），我将＿＿＿＿＿＿＿＿＿＿＿＿＿＿

我是怎样做的？

闪光点：＿＿＿＿＿＿＿＿＿＿＿＿＿＿＿＿＿＿＿＿＿＿＿＿＿＿

存在的问题：＿＿＿＿＿＿＿＿＿＿＿＿＿＿＿＿＿＿＿＿＿＿＿＿

改进方案：＿＿＿＿＿＿＿＿＿＿＿＿＿＿＿＿＿＿＿＿＿＿＿＿＿

技巧25

练习再练习：教导学生反复练习，直至娴熟

概要

不管在哪个领域，我们绝不可能通过一两次的练习就掌握一项新技术，甚至经过多次的练习也未必得其要领。即使你只需一两次练习就能正确运用这项技巧，这也不是任务的终结，而只是完成了一半，只有经过几十次的练习，我们才能真正地掌握这项技巧。

今天的教学技巧"练习再练习"是指：通过对新技巧的反复练习，来使这些技巧得以巩固和掌握。在反复练习中，学习者要了解这种技巧在今后的应用中可能出现的各种变式，同时还要提高熟练程度，用以解决更复杂和任务和问题，而不是简单的机械记忆。

反思

作为教师，你在掌握自己最喜欢的教学技巧时，需要重复多少次的练习？在你第一次尝试随机提问或问题拓展时，就能很熟练地运用吗？在你熟练掌握这项技巧之前，你犯过哪些错误，并进行了哪些调整？熟练掌握这项技巧一共花费了你多少时间？

_____

_____

在你学习这本书的过程中，你在"反复练习"方面的哪些体会可以为学生们的技巧掌握带来什么启发？

_____

_____

我们的观点（你可能有其他观点）：在你真正掌握并熟练运用某项技巧之前，你需要练习很多次。在练习的时候，你或许不会发现问题，但在事后回顾时，你可能会发现问题所在，如果再进行多次练习，效果则会更好。

基本原理

在进行技巧练习时，如果能够多变换样式或形式，学生们则能够学会如何应对更复杂的情况和变化。本书第七章"正确提问，高效教学"中有三种技巧会告诉你如何丰富练习的形式，它们分别是：技巧33，冷不防提问；技巧34，提问与回答；技巧36，快速投击。

多样化练习

假如一个数学老师教给学生们如何根据坐标中的两个已知点，求出平面坐标中一条线段的导数，可以通过哪些方式提问学生？可以设定下面几种情形：

坐标中的两个数都是正数。

坐标值中包含负数。

这个导数是个分数、整数、正数或负数。

导数是0或未知数。

两个已知点中有一个值不是固定的。

所有的四个值都不是固定的。

我们把这些变化称为排列：如何解决参数变化情况下的系统变异。

现在，针对下周要讲的某项技巧，设计多种情况的组合。

技巧：
_____
_____

变式：
_____
_____

起草问题

当你在教学中进行反复练习时，要做好数据统计，记录下你在一节课内进行的练习次数。什么时候进行练习？是否会增加次数？

根据上课结果，结合下列提示，为下次课至少准备10个练习问题：

- 学生们是否需要对上次课的内容进行练习？是否先积累问题，然后再集中进行练习？这些练习跟上次的练习有何区别？
- 新课的教学目标是什么？针对哪些目标进行练习？
- 在反复的练习中，可以学到哪些相关技巧，或让哪些技巧得到强化？
- 在哪个教学环节进行反复练习？请提前设计好各个时间点。
- 在临下课的时候进行反复练习，让每个学生都参与进来。
- "出站验票"（技巧26）是一种不错的练习方式，可以放在临下课前进行。

反复的写作练习

反复的写作练习能够通过写作，把第八章"让学生勤动笔"中的各种技巧串联起来，让学生在写作中解决各种问题。写作是独立性最强的作业形式，在学生进行大量的写作练习时，教师无须进行口头指导，只需在教室内四处走动（技巧24），来了解学生的作业完成情况。

深入分析
出现的问题和解决方法

在下表中填写在反复练习中可能出现的问题以及相应的解决方法。

可能出现的问题	有针对性的解决方法
1. 学生对学习任务不感兴趣	激发学生兴趣！丰富任务的形式，增加任务的挑战性。 其他方法：
2. 在练习中出现过多错误	如果学生的练习总是效果不佳，这不见得是什么坏事。利用第一部分的技巧，了解学生的理解水平，找出哪一方面需要加强。 其他方法：
3.	
4.	

在学生的家庭作业中是否加入反复练习？

在给学生布置的家庭作业中，往往不宜涉及太多新的内容，且内容无须太过繁琐。在多数情况下，在学生进行技巧练习或将知识运用到更复杂的情境中时，可以逐步增加任务的难度。同时，在布置作业时，应该注重学生技巧和知识基础的巩固。

在布置作业时，你将如何进行调整，来加强反复练习？

_____
_____

同事讨论

根据反复练习的要求，同事之间比较各自的教案，或讨论各自在上课中遇到的下列情况：

1. 学生们在学习某项技巧时，进行了多少次练习？
2. 如何设计练习的时机？
3. 如何确定练习的结束时间？
4. 如何给学生更多的练习？

通过讨论，制订自己的实施步骤和目标，并记录下来。

1. _____
2. _____
3. _____

行动计划

为保证练习效果，为你的"练习再练习"设计一到两套实施方案。在接下来的几周时间内，回顾每个步骤，总结取得的进步以及改善方案，根据下列标准评估实施效果：

- 让学生反复练习，直至他们能够独立地进行练习。

- 不断变化练习的方式、范围和条件，让学生充分展示技巧掌握情况。
- 对能够掌握技巧的学生提出更高要求的练习，并给予奖励。

我目前做得怎样？

根据已有的情况制订和改进计划，确定行动周期，按时回顾，进行自我评价。

行动计划（截止日期；练习对象；评价方式）
截止 _____（日期），我将_____
我是怎样做的？
闪光点：_____
存在的问题：_____
改进方案：_____

> **技巧26**
>
> **出站验票：明确评估教学目标，保证学生学习效果**

概要

在每节课下课前，需要对教学目标进行评估（包括你自己的教学和你的学生的目标），我们把这种技巧称为"出站验票"。通过三个或四个形式不同的问题可以让你发现学生们的知识掌握情况以及哪些学生需要更多的帮助。通过这种评估，可以让你直接根据学生的表现在下一堂课进行相应的调整。同时，还能让你意识到哪些地方做得很好，哪些目标没有实现。

反思

你是否在班里采用过"出站验票"的技巧？如果有的话，有什么收获，遇到过哪些困难？如果没有，是什么原因造成的？

_____

_____

基本原理

在你进行"出站验票"时，要告诉学生们这个活动的目的：他们需要做什么，你会对他们做什么。

准备有效检测

如果你认为称之为"出站验票"不太合适，可以换一个更吸引人的名称。正如在技巧17中讲到的，"出站验票"是设定课程目标过程中的重要组成部分。有效的检测方式应包括下列几点：

- 只需提问几个经过编号的问题，每个问题都要不太一样。
- 所有的问题都是共同针对教学目标中的某个重要内容而设计的。
- 用多种方式来显示问题（比如，一个采用选择题的形式，一个采用开放式问题的形式。）
- 快速分析答案。
- 设计一张表格，以便统计回答的正误情况。
- 把时间控制在10分钟左右。

在英语阅读中进行"出站验票"，所需的时间可能要比其他科目需要的时间多一点。通过一个问题来了解学生的阅读理解情况，再通过另外一个问题来了解他们的分析技巧。

举例

请根据前面列举的各项标准来评议下面的"出站验票"案例。你也可以使用其他的标准。

八年级数学

出站验票

姓名 _____ 日期 _____

1. 化简表达式：m^7/m^3

2. 化简表达式：$6^5 \times 6^{10}$

3. 纽约市的面积是 x^7 平方英里，而明尼苏达州的明尼阿波利斯市面积是 x^4 平方英里，请问纽约市的面积是明尼阿波利斯市的几倍？

4. 化简表达式：$4x \times 7x^3$

5. 化简表达式：$9c^2/3c^2$

点评：

_____

中学阅读

1. 下面哪项描述了在故事开始，会议出现的变化？

A. 一开始，只有小猪认真地开会，现在其他人也都意识到了会议的重要性。

B. 一开始，男孩们都喜欢开会，现在大家都不愿意参加。

C. 一开始，男孩们都离开会议去做作业，现在他们都不能坚持开完。

D. 一开始，男孩们在开会时都能保持安静，而且很专心，现在没人愿意遵守贝壳制订的规矩了。

2. 你在上面问题中的回答，反映了会议主席拉尔夫的什么问题？

_____

_____

3. 动物们对会议态度出现的变化，反映了苍蝇们最重视什么？你的理由是什么？

_____

_____

点评：

小学低年级的数学

姓名：　　　　　　　　日期：

问题：如何在1到1000的表格里，找到数字278？

1. 请用一句话回答这个问题。

2. 请用下面的句型来回答问题：尽管这个表格里有一千个数字，但是……

_____

点评：

后续工作

通过"出站验票",你可以更准确、全面地掌握学生的学习情况,并确定对哪些知识点进行重新讲解:

- 有多少学生已经掌握?
- 学生们犯了什么样的错误?
- 书面作业反映了学生存在的哪些问题?
- 如何改进教案?
- 在下节课时,是否需要对一些知识点进行重新讲解和练习?

第二天上课的时候,把测验作业发给学生,并根据需要完成一些后续工作。可以让学生单独改错,也可以与学生利用"现在就做"的机会进行作业分析(可以把分析写到黑板上)。四年级老师亚历克斯·米勒会在第二天早上把需要改错的测验题发到学生邮箱里,学生们在早自习期间进行改错,在学生改错时,她会在教室内巡视并帮助学生改错。

简化过程

在分析数据时,可以简化程序。比如,在上课结束后,如果条件允许,可以根据学生的完成情况,把测试卷分成三摞,并在卷子上写出自己错过的东西或没有考查到的,并决定第二天对哪些学生进行检查。

让学生根据作业的自我完成情况或需要得到的帮助,将他们的测试卷放在不同的试卷筒里,这会提高学生的自我监控能力。

独立练习或角色扮演练习

就上面的例子跟同事进行观点交流,并讨论交流教案以及你计划在课堂进行的"出站验票"。对上述的测试方式进行点评,并讨论如何做到以下两点:

- 使测试方式与教学目标保持一致。

- 如果有很多学生做错，如何开展后续的工作。

然后，改进你的教案和测试题。

《像冠军一样教学》回顾

在第五章的小结中，道格给出了如何在教师结束课堂时进行"出站验票"的建议。将你自己的设计方法与团队或同事分享，并尝试：

1. 选择下列非正式的话题之一，制订一个课程计划，这个课程应该遵照我/我们/你的课程结构。事实上，你可以更进一步，运用五步法：我做；我做，你协助；你做，我协助；你做；你继续做。你不需要假定你是在教自己的学生。

- 学生将会掌握如何罚球。
- 学生将会掌握用草书书写学校的名字。
- 学生将会掌握如何制作花生酱——黄油——果酱三明治。
- 学生将会掌握如何洗衣服的正确步骤。
- 学生将会掌握如何换车胎。

2. 设计3~5分钟的台词，吸引学生的注意力，并确定课堂结果。

3. 为你课堂中"我做"的这些活动进行步骤命名。回顾这些步骤，并用4~5种方法使其印象深刻。

4. 设计"出站验票"，在课堂结束时准确评估学生的知识掌握情况。

行动计划

利用下面的计划表继续练习"出站验票"。根据下列标准评估实施效果：

- 在进行和分析"出站验票"时，不要花费太多时间。

- 利用测试中收集到的数据，对下次课的教案进行完善。
- 学生们能够从中受益。

我目前做得怎样？

根据已有的情况制订和改进计划，确定行动周期，按时回顾，进行自我评价。

行动计划（截止日期；练习对象；评价方式）
截止 _____（日期），我将_____
我是怎样做的？
闪光点：_____
存在的问题：_____
改进方案：_____

第六章

课堂节奏

技巧27

改变课堂节奏：让课堂在"快""慢"起伏中充满新鲜感

概要

"改变课堂节奏"是一种掌控学生学习速度意识的教学技巧，它为课堂教学带入一种速度概念，通过快慢结合，来改善课堂学习效果。

这种技巧主要是不断改变学生需要学习的内容。这种变化主要有两种：课堂活动类型的变化和学习形式的变化。如果运用得当，不仅可以最大程度地提高学生参与度，还可以为学生提供最合适的学习方式。

反思

你会在什么时候加快或放缓教学速度？为什么？

_____

_____

你的学生对教学节奏的快慢变化能否进行积极回应？

_____

_____

基本原理：多变的课堂活动类型

在课堂教学中，教师通常让学生参加五种学习活动（我们将其称为"肌肉群"），并不断在这五种活动中进行转换，每种活动都要求学生用不同的方式去思考和参与。

吸收知识

当学生们在听讲、记笔记、提问或回答问题时,他们会接收到新的知识,这就是一个吸收知识的过程。在这个过程中,教师会讲课、示范解题或者通过幻灯片进行知识讲解,阅读也是一种吸收知识的过程。

有指导的练习/有指导的问答

有指导和练习/有指导的问答是指学生运用学到的知识,与教师之间进行多轮问答。请看下面的示例:

- 教师问了一组学生几个问题,试图了解学生对她所介绍的18世纪的美国人日常生活的理解。
- 一位教师告诉学生:"我们一起来看一下小说里的段落,看能不能一起找到并列的例子。"
- 班内的学生在一起解方程组,教师同时会让不同的学生解释解题步骤,并分享他们的答案。

通常情况下,教师可以在学生吸收知识以后再进行有指导的练习和问答,或者在学生独立完成一些作业后,让学生分享并讨论答案。

自主练习

自主练习是指学生在安静的环境下独立完成任务。在这个活动中,学生需要练习学过的技巧或进行知识运用,这跟下一种活动"反思和集思广益"是不一样的。请看下列示例:

- 总结上个单元讲到的关于18世纪美国人日常生活的关键知识点。
- 独自阅读小说中补充的部分,找出并分析更多并列的例子。
- 独立完成一个关于解方程组的习题集。

在"现在就做"和"出站验票"活动中,往往进行自主练习。

反思和集思广益

反思是一项独立完成的工作,让学生们有机会尝试他们还在学习或还不理解的内容。反思是安静的,并且通常需要进行写作,这是一个通过自己的努力找出问题答案的过程。在这个过程中,学生们可以根据要求完成某些任务,比如:

- (通过书面形式或准备30秒钟)考虑一下18世纪的美国家庭跟现在的美国家庭有哪些区别。
- 反思一下,学生在自传写作里可以运用的并列例子以及并列能够起到什么作用。
- 反思在解方程组中的难题时,如何提高解题准确率。

讨论

讨论是让学生们在小组的范围内,形成一些观点。小组的范围可以小到几个人,也可以大到整个班级,但其目的是让学生们针对某一个问题交流观点。要了解更多的讨论技巧,可参看技巧42 "讨论的习惯"、技巧43 "转身讨论"、技巧44 "分组讨论"。

反思

回顾你刚上完的2～3节课,看一下你在课堂上运用了上述五种课堂活动中的哪一种?在课堂的多大比例内运用了这些方法?就课堂节奏控制来说,你对这些活动是否满意?

_____

_____

你是否运用过其他的课堂活动，通过变化课堂节奏，来提高学生的参与度。

_____
_____

深入分析

改变下次课的课堂节奏

在备课时，根据下列步骤和要求，安排课堂活动的顺序，并有意识地对课堂活动进行调整或改进。

根据下列步骤，检查下次课的教案，并做出如下调整：

1. 分析教案中课堂活动的安排顺序，对每项活动的开展时间进行标注：

知识吸收；

有指导的练习或问答；

独立练习；

反思和集思广益；

讨论。

在教案的空白处，对课堂活动进行标注。对节奏较快的课堂活动标注为"快"，对节奏较慢的课堂活动标注为"慢"。

2. 仔细阅读标注，找出三项可以增加或修改的活动，从而更有效地改变课堂节奏。如果新增了一种课堂活动，需要在空白处写出活动类型，并简要介绍。如果对某项课堂活动进行修改，则标明如何修改。

3. 在哪些地方对课堂活动进行更多的调整？或采用更多的哪些课堂活动来加快课堂进度？

4. 阅读教案，看一下你采用了哪些课堂活动，根据什么样的频率进行课堂活动转换？

反思

你将在什么情况下增加课堂活动类型,来增强学生反馈?

_____
_____

改变活动形式

除了进行不同课堂活动的转换,你还可以在某种活动中进行形式的转换。尤其在一些时间较长的课堂活动中,形式的转换非常有用。

行动计划

在教案中找到将要讲解的一部分内容,并考虑如何进行节奏变化,在教案中进行标注。根据以下标准,进行自我评估:

- 你设计的课堂活动能够改变课堂节奏。
- 通过改变课堂节奏,提高了学生的课堂参与度和认真度。

我目前做得怎样?

根据已有的情况制订和改进计划,确定行动周期,按时回顾,进行自我评价。

行动计划(截止日期;练习对象;评价方式)
截止_____(日期),我将_____
我是怎样做的?
闪光点:_____
存在的问题:_____
改进方案:_____

技巧28

明确界限：让每一项课堂活动的开始和结束变得更加清晰

概要

明确界限一般与技巧27"改变课堂节奏"结合使用。这种技巧能够让学生知道课堂活动或形式的变化，让他们清楚某个活动的开始和结束，或者实现学习目标的过程。如果学生能够清楚课堂活动的开始和结束，他们就能更好地了解下一步要做什么，即使课堂速度保持不变，他们也会感觉课堂节奏变得更快。

在使用这项技巧时，需要明确告知学生们活动的开始和结束。很多优秀的教师能够在课堂活动开始或结束时让学生进行互动交流，我们把这种活动称为"边际交流"。

反思

你是否经常注意到学生们在上课时没有意识到教学的推进？这是什么原因造成的？你是通过什么发现学生们有这样的感觉？

_____

_____

基本原理

在此，我们先描述一下该项技巧中的三个关键点：

明确开始。 在从一个活动向另一个活动转换时，要给出简单清晰的信号，这种清晰的信号（比如"开始"）会使这项活动引起学生的关注，或者就像开展一项比赛，更好地使每名学生积极参与进来。

明确结束。在活动结束时，也用同样的简单、清晰的方式进行结尾，然后进行下一个活动。

边际交流。在开始或结束一个课堂活动时，为了提高学生的积极性，在宣布这项活动开始和结束时，可以让学生们共同参与进来。

为了使课堂的节奏更加明显，在明确界限中发布指令时，既要有利于活动推进，又要注意提高速度（例如"给大家一分钟进行两人讨论，开始"）。此外，你还希望给学生时间进行反思（例如"请用3分钟在笔记本中写下来，开始"），在应用以上三点时，要兼顾速度和反思。

写下你在课堂中进行边际交流时可能会用到的指令，并考虑通过什么样的方式将其传达给学生：

_____

_____

深入分析

利用下周将要使用的教案，找出课堂教学中的几个关键活动，然后写下在这几个活动开始或结束时，你要讲的用于明确活动界限的指令。

独立练习或角色扮演练习

设计一些用于标明课堂活动开始和结束的台词，使活动的开始和结束更加清晰，还要保证给学生提供反馈，提高课堂效率。在下面表格中写出你个人喜欢的一些表达方式，如果能够做到下列两点，则表明练习效果不错：

- 学生能够明确、清楚地看到你的活动开始和结束的指令。
- 这些指令能够根据课堂情况，侧重活动反思和效率。

界限指令

	明确的开始	明确的结束
侧重活动速度的表达		
侧重活动反思的表达		

与同事合作,练习上面各种表达中的至少一种。假如学生们在进行某项课堂练习时,开始的速度过快,结合技巧50"再来一遍",想一下如何让学生重新开始这项活动。

与同事合作,进行"再来一遍"练习。

反思

在你上课时,或教授某些内容时,你会在什么情况下快速地给出活动开始和结束的指令?什么情况下会放慢速度?什么原因让你在速度上进行了变化?

行动计划

利用该计划表进行"明确界限"练习,如果学生们能够根据明确的活动开始和结束指令进行课堂活动,即达到了理想的练习效果。

> **我目前做得怎样?**

根据已有的情况制订和改进计划,确定行动周期,按时回顾,进行自我评价。

行动计划(截止日期;练习对象;评价方式)
截止 _____(日期),我将_____
我是怎样做的?
闪光点:_____
存在的问题:_____
改进方案:_____

技巧29

每位学生都举手参与：快速活跃课堂节奏，增加学生成就感

概要

何时以及通过何种方式让学生举手，是教学中最习以为常的事情，因此，我们往往不会对这个问题深入考虑。"每位学生都举手参与"是指对何时以及通过何种方式让学生举手或不举手进行掌控，这项技巧主要有两个目的，即改变课堂节奏（技巧27）以及提高学生的关注度。

反思

假设有名学生举手回答问题，并在整个讨论的过程中始终举着手，你认为这名学生此时会有什么样的想法？他为什么会这么做？他的这种行为会给其他同学传递什么样的信息？

_____

_____

你希望这名学生在这个过程中应该有什么样的想法？

_____

_____

先写下你的看法，再与我们的观点进行比较。

我们的看法：我们认为，这名学生在整个举手的过程中，可能一直在考虑他一直想要举手回答的问题。他一直在想何时能够被老师提问，而不会关注其他同学在讨论中的发言。他之所以这么做，是因为他不了解如何专注于课堂讨论，而这种行为有时会表达出一种无聊。我们希望这名学生能够一直关注讨论，既了解同学的观点，自己也要积极思考。

基本原理
为了控制节奏和提高课堂关注度

控制学生举手是一种控制课堂节奏的技巧，通过在提问时控制学生们举手和放手，可以明确各个活动的界限，提高课堂效率和学生的参与度。

全体举手可以提高学生的注意力。其他学生在讨论时，如果有些学生一直举着手，他们就没有精力去听同伴讨论的话题。在同学回答问题时，让一些学生把手放下，能够培养学生聆听的习惯，进而开展更有效的讨论。

让所有的学生参与进来，并让课堂活动节奏更清晰

多种方式相结合。要经常鼓励学生举手，但在提问时，要结合利用好随机提问和集体问题这两种提问方式（技巧33和技巧34），这样会使课堂活动没有预见性。也可以在允许的情况下，不断变化等待时间（技巧32），使每个课堂活动时间长度都不一样。

文明举手。在一名学生回答问题时，要确保其他学生把手放下，并在提问新问题的时候把手举起来。这会让学生更加关注、积极，认真聆听你的问题和同学的回答。鉴于举手时课堂教学中的常用行为，一定要把你对举手的要求向学生介绍并解释清楚，给出示范并让学生进行练习，还要经常巩固。

分解与分散课堂问题。如果可以的话，把你的问题分解成一系列的小问题（分解问题）并分配给更多的学生，这会使课堂节奏看起来更快，还会增加学生的参与人数。小提示：在你的问题中加入期待，比如"谁能说一下美国内战的一个原因"或者"什么导致了内战的爆发？请告诉我其中一个原因"，而不要直接问"什么导致了内战"。

环环相扣。让你的每个问题都与之前的问题保持关联，比如："凯蒂，你能再做一些补充吗？""贾巴里，请对詹思敏的回答进行补充。"这种环

环相扣的问题会促使学生认真倾听同学的回答，因为他们明白，老师的问题和同学的回答同样重要。

排除课堂杀手。你的课堂节奏往往会被一些长篇大论、东拉西扯的、在错误时机的发言所打乱。你可以告诉学生，他们已经向同学们分享了一些好的想法，但要注意保持一个积极的态度，"哦，先打住，我想给其他学生一个机会，让他们对厌氧这个词的使用发表一点看法。"要注意如果使用这种方法，让学生们关注一个回答中最重要的部分，比如"停！我们来看一下'梅康小镇上的常见疾病'这个短语"。

独立练习或角色扮演练习

分解、分类和后续问题

不管是否与同事进行合作练习，可以自己先做一下下面的练习。利用下表中的信息准备一些问题，并考虑如果对问题进行分类、分解或在后面几轮提出后续问题。在你下次上课时，可以利用我们在表中所列的问题，也可以在一张纸上，写出你自己设计的问题，并根据这些问题所要实现的功能进行分类。

问题	你的设计
问题：美国联邦政府的三个分支？ 答案：行政、司法和立法。	问题分解：美国政府的一个功能是什么？ 问题拓展：请告诉我政府的另一个功能。
行政部分的职能是什么？	问题分解：请告诉我立法部门的职能。 问题拓展：请说一下另一个职能。 问题拓展：请举例说明，美国总统在这个职能方面所能采取的行动。

问题	你的设计
政府部门的最高行政长官是什么？	
司法部门的最高长官是什么？	

设计文明举手

如果条件允许，可以与一名或几名同事合作，模仿学生进行回答。在练习时，设计对学生的举手或放下手的指令，可以采用语言和非语言两种形式。然后利用你上面设计的问题，练习这两种提示方式。这个练习目的是练习在点名举手和放手之间进行切换，在练习时，要注意保持一致性。

成功的关键：
- 清晰简洁的指令。
- 快速地把过渡成本降至最低。

语言指令	非语言指令
例如："举手"或"手放下"。	例如：如果我想让学生举手，我自己先举手；如果我不想让学生举手，我就示意让学生把手放下

设计如何向学生传递举手的信息。如果教师没有向学生说明在活动中如何做,学生可能会一直举手,从而不能专注做其他事情。准备指令,以向学生说明如何做以及为什么这么做。

_____

_____

把提问与举手结合起来

在新一轮的练习中,把你的问题进行分解,设计成一系列更容易回答的小问题,并把这些问题与你的举手指令结合起来,要根据以下标准进行练习:

- 对问题进行精心设计,并给出相应的支持(一开始简单,逐步增加难度)。
- 在提问问题和控制举手时,要注意过程的流程。

为冗长的回答做好准备

在课堂中有的学生的回答可能会非常繁琐冗长,要为这种情况做好准备,在设计问题的时候,要注意避免出现这样冗长繁琐的回答。

_____

_____

关键问题:

- 你的指令要有礼貌,并有积极意义,让学生关注内容。
- 注意语言简练。在指出学生问题时,教师本身也不能成为一个说话啰唆的人。

行动计划

利用该计划表继续进行掌控举手的练习,根据下列标准,进行自我评价:

- 学生能够听从你的举手和放手指令。

- 能够通过掌控举放手，控制课堂节奏。
- 不让学生举手太长时间。
- 能够把举手命令和提问结合起来。

我目前做得怎样？

根据已有的情况制订和改进计划，确定行动周期，按时回顾，进行自我评价。

行动计划（截止日期；练习对象；评价方式）
截止 _____（日期），我将_____
我是怎样做的？
闪光点：_____
存在的问题：_____
改进方案：_____

> **技巧30**
> **认真规划时间:在课堂上给予学生最优质的学习体验**

概要

时间是课堂教学中最宝贵的资源。鉴于时间的有限性,我们应该精心安排时间,使学生的学习和课堂活动参与时间得到最大利用。合理利用好每一分钟,不仅可以避免课堂时间的浪费,还有利于学生养成好的时间观念。

反思

在课堂中,你如何向学生传递时间重要性的理念?你认为你在课堂教学中利用时间的最有效方式和习惯做法是什么?

_____

_____

在课堂教学中,是否存在没有达到预期计划的情况?你认为哪些方面存在不足?在过度侧重时间管理时,是否出现一些负面影响?

_____

参考意见(仅供参考,集思广益): 在课堂活动中设定时间限制,不仅可以帮助学生在课堂活动中学会如何管理时间,还可以保证教师有序地完成教学计划。

基本原理

四个基本理念

提供计时提醒。让学生直观感受时间进程，学会如何有效管理时间。在教学中，为学生提供计时提醒的方法有很多，比如利用在线定时器。随着学生时间意识的不断养成和管理时间能力的不断提高，在课堂中会越来越少地借助计时提醒。

确定各项活动的具体时间。明确学生完成各项学习活动的时间，并针对性地分配时间。对课堂时间进行具体分配时，应该让学生明白你对各项活动时间要求的认真考量，将一些活动精确到每分钟。

设定目标。在课堂教学中，通过设定目标，向学生传达各项活动的任何要求，让学生在规定的时间内，能够有效地完成各项任务。如果是长期目标，应该要求学生对任务进行深入思考和及时反馈。

有效使用倒计时。倒计时是一种让学生明确时间截止点的有效方法。在使用倒计时方法时，不要随意缩短或延长倒计时时间，即使学生不能在规定的时间内完成任务，也不要随意放缓倒计时或延长时间。

思考与规划

在你目前的教学中，你运用了以上四点要求的哪一条？在合理安排时间方面，如果你有以上要求之外的做法，可以记录下来。请思考以下几项反馈，并将其应用到以后的教学设计中。

你现在使用哪种工具进行课堂中的计时提醒？除此之外，是否还有其他更有效的计时方式？

_____

_____

你能否准确估算学生完成各项活动的具体时间?

你是否为各项具体活动设定了准确的时间要求?(不必一律将时间要求设定为5分钟,可根据情况,将时间设定为4分钟或6分钟。)

考虑以下各项教学活动,你认为下列各项活动是否需要两分钟左右的时间完成,请解释,并给出你认为合理的时间。

1. 与旁边的同学进行转身讨论(技巧43),并讨论该文章中的冲突是什么。

---

2. 回顾课文,重读最后两段并思考下面问题:作者如何利用象征手法阐释文章主题的?

---

3. 请完成该题:整数N被13相除,商为15,余数是2,请问N是多少?

---

4. 请将分数8/100化简。

你的"规划时间"是否明确了活动目标和学生应该完成的任务?

你是否尝试通过为学生提供整块时间让学生完成多项任务来提高学生管理时间的能力?比如,你说:"我给你们20分钟的时间,你需要在这段时

间内完成段落编辑和自我评估。"

_____
_____

独立练习或角色扮演练习

下表是在倒计时教学法实施过程中可能会遇到的问题,请写出你的应对策略。

倒计时活动中遇到的问题

问　题	解决方法
在读秒的最后时刻,故意拖长时间:"请大家收起课本,4、3、2、1……"(在读到最后一秒的时候,故意拖长音,延时3秒。)	
倒计时的起始数字过大:"请放下铅笔,看我这里,十、九……"	
倒计时速度过慢:"三(停顿)、二点五(停顿)……"	

在准备后面几课的教学计划时,记录下你在时间掌控方面做得比较好的几点。

角色扮演练习

和同事比较一下实际操作情况，分享计时操作工具，并谈论在实施过程中遇到的问题和改进方案。

行动计划

利用该计划表进行"明确界限"练习，根据以下标准进行自我评价：
- 能在教学中利用好计时器，并能根据具体的课堂任务设定合理的时间要求。
- 该教学方法可以让学生的课堂活动更加高效。
- 该教学方法能够活跃课堂气氛，改善教学效果。

我目前做得怎样？

根据已有的情况制订和改进计划，确定行动周期，按时回顾，进行自我评价。

行动计划（截止日期；练习对象；评价方式）
截止 ＿＿＿＿＿＿＿＿（日期），我将＿＿＿＿＿＿＿＿＿＿＿＿＿＿＿＿
我是怎样做的？
闪光点：＿＿＿＿＿＿＿＿＿＿＿＿＿＿＿＿＿＿＿＿＿＿＿＿＿＿＿
存在的问题：＿＿＿＿＿＿＿＿＿＿＿＿＿＿＿＿＿＿＿＿＿＿＿＿
改进方案：＿＿＿＿＿＿＿＿＿＿＿＿＿＿＿＿＿＿＿＿＿＿＿＿＿

技巧31

分秒必争：尊重学生的时间，确保每分钟都得到充分利用

概要

让学生在课堂上的每一分钟都有所收获。

反思

回顾最近一周的教学，在课堂上有多少时间你和学生们无所事事，没有用于知识学习？如果把这些时间累积起来，一年内共有多少时间？

基本原理

分秒必争，是指让课堂的每一分钟都有收获和产出。要做好这一点，首先应该注意到我们在课堂上浪费时间的一些行为；其次，要抓住一些碎片化的时间，并更好地加以利用。比如说，在美术课上，我们可能会有30秒的时间无所事事。应该思考一下，如何利用好这30秒钟，让学生们有所收获。

《像冠军一样教学》回顾

道格在技巧31中讨论如何珍惜时间时，有观点认为可以利用好下面的碎片时间：

在快下课的时候，在学生等车的时候，在学生们在自助餐厅门口排队或者学生们在旗杆下等待消防演习的时候，都是复习单词的最佳时间。在放学前，学生整理书包的时候最适合大声朗读一本发人深省的小说。没有什么比在孩子们排队等待下一堂课的时候，让他们做一些乘法口算题或者心算更好。简而言之，你总可以见缝插针地进行教学。

分秒必争……即使是在走廊上

一位叫杰米·福瑞利的历史教师和一些学生在教室外，等待其他学生到来，他利用这段时间测试学生的词汇：

"bound to do中的bound是什么意思？"

"约翰，你能不能用它造个句子？"

"谁必定会来到中世纪小镇？"

"你现在必须做的是什么事？"

学生们站成一条线，在教室外的走廊里排队，还没到上课时间。既不在教室里，又没到上课时间，杰米并不在意：学习照旧进行。同时，他的学生们也很激动，面带笑容，很愿意参与其中，炫耀他们所掌握的知识。

无论课上还是课下，可能会出现一些不便于开展课堂教学的状况，因此，可以事先准备好几个小问题，并随身携带，在准备这些随身问题的时

候应该注意如下几点：

"后裤兜"问题。可以事先准备几个小问题，可以把这些问题写在卡片上，随身携带，也可以记在脑子里。要根据正在学习的单元内容，定期更新问题。利用碎片时间，向学生提问这些问题，可以帮助学生实现螺旋式记忆，有效巩固之前所学的知识。

"后裤兜"活动。除了准备一些小问题，还可以提前设计一些简单易行、学生能够独立完成的小活动，比如，在技巧23中讲到的掌控游戏，或者让学生对你准备的问题给出书面回答。

增加神秘感。在问问题的时候，可以给学生提供一些提示，以便学生们能够正确回答问题。在让学生们思考问题的时候，既要让他们感觉胜利在望，还要留点小的悬念，这样会让学生能够更积极地参与进来。

反思

除了课堂教学时间，你在哪些课余时间跟学生进行过学习方面的交流？

_____

_____

深入分析

在接下来的几天里，密切观察学生们的课外空余时间，估测时间长度，并记录下来。根据最近学习的内容和学生的掌握情况，准备三个相关问题。这些问题不宜过长，应该大约能在三分钟内解答出来。

当然，也可以根据学生们的时间、场地情况，调整问题或活动。

跟同事分享这些想法，然后在课下进行尝试，并及时进行总结和评估。

行动计划

利用该计划表进行"分秒必争"练习，练习效果的关键是让学生们能够把更多的时间投入到学习中。

我目前做得怎样?

根据已有的情况制订和改进计划,确定行动周期,按时回顾,进行自我评价。

行动计划(截止日期;练习对象;评价方式)

截止 _____(日期),我将_____

我是怎样做的?

闪光点:_____

存在的问题:_____

改进方案:_____

第三部分

提高课堂
参与度和思考度

第七章

正确提问,
高效教学

技巧32

等待时间：让学生充分思考，提高学习效率

概要

在课堂提问时，教师给学生留出的思考时间往往平均只有一秒钟。有些问题可以快速地给出答案，但在多数情况下，学生们无法马上很好地作答。在提问时，给出合适的候答时间，可以让学生在回答问题前能够充分思考，从而让他们能够更好地参与到课堂互动中。

反思

当进行课堂提问时，你在等待时间方面做得如何？你通过何种方式了解效果？在你尝试增加等待时间时，会遇到什么问题？

_____

_____

基本原理

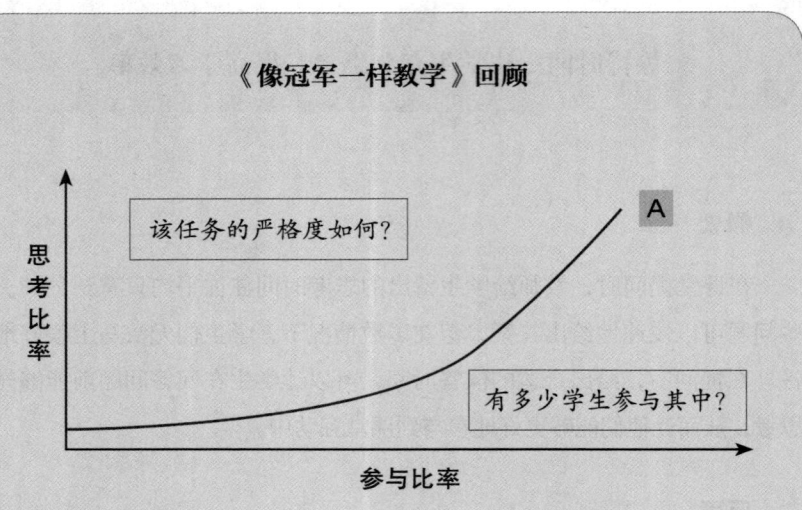

等待时间（以及本章所涉及的其他技巧），其主要目的是提高学生的回答参与度和思考参与度。上表来自道格在第七章"正确提问，高效教学"中提出的指导意见"通过提问提高学生们参与度"，针对这一点，道格这样写道：

我们都有过这样的课堂，教室前的教师要解释这一章节对于整部小说的重要性，并说明可用的解读方式，他选取若干段落进行阐释。在这期间，学生的主要活动就是"听讲"，他们不热衷于此。相反，在高参与比率和高思考比率的课堂上，得到训练的是学生：他们随时准备回答问题，在自身的知识基础上思考并修正自己的想法。

最为理想的是，每当你提出一个问题，每个学生都会试着回答，进而你会提出许多问题。但是，最重要的一点是，你必须认识到：你的课堂可以有很高的学生参与度，但不该过于严厉。你在课堂上可以创建50次互动,但要让学生积极主动参与,而不是表面参与。

假如我在引导学生们讨论小说《怪屋疑云》中的阶级和阶层划分,一部分学生在积极回答,并提出一些很有见地的观点,但是其他学生却只是在一边观望。这种情况反映出来的问题是,虽然很多学生都在思考,但是参与度并不高。针对这种情况,我们不仅要让每位学生都能积极参与到讨论中来,还要保证学生的回答质量。因此,我们在提高课堂参与度的时候,要兼顾参与人数和回答质量这两个方面,来达到上图中A点所示的情况。

"等待时间",这项技巧的有效性往往取决于该班级的课堂气氛,这种课堂气氛表现在以下几个方面:学生们回答问题的积极性;学生们渴望与同学们分享他们的观点;学生在回答问题前,能够积极思考、归纳、凝练自己的观点。以下四种方法有助于培养这种好的课堂氛围:

1. 鼓励学生举手。提出问题以后,如果给学生留出候答时间,在这段时间里,学生的思维是非常活跃的。此时,教师要鼓励学生举手参与。具体做法是,当看到有的学生开始举手时,可以进行报数:"已有两位同学举手,三位、四位、五位……现在已经有八位同学举手了。"

2. 帮助学生思考。由于很多学生并不知道如何有效地利用候答时间,教师需要给出一些指导,来提高效率。为了让学生更好地利用你所介绍的技巧,在进行引导时,一定要注意自己的措辞表达:

"我看到有些同学正在认真思考,还把自己的想法记录下来。下面,我再给大家一点时间,好好准备。"

"如果你现在还无法得出答案,可以参看一下昨天的笔记。"

"我再给大家一点时间,好好考虑一下这个问题,一开始的想法未必是最佳答案。"

"如果有同学在考虑这场戏剧的时候，想到了另一部戏剧《麦克白》，我可以给你些时间，想得更深入一点。"

3. 让学生知道等待时间的长度。比如说，对于一个比较难的问题，你打算给学生留出20到30秒的思考时间。但是，如果学生不知道你给他们留出了这么充裕的时间，他们可能会在四五秒的时间内仓促得出答案，然后在剩下的时间里等着你点名。如果学生提前知道你预留的候答时间，他们可以学会如何安排好这段时间。比如：

"这个问题有点难，我会给大家20~30秒的时间考虑。"

"大家可以先考虑10秒钟，然后再写出答案。"

"这个问题有点难，大家在举手之前，可以先考虑考虑。"

4. 要预留出真正用于思考的时间。最后一步就是要给学生们留出安静的、用于思考的时间，这一点非常重要，因为在让学生进行思考之前，你需要对学生进行必要的提醒，这些提醒会打断学生的思路。因此，在提醒完以后，要给学生留出真正用于思考的时间。

"请大家在10秒钟以后作答。"

"请大家先把手放下，好好考虑一下这个问题。"

"大家可以利用这段时间把自己的想法写下来。"

给出指令以后，就要尽量保持教室的安静。

深入分析

虽然这项技巧并不是很高深的教学理念，但在快节奏的课堂中，实施起来会存在一定难度。每节课只有宝贵的45分钟，时间稍纵即逝，我们很难对等待时间掌控自如。因此，这对于老师和学生来讲，都是一个挑战，如果能够做好，将会让学生大受裨益。在等待时间的自我掌握方面，应该注意如下三个方面：

教师的自我掌握。尽管我们在提问时，有候答时间的意识，而且也确实认为给学生们留出了时间，但很多时候却是在赶时间。在提问时，必要的时候一定让自己放缓节奏。稍后，你可以想一下，有哪些方法可以让你把节奏放慢。

学生的自我掌控。有时候，学生们喜欢抢答问题。在你留给他们的6秒钟候答时间里，有的学生可能已经迫不及待地喊出了答案，这会影响甚至打断其他学生的思路（你也应该考虑一下如何让学生们能够控制好速度）。

学生的投入程度。学生在思考问题时应该深入，而不仅仅就题论题。应该让学生充分利用好现有的候答时间，而不是草草得出答案，然后在剩下的时间里，环顾四周。这种情况也需要相应的解决方法。

针对教师在掌握等待方面所面临的三个常见问题，你还有哪些自己的解决方案？

问　题	解决方法
教师的自我掌控：需要把速度放缓	自己在心里倒计时或出声读秒
学生的自我掌握：需要让学生放缓速度（与之相反，还没把自己的想法理清，就着急举手）	不要总是提问第一位举手的学生，可以让大家在时间结束后再一起举手
认真思考：让学生充分利用候答时间	及时对学生进行提醒或鼓励："大家可以查阅笔记"或"大家要勇于尝试"

角色扮演练习：观摩与练习

与同事合作，进行模仿练习，重点练习如何放慢提问的语速。

1. 在"提问练习"环节，要根据接下来要讲的课文，设计两个问题，并设计如何提问。

2. 跟同事配合，进行三轮练习。在每一轮的练习中，要注意提问的语速和语气：

第一轮：站在讲台上提问。

第二轮：在教室中来回慢慢走动，边走边问。

第三轮：即兴发挥。要注意这一轮练习的重点。

关键问题：

- 要让学生懂得如何利用候答时间。
- 等待时间要跟问题的难度相匹配。
- 通过自我掌握，给学生提供足够的思考时间。

提问练习

举例：如何通过斯科特的内心独白推断出她的无辜？

如何放缓节奏，让学生进行充分思考：

我会放缓节奏，并在教室里走10步，然后点名找学生回答。

第一个问题：
_____
_____

如何放慢节奏，让学生进行充分思考：
_____
_____

第二个问题：
_____
_____

如何放慢节奏，让学生进行充分思考：
_____
_____

行动计划

利用该计划表进行"等待时间"练习，根据下列标准进行自我评价：
- 在让学生回答之前，能够停顿三四秒的时间。
- 让学生知道等待时间。
- 在学生思考时，不要插话。
- 提供必要的措施，帮助学生思考。
- 教会学生如何更有效地利用等待时间。

我目前做得怎样？

根据已有的情况制订和改进计划，确定行动周期，按时回顾，进行自我评价。

行动计划（截止日期；练习对象；评价方式）

截止 _____（日期），我将_____

我是怎样做的？

闪光点：_____

存在的问题：_____

改进方案：_____

技巧33

冷不防提问：让学生高度集中注意力

概要

冷不防提问是指：不管学生有没有举手，都可以对任何一名学生进行提问。在本书所讲的所有教学技巧中，"冷不防提问"或许是最能帮助你改善课堂纪律、参与度和课堂学习气氛的一种技巧。

冷不防提问具有以下四个作用：

检查学生掌握情况。在教学中，往往很难判断学生对所学知识的掌握情况。

让每位学生都参与到课堂互动中。在课堂教学中进行"冷不防提问"会提高学生的上课投入度。

控制节奏。"冷不防提问"可以提高学习效率，在课堂上营造积极参与课堂互动的氛围。

提高学生的思考参与度和互动参与比率。在技巧32中，已经提到了思考参与度和互动参与比率。通过"冷不防提问"，可以保证所有的学生都要参与进来，每个人都可能回答问题。

反思

你是否在教学中运用过"冷不防提问"？你是如何进行的？"冷不防提问"的效果如何，你有什么成功经验或不好处理的问题？为什么会出现这样的情况？

_____

_____

四项基本要求

对学生报以积极和肯定的态度

在"冷不防提问"时，要态度和蔼。在对学生进行"冷不防提问"时，要让学生明白你对他们的信心和期待，并愿意倾听他们的观点和看法。如果学生回答得不理想，要及时鼓励。"冷不防提问"，旨在让每位学生都参与到互动中，而不仅仅是为了得到一个答案或对学生的答案进行改错。因此，不能奢望在"冷不防提问"中一定会得到满意的答案，也不要把"冷不防提问"当成惩罚学生的手段。

用积极和鼓励的语气进行提问，并让学生感觉到你希望每位学生都能参与进来。做好充分的准备工作，为了让学生能够顺利地回答问题，应该在备课时认真准备问题，并为问题提供某些解释性的答案。学会表扬，对学生进行必要和适当的表扬，在课堂教学中非常重要，也需要一定的技巧，因此，要学会表扬，在课堂上营造积极向上的氛围。

让学生之间相互鼓励。在课堂上，如果有的学生在回答问题时，表现得很好，他的观点可能赢得其他同学的共鸣或喝彩，这会让回答的学生感觉良好。

让学生提前知道"冷不防提问"

在上课时，要让学生知道你会选择"冷不防提问"的方式。如果学生适应了这种方式，他们就不会带有排斥心理，相反，会更坦然地接受它，并积极地进行准备。

让"冷不防提问"体系化

当"冷不防提问"时,要涵盖班内所有的学生,而不是针对某些学生。要使"冷不防提问"体系化,需要注意如下几点:

- 在"冷不防提问"时,可以分批次进行,每次多提问几名,而不是针对某一名学生。
- 要提问教室内各个位置的学生,而不只针对某个区域。
- 进行"冷不防提问"时,不要有太强的针对性,比如,专门提问那些看似开小差的学生。可以以看似漫不经心的方式提问,比如提问你身后的学生,不要让学生觉得,被提问是教师对自己开小差的惩罚。

分解问题

为了让更多的学生参与到课堂提问互动中,可以把一个问题细化成一些小问题,然后让更多的学生回答(参看技巧2,针对性提问)。这会使学生们更加注意同学之间的信息分享,从而提高学生的积极性和课堂节奏。

深入分析

> **《像冠军一样教学》回顾**
>
> 在你进行"冷不防提问"时,可能还会有同学举手,想要回答问题。这时,应该平衡好两者的关系,既允许那些想要回答问题的学生举手,并让他们回答部分问题,也要对其他学生"冷不防提问"。相反,你也可以要求学生不用举手,而全部进行"冷不防提问"。两种方法孰优孰劣,可以参看道格在书中对这一部分的论述。

后续问题

为了让学生在听其他同学回答问题时保持注意力集中,可以让学生根据回答者的观点进行拓展和延伸。例如,"特蕾莎,请对托尼的观点进行补充",或者"阿什利,请对这个观点做出进一步的解释"。

合理掌握点名时机

在"冷不防提问"时,点名的时机非常重要。最常见和有效的做法是,老师先提出问题,稍作停顿,然后点名找学生回答。如果先点名,再提出问题,其他同学可能就不会太关注你所提的问题,也不会进行深入的思考,进而影响学习效果(当然,出于一些其他原因的考虑,先点名,再提问也是一个不错的选择)。

情　景	效　果
"戴仑,请说出一条第一次世界大战爆发的原因。"	这种做法能够让戴仑做好听题的准备,尤其对英语听力不是太好的学生来说,这样能够让他集中注意力。但是,这会让其他同学产生懈怠,他们甚至不需要认真听题
"戴仑"(停顿),"请说出一条第一次世界大战爆发的原因。"	这种做法能让戴仑有时间做好充分的答题准备,但是这样会延缓课堂节奏,浪费他人时间
"请说出一条第一次世界大战爆发的原因,戴仑。"	这种做法会让戴仑非常仓促,而且其他同学在发现没有被点名以后,可能会放弃对这个问题的认真思考
"请说出一条第一次世界大战爆发的原因"(停顿),"戴仑!"	总体来说,这是最有效的方法。在停顿期间,所有的学生都会全神贯注地准备问题,以防被提问。当戴仑被叫起来回答问题的时候,其他同学也已经有了自己的想法,他们可能会对戴仑的观点进行比较或补充

你也可以提前点名，即告诉某位学生你将在讲课的过程中提问他。对于提前点名的学生，你可以单独告诉本人，也可以在教室内当众宣布：

"拉提莎，在我们复习水循环的几个阶段时，请做好答题准备。"

"过一会儿，当我们讲到林肯颁发《解放黑人奴隶宣言》的目的时，我会请戴仑同学说一下她的观点。"

如何利用我们在该部分所讲的具体提问技巧丰富你在上课时的提问方式？

_____

_____

技巧实施

> **《像冠军一样教学》回顾**
>
> 回顾道格在第七章结论部分的"反思与实践"中提出的下列建议：
> 在准备新课的授课计划时，可以在三个地方设计"冷不防提问"环节。要提前把问题准备好，写在授课计划中，同时，要写下你准备提问的学生姓名。

如果你还没有开始进行"冷不防提问"，那么应该准备一个简要介绍，以便学生了解，介绍应该包括如下几点：

- 什么是"冷不防提问"。
- 它的基本原理。
- "冷不防提问"的范围。（比如，如何处理举手学生和不举手学生的情况。）
- 学生被"冷不防提问"到时应该做什么。

- 在某些时候，学生们可能希望进行"冷不防提问"。

同时，还应考虑以下几点：

- 在将"冷不防提问"引入课堂时，会有什么困难或障碍？
- 如果你在学期过了一半后才开始实行"冷不防提问"，你会如何解释？
- 你认为是否会遭到学生反对？你将如何应对？
- 如何最有效地让学生理解"冷不防提问"的系统性、可预见性、积极性和对学习的重要作用？

下文是科林·德里格斯在向五年级学生介绍"冷不防提问"时说的话：

在你们的很多课程中，老师都会进行"冷不防提问"。事实上，我也经常这么做。所谓"冷不防提问"，是指在上课的时候，即使你没有举手，老师也可能会点名让你回答，这么做是为了看一下你都在课上学到了什么。老师这么做，不是为了让你难堪，而是为了尽快地掌握你们的学习情况。在"冷不防提问"时，你可能要面临一个难题，那就是，你必须要把手放下，我不再只提问那些举手的同学。即使我提问到了其他同学，你也要积极思考，跟上我的问题哦！如果你们听明白我对"冷不防提问"的介绍，就请点头示意一下。如果你觉得你已经做好了准备，也请点点头。太棒了！下面请大家把手放下，在座位上坐好。请问，什么是流派呢？罗伯特请回答。

写一下你在介绍"冷不防提问"时要说的话：

_____

_____

行动计划

利用该计划表进行"冷不防提问"练习，根据下列标准进行自我评价：

- 学生能够积极参与并希望被提问。
- 能够对问题进行分类，在提问的时候既能因人而异，又能涵盖全部学生。

- 能够营造一种积极向上的课堂氛围。

我目前做得怎样？

根据已有的情况制订和改进计划，确定行动周期，按时回顾，进行自我评价。

行动计划（截止日期；练习对象；评价方式）
截止 _____（日期），我将_____
我是怎样做的？
闪光点：_____
存在的问题：_____
改进方案：_____

技巧34

提问与回答：提高学生参与度，形成课堂积极氛围

概要

提问与回答是指教师利用学生的集体回答，形成积极向上的参与氛围。教师提出一个问题，全班一起大声回答。

提问与回答的作用体现在以下三个方面：

● 复习和强化所学知识。在给出一个好的点评或正确答案后，可以让学生们集体重复答案，巩固所学知识。如果你特别认可一名学生的精彩回答，可以让全班学生集体重复，提问与回答也可以有效地巩固概念知识和发音。

● 通过学生们积极和热情的参与，可以活跃课堂气氛。如果操作得当，还会给学生们带来乐趣。

● 通过使用支持性的技巧提高学生参与度，控制课堂节奏，营造轻松、高效和积极的课堂氛围。

提问与回答能够通过多种方式助力课堂教学，但在对学生进行知识检查时，这不是一个好的方法，而且如果操作不当，效果会大打折扣。

反思

你是否在现在的课堂教学中经常使用"提问与回答"？至少举一个你自己的例子，来验证上文提到的三个作用。

_____

_____

基本原理

提问和回答的类型

很多教师只使用最简单的提问和回答方式，即只让学生齐声重复一些名言警句和诗歌。事实上，提问和回答有五种互动方式。在此，我们将其一一列出，供你在教学中使用。

重复

学生们集体重复老师讲的话或者根据老师提示的开头，完成整个短语。这种方法一般用于一些跟行为有关或与知识有关的话题，如：

（老师）"当我们看到……"（学生）"介词的时候"；（老师）"我们应该找一下……"（学生）"它的宾语！"

汇报

在学生们已经在座位上完成了老师布置的任务，老师可以采用这种集体回答的方式，从而让学生更积极地巩固已经完成的学习任务。

"请大家告诉我第2页第一题的答案是什么，一、二！"

强化

通过这种方法可以让学生巩固新学的知识，强化一些答案的印象，这会让每位学生都能积极地与新知识进行互动，同时，这也会让提出这个答案的学生因为其他学生的重复和强化而感到非常自豪。

"哪位同学说一说这个表达式中的这一部分叫什么？很棒，特雷文，这是指数。下面请同学们一起回答，这叫什么？"

复习

可以让学生通过这种方式复习问题的答案或者之前所学的知识。

"如果用一个数乘以它本身，我们把这种运算叫什么？"

"同学们，提修斯在去雅典的路上遇到的第一个人是谁？"

"遇到的第二个人是谁？"

"那么第三个人呢？"

解题

教师可以通过这种方法让学生们实时解决问题，齐声说出答案。

"同学们，如果一个长方形的长是12英尺，宽是10英尺，那么这个长方形的面积是多少？"

提示信号

有效提问与回答的关键是让学生们能够同时进行回答，教师给予适当的提示有助于学生们完成集体回答。适当的提示能够让学生知道怎么去回答，并且让学生们明白你希望他们能够集体回答，而不是点名提问。提示有多种形式，每一种都有各自的优点。

集体提示

集体提示（比如"同学们""我们"）能够让学生意识到他们的整体性。

"同学们，北美大陆军的第一任司令是谁？"

"请问各位，圆周率的前三位数是什么？"

这种提示方式的好处是如果学生们没有给出回答，你可以快速、简洁地重复问题："请各位仔细想一下，北美大陆军的第一任司令是谁？"

计数式提示

简短的倒计时可以让学生们短暂地思考问题，以保证更好地配合教师的提问。在我们首次使用集体回答方式的时候，这种做法往往很奏效："请大家考虑两秒钟，然后一起说出问题的答案！"

倒计时的时间最好不要超过两秒，如果时间太长会造成时间的浪费，使学生的积极性降低，进而使集体问题效果大打折扣，因此，倒计时的时长也要尽量简短。

肢体语言提示

使用肢体语言提示方便快捷，不失优雅，还不会干扰学生的思路，比如采用手指的方式，把上扬的手放低，用手指做各种动作甚至打个响指等。

转换语气和音量

从长期来看,语气和声调的变化对集体回答进行提示是最好的,也是最自然的方式。教师只需在读到问题的最后几个单词时提高声音,改变一下语调就可以了。

熟练运用集体回答的教师能够非常自然、有效地使用这种方法,虽然这种提示方式是最巧妙的一种方式,但在开始使用的时候可能会出现一些瑕疵。因此,在一开始的时候可以用一些简单的问题进行练习。

练习提示

在此,我们提供一些例题可供你进行集体回答练习。按顺序读一下这些问题,然后试着大声读出来,就像你在上课时要求大家集体回答这些问题那样。

集体问答时的一个难题是,如何连续地进行,也就是说,在连续回答五六个问题的时候如何更好地控制好节奏,并让学生精力集中。因此,在练习的时候要尽量一气呵成,感觉就像在真实的课堂中那样。

可以多练习几次。第一次的时候可以通过集体提示或倒计时提示的方式进行,第二次的时候可以尝试通过变化声调或肢体语言进行,第三次的时候可以交替使用点名提问和集体回答的方式,比如让被点名的学生回答偶数问题,对于奇数的问题采用集体回答的方式。如果条件允许的话,可以找一位同事进行练习,让他(她)扮演学生角色。

1. 当水由液体变为气体的时候,我们把这种现象称为什么?(蒸发)

2. 很棒!那么当海洋、湖泊和其他地方的水蒸发以后,它们到了哪里?(进入大气层,或变成大气)

3. 别忘了,我们曾经谈到过植物中的水分蒸发,这种特殊的蒸发方式叫什么?(蒸腾作用)

4. 那么请告诉我,当水以气体的形式蒸发到大气中时,我们把它称为什么?(水蒸气)

5. 当水蒸气到达大气层时,会发生什么?(凝结)

6. 完全正确,我们把大气层中可以看到的冷凝水蒸气叫什么?(云)

7. 太棒了!当水离开大气层,再次降落到地面的时候,这个过程叫什么?(降水)

8. 那么,当水到达地面的时候,我们可以看到雨水流经街道,并最终流入河流,这种现象叫什么?(径流)

以上这些例题的内容对于练习本身并不重要,你也可以把这些问题换成跟你的课程相关的问题。

深入分析

及时改正问题

集体提问与回答有利于班内积极学习风气的养成。通过集体问答,可以培养学生的配合意识,能够跟上教师的节奏。通过集体问答,既能培养学生的团队合作意识、养成听从课堂指令的习惯,还不失乐趣。

下表是在集体问答中经常出现的问题以及应对策略。

声音过大	"我很喜欢大家的热情,我们再来一次,但是这次我们的声音可以稍微小一点。" "大家可以像我这样回答"(用一个低一点的声音回答),"声音跟我一样就可以了!" "大家不妨把声音降个调!"然后可以做出调低音量的手势
只有一部分学生回答	"这个问题我们需要一起来回答!" "我希望听到每个同学的声音!" "请大家都来说一下!" "最后一排的同学,你们也要参与进来啊!"

续表

回答语速过快	"请大家按照我的速度来！" "请稍微慢一点，这样我可以听清楚一些。" "请大家把声音稍微拖长一点。" "稍微减减速！"
没人回答或者积极性不高	"让我们再来一次，让我听到你们的声音。" "请大家跟我一起说出来！" "这次请大家声音大一点，让楼下的吉格斯夫人也听到你们的回答。" "再来一次，带上一点热情！" "第一列的同学已经说出来了，不要让他们超过你们，大家一起来，一、二！" 适当给学生一点压力，"我听不到你们的声音"或者"我相信，你们可以说的更多！"
回答不齐	"大家按我的指令……" "所有的同学一起来，一、二……" "下面，我数到三，请告诉我……" "这次让我们回答的干脆一点！" "我们是一个集体（指向全体学生），让我们一起来说！"

拓展和强化

《像冠军一样教学》回顾

道格在"提问与回答"这一部分里提供了一些教师如何用其他方式进行集体回答的案例，尤其是作为扩展知识（技巧13）的延伸，来使集体问答更加完善，这些案例中的集体问答包括词汇、阅读和文化构建。

你将如何完善集体问答？至少针对下列的一个问题，写出你的心得。

拓展问题：
_____
_____

一个重要的单词：
_____
_____

在阅读中采用提问和回答的时机选择：
_____
_____

有利于班级风气养成，且能直接为学习服务的提问与回答：
_____
_____

技巧实施

和你的同事合作进行下面的练习，并写出心得体会。

在日常备课中，找出你可以实施集体问答的环节，来提高学生的课堂参与度，增强学习气氛，完成学习目标。写出你将要问的问题以及你希望学生给出的回答。同时，选择你可能会采用的提示方法（比如倒计时法）。同时，至少找到一个可以采用"冷不防提问"、集体"提问与回答"相结合的环节，要记得在回答时给予学生必要的支持，并提前设计好从一种提问方式向另一种提问方式过渡时的过渡语。

下课以后，回顾自己的实施效果，并在今后备课时进行必要的调整。重点要思考如何把随机提问和集体问答结合起来，如何提问以及如何进行提示。

行动计划

利用该计划表进行"提问与回答"练习,根据下列标准进行自我评价:
- 学生们能够积极地参与回答。
- 全体学生都能参与进来。

我目前做得怎样?

根据已有的情况制订和改进计划,确定行动周期,按时回顾,进行自我评价。

行动计划(截止日期;练习对象;评价方式)
截止 _____(日期),我将_____
我是怎样做的?
闪光点:_____
存在的问题:_____
改进方案:_____

技巧35

分解问题：恰到好处地帮助学生获取正确知识

概要

分解问题是指，在学生回答问题出现困难时，你可以使用另一个问题进行提示，帮助他顺利完成回答。分解问题的目的是通过给学生提供最好的提示，让学生纠正自己的错误回答或不完整回答，这个过程是为了让学生进行独立思考，而不是仅仅把答案告诉他们。在分解问题时，既要保证不耽误太多时间，还要帮助学生克服难题，运用起来确实有一定难度，但是，如果经过精心准备和练习，还是可以取得不错的效果。

反思

在学生口头回答问题时，如果出现卡壳，你是如何应对的？你认为你的这些做法有何利弊？

_____

_____

基本原理

通过分解问题，你可以发现学生有哪些知识没有掌握，或者他们对哪些知识的理解存在错误。要达到这个效果，最理想的方式是能够对学生的错误答案提前进行判断，然后根据这些错误，设计相应的提示问题，进行纠正。

分解问题的六个方法

当学生在回答问题方面出现错误时，分解问题意味着把原来的问题分解成更细化、更简单的问题，然后让学生重新思考，得出正确答案。虽然提示的方法有很多，但是需要找到一种最合适的。以下是六种最常用、最有效的方法：

举例说明。这种方法适用于类比的情况，比如，"约翰，请跟我们说一下什么是素数，7是素数，11也是。"

提供语境。比如"昨天我们讨论了如何防止政府权力的过度集中"。

强调规则。当学生出现理解误区时，向学生重复规则，帮助学生改正错误，比如，"正数和负数相乘，会得到什么？"

通过简单提示让学生发现答案的不足。比如，"当分子大于分母时，我们应该怎么做？"

重复答案。教师把学生的答案再重新读给学生听。在使用这种方法时，要注意如何处理学生出现错误的部分。比如，在重复学生的答案"你刚才说到，当水蒸气变成云里的小水滴时，这个过程叫蒸发"时，如果用平缓的语调读完全句，学生可能不会意识到他哪里出现错误，而是应该重点读一下"蒸发"，从而让学生意识到他的问题所在。

减少干扰项。比如，"如果一个词是动词，它指的是一种行为或一个状态。那么看一下这个句子，'Can you or I justice？'这个句子里的'justice'是动词吗？"或者："稍微打断一下。你的因子分析部分做得很好，但是看一下，其他地方哪里出问题了？"

案例示范

正如之前提到的那样，精心的教学设计对提高教学效果非常有帮助。下表列举了玛吉·约翰逊老师在讲授小说《安妮日记》时的几个实例，她对学生的错误答案进行了预判，并通过一系列的分解问题进行了纠正。

第56～57页，一个少女的日记

快速回答（90秒钟的书写时间）

问题：当安妮说"我想我的日子是数着过来的"时，她要表达什么意思？

目标答案： 安妮认为她快要死掉了，或者她的生命快要到尽头了，或者纳粹分子要来杀掉她。
预测的错误回答： 安妮一直在数着自己来到密室后的日子。 安妮觉得，她可能会被从密室中解救出来。
准备的分解问题： A. 当安妮说"我想我的日子是数着过来的"时，安妮的心里是什么感受？ B. 为什么？如果她被发现，会发生什么？ C. 因此，当她说"我想我的日子是数着过来的"时，她心里想的是什么？

选择题模式

当安妮身陷恐慌中时，她对自己想法的描述揭示了什么？

A. 她认为纳粹党卫军要进入密室。

B. 当她知道敲门的人是克莱曼先生的时候，她就放心了。

C. 木匠对那个奇怪的书柜进行检查时，她感到很好奇。

D. 她非常害怕那些德国兵，她觉得他们都是十恶不赦的人。

目标答案：
D

预测的错误回答：
选择A：这个细节也是正确的，但是安妮当时所想的是更加具体的（答案D比A更合适）。选A的学生可能没有回顾这篇文章，因为在文章的开头，就涉及到了相关内容。学生们只是对安妮的感受进行了一个大体的概括，而不是太具体。

准备的分解问题：
1. 回到课文中，看一下你是否标注了描写她的想象的那一段。
2. 她想到了什么？
3. 她是如何描述的？
4. 你有什么想法？（对于安妮的态度）
5. 下面再看一下选项，你认为哪个选项是最合适的？

在这个冲突得到解决后，作者是如何制造更多悬念的？

目标答案：
作者用了这样几个词来设置悬念，如"至少这次""她说的话""现在没什么事了"。这些表达会引起读者的好奇：当下一次出现类似情况的时候，安妮会怎样，他们能够逃过纳粹党卫军的魔爪吗？

预测的错误回答：
作者通过让读者们感到恐惧来制造悬念。
作者通过描写密室里人们的恐慌来制造悬念。

准备的分解问题：
1. 这个问题考察的是在文章中哪个地方，作者设计了悬念？
2. 什么时候矛盾得到解决的？（"现在没什么事了。"）
3. 安妮还说了什么？（"至少这次。"）
4. 她为什么要这么说？作为读者，你对这些话有什么感想？

从玛吉老师的教学设计中，你得到什么收获，请写出两到三点。
_____
_____

如果要把这些教学理念和方法应用到你的班级，你认为需要进行哪些调整？
_____
_____

自我设计

按照下列各项，针对你要讲的新课设计所需的分解问题。

提问的问题：
_____
_____

规划答案：
_____
_____

预测的错误答案：
_____
_____

分解问题提示：
_____
_____

行动计划

利用该计划表进行"分解问题"练习，根据下列标准进行自我评价：
- 能够让学生保持积极性。
- 能够掌握课堂节奏。

- 能够最大程度地让学生进行积极思考。

我目前做得怎样？

根据已有的情况制订和改进计划，确定行动周期，按时回顾，进行自我评价。

行动计划（截止日期；练习对象；评价方式）

截止 _____（日期），我将_____

我是怎样做的？

闪光点：_____

存在的问题：_____

改进方案：_____

技巧36

快速投击：在较短的时间内迅速带领学生复习

概要

快速投击，是一种用于知识复习时的提问方法，这种方法可以提高全班学生的学习积极性。在这个过程中，教师会连续发问，并让学生快速给出回答。

在快速提问时，往往会涉及"冷不防提问"（技巧33），但又不拘泥于此。在快速提问一开始，教师往往会进行"冷不防提问"，但随着学生积极性的提高，会过渡到举手提问。

快速投击类似于课堂游戏，跟其他的提问方式不太一样，是一种有效改善课堂节奏的提问方式。有很多优秀的教师在每天的课堂教学中会抽出几分钟进行快速提问，有时会在每周的几天内进行。这种提问方式一般是在让学生完成一些阅读任务，或者独立任务之后进行，来重新调动课堂气氛。

反思

在最近的课堂教学中，你是否对学生进行过快速发问，并让学生迅速进行回答？效果怎样？在问答过程中遇到了哪些问题？

_____

_____

基本原理

什么是快速投击?

快速投击包括如下特点:

快速性。在一段时间内,连续问许多问题。

综合性。快速提问不拘泥于某种特定形式,它既包括随机提问,也包括举手回答。这两种方式交替进行。但是,在快速提问时,一定要面对全体学生。

便利性。快速提问使用起来非常方便,不仅局限于课堂。

简洁性。无论教师提问还是学生回答,所用语言都非常简练。

主题明确、内容多样。快速提问的问题往往都是针对某一主题或技巧,在解决一个主题以后,会进入一个相关主题。

反复性。快速提问中的问和答都很简短,而无须过多讨论。回答完一个问题后,会马上呈现另一个问题。如果一个问题的回答存在问题,则会重复提问。

快速投击的时机

快速投击是一种很好的课堂教学准备活动,可以用于每节课开始阶段的日常口语练习,也可以用于知识复习,让知识复习变得活泼有趣。如果有几个学生到黑板前进行书面检查时,可以利用这段时间进行快速提问。不仅在课堂中,在课下的时候(比如在走廊里等待上课时),也可以使用快速提问。

回顾一下你每天的日常教学,找出包括课下时间在内的可以进行快速提问的时间段。对于哪些内容你可以进行快速提问?在快速提问时,是否需要某些辅助工具(比如图表或教学闪视卡片)?

时间段:

_____

内容和辅助工具：

_____

时间段：

_____

内容和辅助工具：

_____

快速投击和"冷不防提问"

由于两者都有随机性，很多人容易把"快速提问"和技巧33中的"冷不防提问"相混淆。下表是对两种方式的对比。

快速投击	冷不防提问
在快速提问时往往使用到冷不防提问（尤其是开始阶段），但也可以进行举手点名回答	有时会在快速提问中用到，但也可以用于其他多种场合
主要是针对基础知识的快速提问，经常用于知识复习	问的问题种类更多，也包括深入思考的问题
节奏非常快，需要学生们的积极参与，对回答一般不进行讨论	速度可快可慢
一般是练习提问多个问题，大约10个，甚至更多	不用提前规定问题的数量
有时候类似做做游戏，比如学生们可以站着回答，按顺序回答等	有多种使用方式，但比做游戏要严肃

在快速提问的开始阶段，可以先使用"冷不防提问"，随着学生的热情和积极性越来越高，再过渡到举手点名提问。

深入分析

如果能够以一种做游戏的心态进行,快速投击往往能取得最佳效果。

1. 合理控制时间。进行快速提问时,要合理安排时间,明确开始和结束的时间。

2. 不断转换主题。在复习知识时,可以逐个单元进行快速提问。先用两三分钟的时间问一些关于四边形性质的问题,然后进入下一个单元,针对坐标几何提出一系列问题。或者在一些看似不相关的主题之间进行转换,比如在一些社会科学课程中,可以先花几分钟针对殖民地问题进行提问,继而转移到跟地图技巧相关的一系列问题上。

3. 借助一些小工具或别出心裁的方法来增强趣味性。

用小闹钟对提问进行计时。

让所有的学生都站起来参与。

用比较新颖或意想不到的方式提问。

如果采用一些新方法的话,要提前跟学生说明一下。

下面是一些教师在快速提问时使用的新方法:

抽签。找一些雪糕棍,在每根棍子上写下一个学生的名字,放到一个小罐子里,然后任意从里面抽一根,或者在电脑或手机上给每个学生进行任意编号,随意抽取一个号,然后提问这个号码所对应的学生。虽然每次抽的号不一样,但是只有教师自己能看到这个号,因此,教师可以提问自己想要提问的学生!

交头接耳。先找两个学生站起来回答问题,第一个答对的学生可以继续站着,并接受一个新的挑战者进行比赛,最后看一下谁能击败最多的对手。在这个游戏中,不要把时间浪费在谈论答案上,由教师担任裁判!

赢座位。活动开始前,先让所有的学生起立,然后教师进行快速提问,答对的学生可以赢得一个座位(坐下)。老师示意学生坐下时,只需一个手势即可。

反思

为了提升学生的兴趣点（技巧62），想一下，在快速提问时，还可以加入哪些有意思的环节？你认为是否可以把学生们喜欢在网络、电视和操场上玩的一些游戏或运动应用到快速提问中来？

技巧实施

第一次进行快速提问时，可能会让你感到手足无措！因此，在进行之前，应该先写一下如何实际操作，并特别注意，如果学生们不能很好地回答问题，该如何应对。可以按照下列步骤进行练习，在练习的时候最好找一个搭档或一个小团队对你进行指导，并要及时发现练习中出现的问题。

1. 在备新课的时候，找出一到两个可以进行快速提问的环节，来活跃课堂气氛。
2. 确定好快速提问所要考查的内容。
3. 把要问的一系列问题写下来，这些问题一定要具体，并设计好如何为学生提供帮助。
4. 确定好如何进行提问。在快速提问时，是否要让学生们集体回答。
5. 在提问时，采用哪种游戏形式？
6. 如何根据学生们的回答情况判断出学生们的掌握情况？
7. 下课以后，及时进行总结评价，并写出改进心得。
8. 在下次进行快速提问时，如何变换形式？
9. 考虑一下如何在课下时间针对课上所讲的内容进行快速提问。

角色扮演练习

写一个两到三分钟的快速提问方案，来练习前面提到的各种快速提问方法。

相互比较

回顾在之前上课时的快速提问,跟同事分享心得,谈论接下来的备课计划。把之前的教案跟同事分享,并找出至少三个可以进行快速提问的环节:

- 快速提问所涉及的内容?
- 在这个环节进行快速提问有什么好处?
- 需要采用什么辅助手段?
- 采用何种提问方式效果最好?

针对教案写出自己的心得和认识,并在备新课的时候予以参考和借鉴。

利用设计方案

几名同事相互合作,轮流担任教师,其他人扮演学生角色,根据"技巧实施"时所设计的教案进行快速提问。每人进行两分钟,用计时器来控制时间。在每位教师讲完以后,针对下列几点,询问各位"学生"的意见:

- 哪种方式能够更有效地实施快速提问?
- 快速提问是不是有点类似于教学游戏?
- 在这一轮中什么时候表现最好?哪个被提问的问题是设计最好的?
- 哪些问题可以进一步完善?

然后,由"教师"做出反馈,说一下在哪些方面他(她)可以做得更好。

头脑风暴

同事们可以讨论一些别出心裁的提问方式,然后对这些方式进行投票选择。在选择的时候应该考虑以下三个因素:原创性、省时性和可操作性,是否明显好于其他的提问方式。

反思

通过与同事进行讨论，你得到了什么启发？

_____

_____

行动计划

利用该计划表进行"分解问题"练习，根据下列标准进行自我评价：
- 问题简单明了，答案无歧义。
- 快速提问能够调动每个学生的积极性。
- 能够合理控制时间，非常自然地把握提问节奏。

> **我目前做得怎样？**

根据已有的情况制订和改进计划，确定行动周期，按时回顾，进行自我评价。

行动计划（截止日期；练习对象；评价方式）

截止 _____（日期），我将_____

我是怎样做的？

闪光点：_____

存在的问题：_____

改进方案：_____

第八章

让学生勤动笔

技巧37

全班动笔：让学生在写作中培养思考力

概要

书写是进行课堂讨论之前的必要准备，如果每位学生在讨论之前能够将自己的想法打一下草稿再写下来，这不仅对教师授课有好处，对学生本身也是非常有益的。

对教师的好处	对学生的好处
1. 可以根据学生的打草稿情况，有选择地进行提问。 2. 让学生们在讨论问题之前经过认真思考。 3. 通过打草稿，让学生在举手之前先充分思考，从而使更多的学生参与课堂活动。	1. 通过书写，可以想到更多的知识点。 2. 在听同学回答问题的时候，不用纠结于自己的答案，从而可以听得更专心。 3. 学生们可以把自己的观点直接根据草稿读出来，这样在跟同学交流的时候不会出现表达困难。 4. 不管是否被提问到，都能在组织问题答案方面得到一定的锻炼。

基于以上原因，全体动笔和本章所涉及的其他技巧都有助于提高学生的思考比率和参与比率。

> ### 《像冠军一样教学》回顾
>
> 请大家回顾课文第三部分中，道格对于参与比率的相关描述：
>
> 参与比率是用来考察课堂活动参与者及其参与频率的指标，通过提高参与比率，可以让更多的学生尽量地都参与到课堂表达、回答问题、积极思考、写作练习等活动中。思考比率是指学生对于教师布置的问题进行思考时的投入度，学生对所给问题的思考质量如何？他们在形成自己的想法之后草草了事，还是对自己的想法不断进行完善和修正？

反思

教师先提出一个问题，找一名学生进行回答，然后针对这个问题和学生的答案进行讨论。在什么情况下，可能会导致班级的参与比率下降？或者说，在什么情况下，学生的讨论会非常枯燥或者很少有人参与？请写下你的想法，然后与我们提供的建议进行比较。

_____

_____

我们的建议（仅供参考）：在我们根据第一名学生的回答展开讨论时，我们应该向学生暗示，我们想要的只是有名学生给出答案，而不必是最好的答案，其他的学生需要花点时间来整理并形成自己的观点。

基本原理

通过让学生在讨论前先把观点写下来，让学生能够更深入地思考问题，以提高学生的参与质量。如果给学生一点时间思考，学生们的观点会更加完善。在写的时候需要把想法具体地写下来，因此书写也可以提高学生的思考比率。此外，在要求学生书写的时候，每个学生都会参与进来，所以，这个方法也可以提高学生的参与比率。全班动笔也可以让教师能够得到学生的掌握情况（学生们在讨论之前的知识掌握情况）的相关数据，更多信息可以参看技巧41，"先动笔后讨论"。

巡视

在教室内走动（技巧24）的时候，不是仅仅把学生写的内容收集起来，而是要仔细读一下。这样会让你得到一些有效的反馈，从而更有针对性地开展讨论。这比随机点名的方式更好，点名方式的偶然性太强。

进行反思

根据个人情况，给学生布置问题，让学生进行写作，然后利用收集的学生答案完成以下任务：

写出你问的，或者你想要问的问题：

_____

_____

_____

从你收上来的答案中，选出三份，然后考虑一下，针对这三个答案，如何分别展开讨论。或者假设出三个可能的答案，并针对这些答案，考虑如何分别展开讨论。

1. _____

   _____

2. _____

   _____

3. _____

   _____

策划全班动笔

请利用下面所给的方法，进行全班动笔练习。针对每种情况，选择使用的方法，然后根据新课设计一个你将会用于全班动笔的问题，并标明你将使用的方法，并说出你的理由。

1. 是否收书面作业？

（1）把草稿写在作业本的某个地方，教师收齐并打分。

（2）把草稿写在作业本的某个地方，或者写在笔记本上的反思部分，以供教师查看，但是不用收起来。

（3）写在一张草纸上。

（4）其他选择（如果有其他的方法，可以写在下面）。

_____

你要问的问题：

_____

_____

你选择哪个方法，并说出理由：

_____

_____

2. 如何设置问题？

（1）教师把问题写在黑板上，然后学生写下答案。

（2）教师把问题口头读出来，然后学生写下答案。

（3）学生根据自己感兴趣的话题进行书面回答。

（4）其他（如果有其他的方法，可以写在下面）。

_____

问的问题：

_____

_____

你选择哪个方法,并说出理由:

_____
_____

3. 回答几个问题?

(1)一个问题。

(2)三到四个问题。

(3)从三到四个问题里面选择一个。

(4)其他(如果有其他的方法,可以写在下面)。

_____

问的问题:

_____
_____

你选择哪个方法,并说出理由:

_____
_____

4. 所需时间

(1)只需写出开头。

(2)写出论据,并进行论述。

(3)能够得出结论。

(4)其他(如果有其他的方法,可以写在下面)。

_____

问的问题:

_____
_____

你选择哪个方法,并说出理由:

_____
_____

5. 格式

（1）使用完整的句子。

（2）根据要求写句子，比如在句子中一定要出现"腐蚀"和"沉淀"；句子要按照各种格式，如"尽管……，但是……"。

（3）没有格式要求。

（4）其他（如果有其他的方法，可以写在下面）。

_____

问的问题：
_____
_____

你选择哪个方法，并说出理由：
_____
_____

6. 如何开始？

（1）从一个不错的答案开始。

（2）请一位平时不太积极的学生回答。

（3）根据错误的答案。

（4）其他（如果有其他的方法，可以写在下面）。

_____

问的问题：
_____
_____

你选择哪个方法，并说出理由：
_____
_____

实践训练

在备课时准备一个全班动笔环节。在设计中要包括问题、给学生的指令以及自己的注意事项，比如在学生进行书写时，你将关注哪些细节；你将提问哪位学生来开始这个活动。同时，还要考虑如何根据学生的回答组织讨论。

注意事项：
- 让学生明白，通过书写，可以提高思考比率和参与比率。
- 学生可以通过书写来完善自己的观点。

行动计划

利用该计划表进行"全班动笔"练习。利用上面提到的两个关键点进行自我评价。

我目前做得怎样？

根据已有的情况制订和改进计划，确定行动周期，按时回顾，进行自我评价。

行动计划（截止日期；练习对象；评价方式）
截止 _____（日期），我将_____
我是怎样做的？
闪光点：_____
存在的问题：_____
改进方案：_____

技巧38

句子的艺术：磨炼学生审慎的创新思维

概要

所谓句子的艺术，是指教师让学生通过精心组织语言，用一句话来概括结论、表达核心思想或总结一个复杂的意思。顾名思义，只能使用一句话来进行思想和观点的概括，这会促使学生使用一系列的语法形式和词汇。这会增加学生思考和书写的精确性。

反思

自己先写一句话，来描述你的学生的写作情况以及他们可以从中受益的某种专门技巧，比如："我的学生总是写一些僵硬的、重复性的句子，如果他们能丰富他们的句型，比如在句子的开头使用介词短语，他们的表达效果会更好。"

基本原理

在练习之前，要先强调句子表达的重要性，如"我们在写句子的时候，我们的目标是让我们的句子更加漂亮，更加准确"。下面是两位历史老师在进行单句练习时分别给出的要求：

- 请用一句话描述罗斯福总统在就职后的前100天里所做的工作。
- 请用一句凝练的话描述罗斯福总统就职后所面临的问题以及至少写

出两项他在就职后100天内所采取的重要措施。

两位老师在布置任务方面有什么不同？他们对学生提出的要求有什么不同？

_____

_____

在让学生进行单句概括时，我们的指令往往反映了我们对句子质量的要求。由于指令表达方式不同，学生的表达质量、表达形式、切题、问题解决等方面产生的效果也会有所差异。

指令的类型

阅读下面两个指令，并思考后面的问题：

1. 请仔细考虑，并用一句话描述罗斯福总统在就职后的前100天里所做的主要工作，在句子的开始，请使用"针对……情况"。

2. 请仔细考虑，并用一句话描述罗斯福总统在就职后的前100天里所做的主要工作，在你的句子中，一定要出现"新政"。

这两个指令在对学生提出的要求方面有什么不同？

_____

_____

一般来讲，我们把单句概括的指令要求分为三种类型：

1. 特定的句子开头。在写句子时，句子的开头要使用专门要求的短语或句式。

2. 句子包含特定词语。在写句子时，一定要包括要求的词语、短语或观点。

3. 没有句法限制。在写句子时，不必使用某种句型或词语，只需要写出高质量的句子即可。

这三种类型没有孰优孰劣之分，这三种指令的目的不同，对学生的锻炼价值也不同，我们建议可以把这三种指令结合起来。

句子开头

使用特定的字词短语作为句子开头，可以促使学生在写作时使用一些相对复杂的句式结构，还可以让他们的思路更加缜密。请看下面几个例子：

- 请用一句话概括，路加在这一章中所采取的行动及其动机，你在句子的开头要使用"为了调查……"这个短语。
- 请仔细思考，并用一个完整的句子总结这个图表中的数据，你在句子的开头要使用"归根结底"这个短语。
- 请用一句话概括蒙古人在建立一个横跨欧亚大陆的中央集权帝国时所取得的成功，你在句子的开头要使用"在……的程度上"这个短语。

要注意使用不同的方法，让学生借助一些介绍性的短语或副词短语写出更规范正式的句子，这种练习能够让学生养成使用复杂句式的习惯。

特定的句子开头还会促使学生从一个新的角度思考问题。比如，让学生以"与第三章中的措施不同"开头写一个关于路加的句子，这个指令会促使学生对路加在两个章节中所采取措施的差异进行思考，从而让他们从一个更具体的角度思考课文。

假如将下图展示给学生：

请起草两个单句概括练习指令，让学生描写这幅图片的主要内容。这两个指令要求学生分别使用不同的句子开头进行书写，这能促使学生从不同的内容和句式角度进行思考和书写。

在下面的例子中，我们看到，句子开头所要求使用的短语相对较短。

请用一句话描写这幅图片。在句子的开头，要使用"当……从迷雾中出来的时候"这个短语。

请用一句话说出这幅图片想要表达的意思，在句子开头，要使用"当太阳被迷雾遮住的时候"。

句子参数

句子参数是指学生在写句子时，必须要遵循和使用的语言素材，它要求学生在写句子的时候，必须要使用某些特定的字词、短语、观点或遵守其他某些特定的要求，请看下例：

● 请用一句话介绍"斯威夫特认为社会应该对贫穷的孩子采取什么样的政策"，必须在句子中使用"讽刺"这个词。

● 请用一句带有从属连词的句子介绍"斯威夫特认为社会应该对贫穷的孩子采取什么样的政策"。

● 请用一句不超过12个字的句子介绍"斯威夫特认为社会应该对贫穷的孩子采取什么样的政策"。

● 请用一句话介绍"斯威夫特认为社会应该对贫穷的孩子采取什么样的政策"，在句子中要直接引用《野人刍议》的话。

假如将下图展示给学生：

请起草两个单句概括练习指令，让学生描写这幅图片。这两个指令分别要求使用不同的参数要求，从而让学生从不同的内容和句式角度进行思考和书写。

举例

请用一个句子描写这幅画，在句子中一定要使用"讽刺"这个词。

请用一个句子描述这幅画所讽刺的内容，在句子中，一定要使用"栖息地"这个词。

逐渐增加难度

七年级的阅读老师大卫在进行了几个周的单句概括练习之后,进行了一些调整,下面就是他对学生的单句概括指令。仔细阅读,考虑一下大卫通过这种调整是为了培养学生们的哪种技巧。

初期的指令:

拉尔夫的行为如何导致"这种猛烈震荡"?他是如何做的,结果如何?请按照以下格式作答:

因为 _____(拉尔夫的行为原因),_____(拉尔夫行为的结果)。

培养技巧:

_____

_____

一到两周之后,开始练习使用不同的结构、短语和表达方式:

面对杰克的嘲讽,拉尔夫是如何坦然面对的?在你表达时,请在句子开头使用"尽管杰克……"。

培养的技巧:

_____

_____

随着学生们慢慢适应新的句子表达形式,大卫开始提出一些开放式的问题:

请用一句话解释文章这一部分中最重要的写作方式。

培养的技巧:

_____

_____

在学生们能够掌握如何回答开放式的问题之后,大卫让学生们开始尝试用一句话概括多个内容：

请用一句话描述克里斯多夫的父亲当时的感受以及他与父亲面对这种情况时的不同反应。

培养的技巧：

_____

_____

偶尔让学生练习对作者写的一些复杂句子进行释义：

请用一句话对第108页顶部罗瑞用来描述乔纳斯感受的那句话进行释义。写句子之前，一定要先把握这个句子中的关键词，并理解它们之间的关系。

培养的技巧：

_____

_____

你是如何在教学中由易到难地进行单句概括练习的？

_____

_____

单句概括练习

单句概括练习花费的时间较多，尤其在对一些学生所写的句子要进行修改和更正时。因此，在课上进行单句练习时，一定要集中到那些最重要的知识点上。也可以在课堂结束时，进行单句概括练习，作为课堂教学的总结。不管采用哪种方式，应该投入足够的时间。

在准备下周的讲课内容时，如果你认为单句概括对教学目标有益，可以根据下面的设计在教案中加入单句概括练习。

- 标明在哪个部分进行。
- 在进行单句概括练习时，需要重点强调的部分。
- 写出练习指令。

- 考虑如何检查、评估学生的完成情况以及如何改进，从而让学生从中受益。

行动计划

利用该计划表进行"单句概括"练习，根据下列标准进行自我评价：
- 练习指令和要求应当符合学生们的能力水平。
- 这些指令能够促进学生进行更充分的思考和语言运用。

根据已有的情况制订和改进计划，确定行动周期，按时回顾，进行自我评价。

行动计划（截止日期；练习对象；评价方式）
截止 _____（日期），我将_____
我是怎样做的?
闪光点：_____
存在的问题：_____
改进方案：_____

> **技巧39**
>
> 演示提问：实时演示学生答案，给予及时反馈

概要

让学生保质保量地完成书面作业，对他们的学习至关重要。但是，如果教师要对学生书面作业一一检查和点评，需要花费大量时间，这在课堂教学中的可操作性并不强。针对这种情况，教师可以采用演示提问的教学方法。所谓演示提问，其实类似于"冷不防提问"，是指教师随机抽取几位学生的书面作业，并通过投影仪进行展示，然后和全体学生一起进行评阅和点评。演示提问具有如下优点：

- 促使学生尽力去把书面作业做好。
- 可以让全体学生在课堂上完成一些书面任务。
- 让学生学会如何学习、纠错、更新知识以及提高作业质量。
- 能够向学生展示如何更好地完成书面作业，从而让学生及时更正并完善自己的作业。

反思

在课上，你如何让学生保质保量地完成书面作业？在这一方面，你遇到过什么困难？

_____

_____

你是否在课堂中使用过演示提问？在实施过程中，你遇到过哪些困难？

_____

_____

基本原理

遵循"冷不防提问"的原则

"演示提问"其实就是"冷不防提问"在书面作业中的应用，因此，"冷不防提问"的一些方法和原则也适用于演示提问。演示提问应该注意以下几点：

积极性。在大班授课中，很多学生认为演示提问跟点名提问恰恰相反。演示提问是对认真完成作业的奖励，受到学生们的欢迎，教师可以经常进行演示提问来调动学生的积极性。同时，教师还可以让学生对展示的书面作业进行有益的反馈。比如，当教师说"这份作业完成得很好，现在我们看怎样让它变得更棒"时，被展示作业的学生就不会感到紧张，而且能更积极地去接受改错和提高。通过这种方式，学生们可以获得切实有用的反馈，从而更好地完成作业。

全面性。如果在全班范围内进行演示提问，效果更佳。每个学生都有可能被提问，所以他们会更积极认真地完成作业。经过一段时间，学生们会慢慢适应并喜欢这种作业检查方式。

可预见性。要让学生提前知道何时进行演示提问，我们把这种做法称作提前通知。当然，你也可以在进行之前跟学生们说一下。另外一种通知方式是在每节课的固定环节进行演示提问。

准备自己的演示提问

下表中的"问题汇总"总结了在进行演示提问时，必须要做的三个选择：

- 在演示提问时，应该选择什么样的作业？
- 什么时候进行？

- 应该展示多少份作业?

演示提问中的关键点

选什么样的作业	什么时候	展示多少
完成情况好的作业	未写完的	一份
有错误的作业（常见错误）	已经写完但未修改的	多份
有改观的作业（兼具优点和不足）	修改以后	多份

你可以从三种作业中选择进行演示：

完成情况好的作业是指那些内容完整、准确而且有代表性的作业。展示这样的作业可以给学生树立标杆，帮助他们改正错误。（让我们看一下艾利克斯在写作中是如何进行过渡的。）

选择有错误的作业，可以让全班学生认识和意识到错误。（请大家看一下这份作业里，有什么错误。）

选择有改观的作业，既可以让学生看到作业中的闪光点，又可以让学生意识到通过精益求精，可以让作业更好。

另外一个关键问题是如何收取作业进行展示，合理安排收作业的时间但不影响学生作业的质量。

还未等学生做完就收取作业，可以及时给学生提供必要的支持，让学生克服写作中遇到的困难，更好地进行思考。（大家看一下，这是我们到现在为止已经写出来的。）

在学生写完之后但还未修改之前收取作业，可以更全面地看到学生的写作情况。（下面我们来看一下有的同学针对昨天你的练习所写的反馈。）

在学生修改之后收取作业，可以让学生明白，写完作业以后进行检查和修改是非常有必要的，要把一些经过修改之后更加好的作业展示给全体学生。

最后一个问题是收多少份作业。如果想要重点解决一个常见错误或想要突出某位学生的观点，可以只收一份作业。但是如果想要进行比较，来激发学生的想象力和解决问题的能力，可以多收几份作业。

综观以上各种选择，组合一个适合你自己的演示提问方案，看一下哪些选择适合你，能够更好地完成你的教学目标。

_____

_____

演示提问中的两个重要时刻

在演示提问时，这两个时刻的表达和行为是至关重要的。

收作业时

收作业，是指你将某位学生的作业拿走并用幻灯片进行展示。你可能认为这种行为会让学生感到紧张，但优秀的教师可以很自然地完成。一是让学生对此习以为常，二是教师在收取作业的时候要自然，而无须虚张声势，这样会使学生坦然接受。

展示作业时

展示作业，是指将收取的学生作业展示给全班学生，展示方式会影响学生对作业的理解。在准备作业展示时，应对如下几点做出选择：

- 将作业的主人告诉大家，或者匿名展示。
- 展示收取的每一份作业，或者只抽取一部分进行展示。
- 是否直接向学生指出作业中的问题所在。
- 在表扬展示的作业时，是由教师亲自读一下作业的内容，还是让这名学生本人读自己的作业。
- 挨个分析所展示的作业，还是进行横向比较分析，找出这些作业的异同点。在进行横向分析时，可以说："现在我们来看一下这几位同学是如何完成作业的。这是泰瑞的作业，这是塔玛拉的作业，这是查理的，你们认为他们的作业有哪些相似之处？"

反思

分别在哪种场景下，你会：

对作业的主人进行匿名展示，或点名表扬？
_____
_____

是否直接向学生指出作业中的问题所在？
_____
_____

挨个分析作业
_____
_____

对作业进行横向比较
_____
_____

我们的观点：当你在对作业中的错误进行深入分析或纠正时，最好要对作业的主人进行匿名。但是，如果这个错误是一个代表性的错误时，就没有必要匿名了。如果学生缺少作业互评的经验，或者在分析作业时偏离了重点，教师应该跟学生具体说出作业中出错的地方。相反，如果学生有能力发现错误或者已经着手分析相应的错误了，教师就不必直接指出作业中的错误，而是让学生自己去思考和发现。

后续工作设计

演示提问是为了帮助学生提高书面作业质量，因此，在展示完以后，还要进行必要的后续工作。

后续工作多种多样，其中最常见的有两种：修改和规范。所谓规范，主要包括标注并规范句子中的一些格式问题，如标点、大小写、拼写和主谓一致等问题。在规范句子时，老师可以这样说："请重新看一下句子，并把相关的名字进行大写。"规范和修改存在一定的差异，所谓修改，是指让学生对句子进行改写、拓展、更换句型、单词或者意思表达等。在进行修改时，老师可以这样说："请改正句子，并在句子的开始使用unless引导的条件状语从句。"

培养学生"成长型思维模式"

通过书面作业的修改和规范，不仅让学生在学习方面受益，还能对学生的学习习惯大有裨益，其中最重要的一点就是，帮助学生培养卡罗尔·德韦克所说的"成长型思维模式"。在她的著作《心态》一书中，她将其定义为一种信念，即通过努力工作和坚持，人的能力和天分可以得到有效的发展和开发。具有成长型心态的学生往往会把挑战和建设性的意见作为完善自我的契机，他们认为成功就是克服懒散的习惯，不断付出努力，从而超越自己。

起草一些帮助学生培养成长型心态的话，先试着在课堂中讲给学生听，然后再适当地增加。

1."我们很多同学都犯了同样的错误，我们应该从中吸取教训。感谢你们能够把作业跟全体同学分享。"

_____

_____

2."有这么多同学举手，想要对杰拉的作业提供一些建议和反馈，这让我非常高兴。我知道大家都想帮助她做得更好，这也是我们这次练习的目标，让大家相互帮助，共同提高。"

_____

_____

3. "这份作业完成得非常棒,但是我们可以让它变得更完美,哪位同学想要提一些好的建议?"

_____
_____

4. "我看到很多同学在听完哈马尔的反馈后,都在尽力地读课文,这正是我希望大家做的。"

_____
_____

5. "基拉和凯文能够把他们修改后的作业跟我们一起分享,确实是非常有勇气。在我们观看之前,请先为这两名同学鼓掌。"

_____
_____

如何帮助学生修改作业

从下面的例子中选出两个,至少将其中的一个进行改编并应用到你的课堂中,再根据使用的情况自己想几个例子。

1. "请在句子中加入一个同位语。"(例如:将Gandi had an impact变为Gandi, a pacifist and important leader, had an impact.)

2. "请用一个从属连词引导这个句子。"(例如:if, unless, after)

3. "我们如何修改这个句子?"

4. "请在句子中加入一个独立从句。"(例如:Until the sun sets或unless molecules collide.)

5. "我们可以从(课文、故事、科普文章)中找到哪些词让我们的表意更具体。"

6. "请标出你作业中的代词,并用两个更具体的词来替换它们。"

7. _____

8. _____

9. _____
10. _____

案例分析：中学的物理课

阅读下面的案例，并写出你发现的优点和不足，并与我们的点评进行比较。

特拉弗斯老师在课堂给学生布置了这样的任务：请认真思考，并用一个合适的句子回答这个问题：当容积增加的时候，圆柱形容器中的气压会出现什么样的变化？为什么？

她希望得到的回答是：随着容积的增加，气压会减小，因为容器中会有更多的空间供空气粒子移动。

代表性的回答有可能是这样的：随着容积的增加，气压会减小，因为容器中会有更多的空间供空气粒子移动，从而减少了对容器的撞击。

杰米里给出的回答是：随着容积的增加气压会减小因为容器中会有更多的空间供分子移动这样分子就不会像之前那样碰撞圆柱体和容器。

特拉弗斯老师：（在教室中四处走动，并停下来读出了杰米里的回答）我能否把你的作业跟大家一起分享，让我们一起把你的回答变得更棒？

杰米里：没问题。

特拉弗斯老师：（把作业放到投影仪上）杰米里的回答很好地解释了为什么随着容积的增加，气压会降低。下面我们来一起让他的回答更准确、更完美。杰西卡，你有没有让这个回答变得更加完善的建议？

杰西卡：他忘了在"随着容积的增加"的后面，还有"供分子移动"前面加逗号了。

特拉弗斯老师：谢谢杰西卡！稍后我们会在杰米里的句子里加上标点符号。现在，让我们看一下他的语言表达中是否有一些不太恰当的地方。大家看一下，在他的句子里，哪一部分其实并没有提供新的信息，而只是重复？

杰西卡：我们可以把"圆柱体"去掉，因为圆柱体和容器指的是同一个东西。

特拉弗斯老师：很棒！杰斯，你认为空气分子是否有更加具体的名字？

杰斯：可以把分子换成空气粒子。

特拉弗斯老师：为什么？

杰斯：因为刚才您在要求里提到的这个问题是关于气压的，所以这里应该是空气粒子。

特拉弗斯老师：科尔，你觉得是否有一个更好的表达方式来替代"不会相互碰撞"？

科尔：我们可以把它替换成"减少撞击"。

特拉弗斯老师：减少跟什么的撞击？

科尔：减少跟容器的撞击。

特拉弗斯老师：那么你们觉得这个短语"像之前那样"怎么样？

杰里米：这个短语有点多余，可以删掉。

特拉弗斯老师：很棒！现在我想让大家重新写一下这个句子。回顾一下刚才我们所说的，并把不必要的单词去掉，让你的句子更完美。

闪光点	待改进之处
特拉弗斯老师在如下几点做得不错：	希望在下次练习的时候，特拉弗斯老师可以尝试：

案例点评

在大部分时间里，特拉弗斯老师的问题能够让学生积极参与，主题相对集中，并具有创造性。当话题出现转移的时候，她能够及时掌控并回归中心。她没有让学生们各抒己见，而是一切为了完善这个句子。比如，当有位学生说减少撞击时，她要求学生明确是在容器内，这个必要的补充使答案更加具体。

在第一次提问的时候，特拉弗斯老师的问题并不是特别具体（"有没有让这个回答变得更加完善的建议"），从而让学生进行了不相关的讨论。如果一开始的提问就像第二个问题那样具有针对性，那么效果会更好。此外，如果她能够选择一份问题相对较少的作业，只是让学生们改正其中的一个错误，效果会更好。最后，在让学生修改句子时，应该问一到两个问题，从而让学生们更加清楚他们如何修改，比如：

特拉弗斯老师：现在，我想请大家把自己的句子也完善一下。首先，看一下自己的句子，然后去掉哪些部分呢？科尔，请说一下！

科尔：不必要的单词和短语。

特拉弗斯老师：我们如何判断哪些单词或短语是不必要的？梅根！

梅根：因为这些单词和短语没有传递新的内容，是多余的！

特拉弗斯老师：哪些单词是重要的？杰斯！

杰斯：空气粒子、撞击、容器。

特拉弗斯老师：很棒！看我的手势，开始修改吧！（打手势）

技巧实施

根据下列提示，制订自己课堂上演示提问的实施计划。在制订计划时，应该使你的计划做到如下几点：

- 明确学生的任务。
- 明确地向学生表明演示提问的目的和意义。

- 实施过程要简洁清晰（尽量控制在两分钟之内）。

_____

_____

如果条件允许，最好与同事合作，并征求意见反馈。

角色扮演练习

在练习时，你可以利用上文提到的案例进行角色扮演。

一位中学物理老师问学生："请认真思考，并用一个合适的句子回答这个问题：当容积增加的时候，圆柱形容器中的气压会出现什么样的变化？为什么？"

她的目标答案是："随着容积的增加，气压会减小，因为容器中会有更多的空间供空气粒子移动，这样空气粒子间的撞击就会减少。"

在学生写句子的时候，教师要四处走动，并看一下学生写的句子。

看一下学生们的句子案例并选择一个，与同事进行演示提问练习，收集反馈意见并积极采纳，最后互换角色，重新进行。

收作业：

改错的重点：

_____

_____

收取什么样的作业？完全正确的、有错误的，还是经过改进的？

展示作业：

是否匿名？是否让学生读出句子？

要问的问题：

_____

_____

后续工作：

_____

_____

行动计划

利用该计划表进行"演示提问"练习，根据下列标准进行自我评价：
- 在展示作业时，能够营造一种积极的氛围（技巧58）。
- 作业修改和后续工作切实可行、效果明显。

我目前做得怎样？

根据已有的情况制订和改进计划，确定行动周期，按时回顾，进行自我评价。

行动计划（截止日期；练习对象；评价方式）
截止 _____（日期），我将_____
我是怎样做的？
闪光点：_____
存在的问题：_____
改进方案：_____

> **技巧40**
>
> 培养耐力：教会学生耐心对待一切对学习有价值的事情

概要

"培养耐力"是指通过练习，逐渐增加学生的写作时间。

在课上或课下独立完成一些高要求的写作任务时，需要学生们能够在一定的时间要求内，比如5分钟、10分钟、20分钟或者更多的时间，将他们的观点和想法写下来。但是，很多学生在一开始的时候，并不能保持长时间的高质量写作。在课堂中进行短文或读后感的写作时，学生们往往不到5分钟就写不下去了。这就像你让学生们跑一万米，结果他们连一英里都坚持不下来。这就需要对学生进行耐力训练，其目的是通过规定一定时间内的不间断写作，逐步培养学生们的"写作耐力"。一开始可能只规定1分钟的时间，然后慢慢延长时间。

"培养耐力"的目的绝不仅仅是教给学生不间断写作，而是让学生们能在长时间内进行高质量的思考型写作。

反思

对学生而言，为什么很难在规定的时间内进行连续性的写作？他们的哪些行为使他们坚持不下来？如果学生们不能在规定的时间内进行思考型写作，这对教学要求会产生什么影响？

_____

_____

基本原理

"培养耐力"的意义在于帮助学生保持长时间的注意力集中，并能够稳步地把他们的想法写出来，但这并不意味着学生们要一直不停地写。恰恰相反，擅长写作的人经常会停下来对自己写的东西进行反思，他们有时候甚至会凝视窗外。

为了更清晰地理解"培养耐力"，我们建议，你不妨先不要去考虑"慢速写作"（技巧38，句子的艺术）的好处，而是先训练学生克服写作中的心理障碍，这些心理障碍往往成为学生进行大量写作的绊脚石。

一份好的期末考试卷，要求学生们在写作时，既要深入思考，还要长时间保持注意力，我们在课堂中也该如此。

因此，在进行写作耐力训练时，要让学生先进行"不间断写作"，即在规定的时间内，不要停笔，并在教室内四处走动，进行必要的指导，帮助学生们保持耐心。

次数和计时

写作耐力的培养需要通过稳定、有规律的练习，比如每周进行2~3次，开始的时候每次1~2分钟，然后延长到5分钟。

告诉学生开始，并进行及时反馈。这可以提醒学生们，耐力练习是有备而来。他们并不是为了写而写，"如果写得不好，就要一直修改，这是为了督促你们在写作时要积极思考"。如果你经常进行"演示提问"（技巧39），可以把演示提问中发现的一些写作作业作为写作练习的材料。

关注过程

要警惕橡皮擦，因为它往往会成为写作过程中分心的诱因。写作中固然需要用橡皮擦改错，但有时候，它却会使学生们分心。对于那些容易被橡皮擦分心的学生，你可以这样说："现在先努力去写，写完以后我会给你留出修改的时间。"

如果不能确定学生在听到你的指令"开始"后会马上投入写作,你可以先就他们要写的内容提问几个问题或来一个快速的集体讨论,也可以读一段与写作有关的课文。

随着写作的进行,你要在教室内四处走动,并让学生知道你在观察他们(技巧51),并说一些督促性的话,比如"我要看到所有人的铅笔都在动",这可以让那些分心的学生动起来。对那些集中注意力、努力书写的学生提出"准确表扬"(技巧59),从而提高全体学生写作的积极性。

时常提醒学生剩余的时间。最后,要对学生们在写作练习中的成功表示祝贺。

突破障碍

很显然,有些学生在保持写作方面会存在一些困难,而这些学生往往会从"培养耐力"练习中收获最多。要对他们进行鼓励,但要严格要求。可以给他们设定一些适中的目标(比如"看一下能够写满这一页"),看一下下面列出的各种写作练习中遇到的情况,并在每种情况后面再补充一条。

不知道写什么。

_____

_____

学生说他们"需要休息一下"。

_____

_____

在时间结束前就已经提前完成了。

_____

_____

写了又擦，擦了又写。
_____
_____

一直纠结于个别字词。
_____
_____

放下笔，问与主题不相关的问题。
_____
_____

放下笔，与同学窃窃私语。
_____
_____

《像冠军一样教学》回顾

在"稳定学生的写作"这一部分，道格回忆了他的老师向全班同学朗读他的日记时的一幕。在你进行"培养耐力"练习时，也可以借鉴这种做法，学生们可以从好的范文中大受裨益。

行动计划

利用该计划表进行"培养耐力"练习，根据下列标准进行自我评价：

- 每名学生都能在规定的时间内保持写作。
- 写作时间逐渐延长。

我目前做得怎样？

根据已有的情况制订和改进计划，确定行动周期，按时回顾，进行自我评价。

行动计划（截止日期；练习对象；评价方式）
截止 ＿＿＿＿＿＿（日期），我将＿＿＿＿＿＿＿＿＿＿＿＿

我是怎样做的？
闪光点：＿＿＿＿＿＿＿＿＿＿＿＿＿＿＿＿＿＿＿＿＿＿＿
存在的问题：＿＿＿＿＿＿＿＿＿＿＿＿＿＿＿＿＿＿＿＿＿
改进方案：＿＿＿＿＿＿＿＿＿＿＿＿＿＿＿＿＿＿＿＿＿＿

技巧41

先动笔后讨论：留足时间，确保学生思考的严密度

概要

很多老师都把写作任务作为课堂教学的高潮部分。学生们往往在刚开始上课时先读一篇课文，听取一个简短的讲解或做一个实验，然后就学习的内容展开讨论。最后，通过写作的方式对之前的学习活动进行反馈。"先动笔后讨论"要求学生在学习过程结束后、展开讨论之前就要把他们的观点写下来，这样能够有效解决上述的问题。虽然在之后的讨论中，他们仍能从同学那里获得信息，但是你和学生都能对他们的自主学习情况有所了解，这会让你和学生们认识到他们能否进行独立思考。

反思

持怀疑态度的人可能会说这无关紧要，他们认为只要学生能够学习这些材料，通过什么方式学习并不重要，你对此有何看法？

_____

_____

我们的观点：如果学生过于依赖讨论，他们的思考就会缺乏独立性。有时候借鉴别人的观点固然是好，但在大学阶段，学生们需要通过他们的独立阅读和独立学习行为，如做实验、做研究等，来获得自己的认识。

基本原理

"先动笔后讨论"虽然以"全班动笔"（技巧37）为基础，但两者存

在差别，因为后者是给学生时间来梳理他们的思路，并用书面的形式把他们的想法写出来，从而进行讨论——这是一种提高学生积极性的有效方法。与之相反，"先动笔后讨论"旨在帮助教师获取学生的学习数据，并利用更细致的方法来检验学生的理解情况。

"先动笔后讨论"强调的是在阅读或其他学习活动结束后，立刻进行写作。为了便于理解，我们把所有的学习活动都归类为"阅读"，因为阅读是检验学生归纳意思能力的最常用方法。当然，除了阅读之外，还有其他的方式：

- 讲述一些重要的文件，如政治卡通画。
- 分析图表。
- 做实验。
- 看视频。
- 演示。
- 情景表演或话剧表演。

通过让学生先读、再写、后讨论，可以让你发现学生们能否独立地理解材料内容。也就是说，把原来的"阅读—讨论—写作"步骤替换为"阅读—写作—讨论"步骤。

技巧运用

按照下列方式设计你正在准备的教案：

1. 找出某个知识点，要求你的学生在讨论之前先把他们的答案写出来。

- 你要问什么问题？你想对哪些方面进行评价以及收集哪方面的数据？
- 学生们要把观点写在哪里？（笔记本、表格或空白处）
- 你对他们的写作有何要求？（速写，详细地写，使用结构完整的句子，还是段落写作）
- 你会收取他们的书面作业吗？在追踪时（技巧4），你是否会在教室内四处走动以便巡视（技巧24）？

2. 设计你的讨论问题，考虑一下，如何通过讨论对学生在之前的阅读中获得认识给予支持？

3. 设计最后的评价问题，你如何保证这些问题能够对学生在讨论中总结观点的能力进行评价？

行动计划

利用该计划表进行"培养耐力"练习，根据下列标准进行自我评价：

- 你和学生都能感到有所收获。
- 让自己和学生们都对学过的东西有着更清晰的理解。
- 提高学生通过阅读或其他活动进行学习的能力。

我目前做得怎样？

根据已有的情况制订和改进计划，确定行动周期，按时回顾，进行自我评价。

行动计划（截止日期；练习对象；评价方式）
截止 _____（日期），我将_____
我是怎样做的？
闪光点：_____
存在的问题：_____
改进方案：_____

第九章

通过讨论
提高课堂参与度

技巧42

讨论的习惯：让讨论富有成效和乐趣

概要

讨论的成效通常是参与者的具体行动的结果。例如，让交谈获得有效性的人，不仅是因为仔细聆听而做到这一点，还因为他们会显得自己听得很认真，如偶尔总结其他参与者的意见，或在表达自己观点时努力建立与其他观点的联系。良好的讨论技巧并不是"自然产生"的，如果想开展成功的课堂讨论，就有必要有意识地将其逐渐灌输给学生，这一过程我们称之为"讨论的习惯"。这一技巧的目标就是要建立一套规范化的课堂讨论的基本原则，使课堂讨论更加有用、有趣、有衔接性、有效。

《像冠军一样教学》回顾

正如在第七章和第八章中介绍的教学技巧，我们在课堂上讨论技巧的目的在于增加学生对课堂活动的参与度和增加学生的学术思维。道格在对第九章的介绍中写道："通过课堂讨论提高课堂参与度。"

课堂比率是确保课堂思维训练的过程，它属于学生，其目的是让学生时刻做好准备回答问题、吸收或发展知识并修正观点。课堂比率由两个独立的部分组成：参与比率和思考比率。

反思

在你看来，课堂讨论的目的是什么？
_____
_____

最近，你班级里的课堂讨论怎么样？
_____
_____

我们的观点（你可能有不同的观点）：讨论应该是一群人为了发展、修正一个或一组观点，并为了将其情景化而做出的共同努力，这不同于有时被称为讨论的一系列发生在同一个教室、联系松散的意见。

基本原理

以下四个方面可以帮助你建立讨论的习惯。

讨论的基本要素：声音、追踪、名字。

为了拥有有效的讨论，你必须建立坚实的基础。这听起来很简单，例如说话者声音要足够大，能让人听见。当学生们养成了注视说话者的习惯，他们就会听得更加认真，从而听到更多信息，并展示他们认为很重要的信息（见技巧47，行为教导）。称呼说话者的名字，回复他们，这样做可以提醒正在讲话的学生，他们不仅是在对教师说话，同时也要让其他同学听到。这些很容易被忽视的方法能够提高课堂讨论的水平。

延续法

后续的提问和后续的提示可以促使参与者在讨论中认真聆听其他人的意见，后续提问要求学生对其他学生说过的话进行回应。（我们在"冷不防提问"，技巧33，这一章讨论过这个问题，但是后续提问或提示并不是"冷不防提问"。）后续提示的指导作用要少于后续提问，它最大程度上保持了良好的沟通，让学生设法独立解决问题。

下面是后续提问和后续提示的例子，你可以自由地添加自己的例子。

后续提问	后续提示
"艾伦，你同意凯特的看法吗？" "阿奇拉，谈谈你对本说过的话的看法。"	"艾伦，多讲一些。" "本，证据呢？" "安德烈，在这个基础上再谈谈你的看法。"

在哪种情况下，你会选择后续提问？在什么情况下，你会选择后续提示？

_____

_____

句子开头

教会学生使用句子开头，在讨论中可以作为开篇语，将之前的讨论与将要进行的教学任务联系起来，这可以帮助学生连贯地讲话（之后连贯地写作）。

管理元话题

管理元话题的意思是在构建对话的过程中，明确地引导学生，使用反馈和示范的方法，训练他们进行有效的课堂讨论——这种讨论要证据充分，或者坚持讨论的重点，而不是每评论一次就换一个新的话题。一旦出现了"盒外讨论"的观点，我们会认为管理元话题的一个优点就是它能规范化课堂讨论，使讨论的重点一直放在重要的话题上，我们把这个过程称为"盒子里面的讨论"。

> **《像冠军一样教学》回顾**
>
> 道格关于"管理元话题"的内容讲的是在一节历史课上,当一个学生将话题引入不相关的内容时,历史教师瑞安·米勒是如何把讨论放在"盒子里面"的:
>
> 威廉斯堡大学的历史教师瑞安·米勒最近上了一堂课,在课堂上,学生正在研读有关泰迪·罗斯福总统介入巴拿马运河修建的原文件,一名学生评价罗斯福声称美国不介入的目的是隐藏政府的真实意图。这堂课采取问答式讨论,瑞安让学生相互直接回答,而他自己则在大多数时间里都不参与。尽管瑞安不大参与观点内容的讨论(例如,"文件里并没有这样说,再读读看"),但是,同本章开头的瑞·拉雷特一样,他非常乐意调动讨论的活力,维持讨论的秩序。
>
> 此时他正是这样做的。后一名学生的意见转向了一个全新的话题,于是瑞安便说道:"说得很有趣,不过,在开启下一个话题之前,我希望听到大家对萨拉的意见发表看法。"这就是我说的管理元话题。瑞安认识到,其作用在于对一系列相关联的意见进行发展和拓展。要做到这一点,有时需要把讨论放在"盒子里面"。

技巧实施

努力思考、设计你要说的话,向学生介绍有效讨论的特点和优点,并且说明哪些共同行为会带来有效的讨论。

_____

_____

深思熟虑，设计向学生介绍"讨论的基本要素：声音、追踪、名字"的基本原理的方法：每种要素都包含哪些内容？为什么这个要素很重要？

声音：_____

追踪：_____

名字：_____

练习介绍的过程，如果有条件的话，将自己练习的过程拍成视频。

_____

_____

句子开头

这里列出了一些句子开头，你可以给学生做示范或要求学生使用。思考并记录每个开头使用的范例，你可以增加一些你自己的例子。

句子开头	使用目的
"我理解你这么说的原因，但是……"	
"我想到一些类似的内容……"	
"那个……还有另外一个例子。"	

续表

句子开头	使用目的
"没有考虑到的事情是……"	
"根据你所说的……"	
"我对那个问题的理解有所不同……"	

思考一下该如何向学生介绍这些句子开头，挑出你想最先介绍的一些，独自练习，或与同伴练习。

延续法、句子开头和管理元话题

进行如下计划，保持讨论的有效性。

关于如何持续将讨论放在"盒子里面"，你将做什么示范，或对学生说什么？

为了鼓励学生使用句子开头，你将做什么示范，或对学生说什么？

你会在什么时候使用后续提问或后续提示？

_____

如何确保学生们互相聆听对方的观点，并互相评价观点？

_____

你如何保持积极架构，用建设性的反馈激励学生？（见技巧58，积极架构）

_____

行动计划

使用下列行动计划，继续进行"讨论的习惯"技巧的练习，用下列成功标准评价你对技巧的掌握。

- 学生大声发言、追踪讲话者，使用对方的名字。
- 他们可以将现在的评论与之前的评论联系起来。
- 课堂讨论越来越能够坚持目标。

我目前做得怎样？

根据已有的情况制订和改进计划，确定行动周期，按时回顾，进行自我评价。

行动计划（截止日期；练习对象；评价方式）

截止 _____（日期），我将_____

我是怎样做的？

闪光点：_____

存在的问题：_____

改进方案：_____

技巧43

转身讨论：提高学生参与课堂的积极性

概要

所谓转身讨论，是指在上课时，让学生两两组合，就一个问题展开讨论，这是一种非常常见的教学方式。如果使用得当，这种教学方式可以最大程度地提高学生们的课堂参与度，并加强他们的思考深度。这种方法还可以培养学生们的思维缜密性和自信心，这有助于他们取得更好的学习成绩。

在采用这种教学方式时，需要一定的技巧进行监控和把握，否则学生们可能把这个活动变成毫无意义的闲聊，不仅不利于学习，而且还有可能造成一些误解。因此，对该教学活动应精心设计，认真准备，从而提高学生参与时的责任心和积极性，从而达到最优效果。

反思

回忆你使用过或见到过的转身讨论教学经历，各举一例效果好的和不理想的经历，并总结出两者的差异之处。

_____

_____

基本原理

接下来，我们将首先探讨转身讨论的使用方法，然后我们再介绍其他一些技巧，使"转身讨论"更加有效。

转身讨论的用法

跟其他教学技巧一样，转身讨论也是以为了在课堂教学中达到某个教学目的，并最终帮助学生实现预定的学习目标，"转身讨论"有助于实现以下教学目标：

全体参与。转身讨论通过每个学生的参与，提高他们的学习热情和参与度。

回顾知识。在转身讨论中，当学生在向自己的搭档描述某些基本概念、定理或概念时，可以对这些知识进行复习巩固。

拓展思维，完善观点。通过转身讨论，可以让学生把他们的想法进行提前演练，把一些想法转化成观点，并完善自己的语言，使之更准确具体，这对减少学生错误、提高自信心非常有帮助。翻开你将于下周用到的一到两天的教案，看一下是否可以把转身讨论运用到你的课堂中，达到上述的某种功能，以更好地实现教学目标。

有效性和责任性

要保证学生能够更好地参与到转身讨论中，首先要保证该方法的有效性和责任性。

结对分组。为节省时间，要对学生提前进行两两分组，这样可以避免学生临时找搭档时可能会遇到的尴尬（比如，有的学生可能会临时找不到搭档）。切忌采用固定的同桌搭档，尤其是可能会存在调位或某些学生出现缺席时。

开始提示。转身讨论的开始方式会影响其开展状况。如果学生们只是采取观望的态度，根据其他小组的进展状况决定自己何时进行讨论，则会影响该活动的质量。因此，在转身讨论开始之前，教师应该给出明确的信号，比如"开始吧"或者"现在请开始讨论"等，以便让学生积极投入到讨论中去。一个好的教师，应该能够非常合理地安排讨论顺序，也就是说，他不仅要让学生明确开始讨论的时间，还要让学生明白谁先开始说，从而保证两位搭档能够在讨论中达到平衡，轮流发问，轮流倾听。不管采用哪种方法，最好能够坚持，这样才能让学生形成习惯从而快速进行反应，以提高讨论的质量。

结束提示。在讨论结束时，如果教师能够给出明确的结束提示，可以让学生们更好地结束讨论，并将讨论中得出的一些观点运用到下一个任务中。当学生们在讨论中分享自己的一些观点时，他们也可以收获一些新颖的观点。在进行结束提示时，常用的做法是倒计时，（"请大家在三秒钟以后结束讨论，三、二、一"），甚至也可以打一连串的响指，提醒学生们做好结束的准备。跟开始提示一样，在进行结束提示时，也要尽力保持方式的一致，从而让学生养成习惯。

把握波峰时机。转身讨论的目的不只是讨论活动本身，而是让学生能够尽可能地参与进来，营造积极的氛围，并形成一些观点，以运用到之后的各项任务中。在转身讨论达到波峰时，及时结束，会让学生感觉意犹未尽，并激发更强烈的求知欲。

明确时间限制。为转身讨论设定具体的时间限制，有助于明确讨论的重要性和目的性（参见技巧30，认真安排时间）。在学生讨论时，教师可以使用计时器来明确时间，控制课堂节奏，同时，在学生进行热烈讨论时，教师可以听一下他们的讨论内容。明确时间限制，也可以帮助学生们更好地控制他们的讨论节奏。

除上述方法以外，你也可以采取以下方法，来提高转身讨论的效率和质量：

采用"冷不防提问"（参见技巧33），让学生意识到教师随时可能让他们分享他们在讨论中的一些心得和收获。

将转身讨论转化为"转身完成任务"，在这个过程中，每位搭档都要动笔写下一些内容。比如，你要求："请用一分钟的时间写出这首诗中的三个最重要的意境，我会请几位同学分享你们的最佳答案。所以大家要准备好，开始吧！"通过给每名学生布置作业，可以让搭档们一起更认真地完成任务。一年级老师希拉里·刘易斯在讲对称时曾用过这种方法，在开始转身讨论之前，她先让一名学生在黑板上一条直线的上方画了一个图形，然后让他的搭档在直线下面画出这个图形的对称图形。她希望通过这种方法，让每个学生都能参与进来。

反思

在进行转身讨论时，你认为通过学生的哪些言行来判断他们能够真正地参与进来？请将你的观点与我们的观点进行比较。

学生的行为	学生的用语

我们的观点（仅供参考）：通过学生们的以下行为，可以进行判断：能够跟搭档进行交谈，并合理分配时间；两人能够面对面，并有眼神交流；通过点头或摇头，对对方的观点给予认可或否定；能够及时做一些笔记。能够认真参与讨论的学生，往往会这样表达："我明白你的理由，但是……""我也是这么认为的……""你并没有考虑到……""噢对！我之前并没有想到这一点……""这个观点非常好！""你为什么……？"或者"根据你说的这一点……"

深入分析：讨论之后，提高任务的严格度

有效的"转身讨论"只是为之后进行更严格的学习任务做好准备，通过"转身讨论"，可以让学生练习发表观点，完善思维，整合观点，并将其

应用到接下来要求更高的学习任务中。实际上，转身讨论结束之后的教学活动跟转身讨论活动本身同等重要。下图展示了教师们在转身讨论活动结束后的教学安排，旨在提高学习要求，并帮助学生完成既定的教学目标：

讨论之后，提高任务的严格度

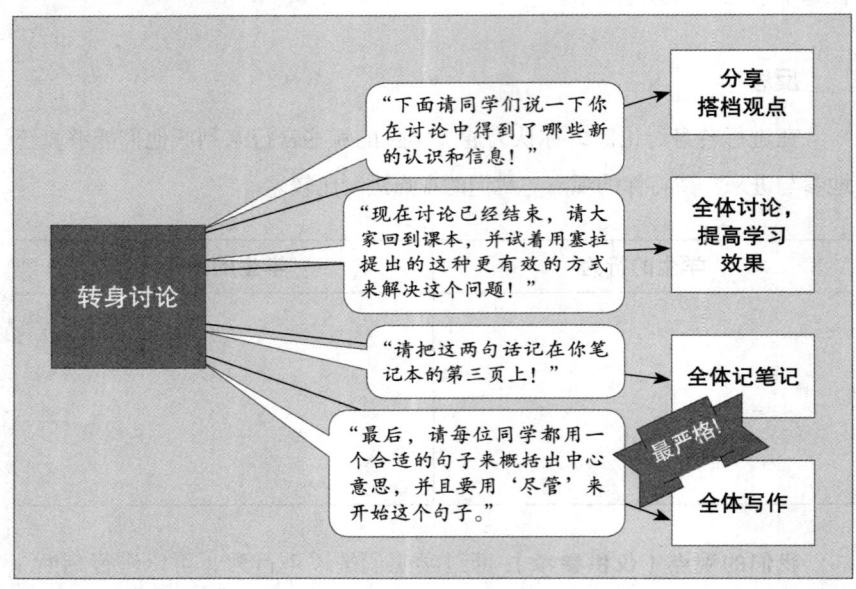

分享搭档观点。在转身讨论结束后，可以让学生们分享搭档的观点。这种方法可以让学生意识到，转身讨论的目的并不仅仅是让学生们练习发言和表达自己的观点，还要学会吸收他人的观点。

通过全体讨论，提高学生水平。先让全班学生展开讨论，然后再通过掌握正确答案、理顺思路，或者修改书面作业来提高他们的学习质量。这种方法要求学生不仅要倾听各自的观点，还要利用他们在讨论中的收获来完善他们的作业。

全体记笔记。在转身讨论活动结束后，可以让学生们分享他们从中学到了什么，并将他们在同学讨论中的收获和知识写在笔记本上。比如，你可以让学生"将两位同学的观点写在笔记本的第五页上"或让学生"把其他学生列举的课本第34-36页上,人类发现的所有可再生资源记在笔记本上"。

全体写作。首先进行全体讨论,让学生们分享观点,完善认识,然后再让学生们写下他们在讨论中发现的最重要的观点。比如,在让学生们讨论完各种形式的能之后,让学生"用一个句子概括出动能和势能的区别"。

设计练习方案

根据下面模板准备自己的转身讨论方案。如果条件允许,可以跟同事对自己的备课方案进行讨论商议,并使之完善。

转身讨论设计模板

授课目标	
转身讨论的首要目的	☐ 全体参与? ☐ 回复知识? ☐ 完善观点?
转身讨论的问题	

续表

活动开始前	我会：	学生们：
活动进行中	我会：	学生们：
活动结束后： ☐ 分享观点？ ☐ 讨论提高？ ☐ 记笔记？ ☐ 书写练习？	我会：	学生们：

转化为"转身完成任务"

请在下面写出你如何将转身讨论转化为"转身完成任务",并与同事分享你的方法。

如果条件允许,可以跟两位其他同事进行"转身完成任务"练习,并及时收集反馈建议,修改不足,使之完善。

如果能够完成以下目标，说明完成的情况良好：
- 有明确的互动预期和目标。
- 学生们能够完成某种类型的书面作业。

技巧实施

请写一下你将如何向你的学生介绍"转身讨论"这种活动。在教学实施中，应该注意如下几点：
- 针对活动之前、进行中和活动之后这三个方面，制订明确的目标要求。
- 能够积极、有效地向学生传达转身讨论的方法理念。
- 活动高效简洁（最好控制在两分钟之内）。

如果条件允许，最好能够跟同事合作，并及时收集反馈意见。

角色扮演练习

回顾转身讨论方案，与同事组成四人小组（一名教师，两名学生，一名指导者），练习转身讨论之后的活动安排，或者与同事就整个流程进行练习。

在教师练习完以后，担任指导者的同事要给出意见反馈。根据指导者的建议进行修改，并重新练习。

注意事项：
- 转身讨论的主要目的是提高学生的学习效率和认真程度。
- 在讨论结束后，要布置要求更高的任务。

行动计划

根据下面的计划表进行转身讨论练习，根据前面所述的标准进行自我检测。

我目前做得怎样？

根据已有的情况制订和改进计划，确定行动周期，按时回顾，进行自我评价。

行动计划（截止日期；练习对象；评价方式）
截止 _____（日期），我将_____
我是怎样做的？
闪光点：_____
存在的问题：_____
改进方案：_____

技巧44
分组讨论：给学生更多讨论的主动权

概要

出于种种原因，教师在每个小组讨论结束之后，都要进行适当的点评。但是，如果你让学生讨论的目的之一是为了提高学生参与讨论的主动性和自觉性，那么教师就没有必要在每个讨论之后都进行点评了。分组讨论这种教学技巧可以帮助教师很好地掌控讨论活动，而又无须频繁点评。让学生之间相互点评，可以让学生即使在教师不在场的情况下也能很好地参与到课堂讨论中，而且这些点评需要经历由简到繁的过程。

反思

在你的课堂教学中，学生们是否经常对其他学生的作业进行点评？这是否达到了你的预期？

基本原理：帮助学生展开讨论

即使在大学里，如果学生们的讨论偏离了主题或者没有一定的要求，也会变成毫无建树的口水战或者诡辩。在开始使用相互评论时，教师需要给予足够的指导，并进行反复的练习，因为这种方法的目标不是仅仅让学生们多张嘴说话。通过针对性的练习，即使是低年级的学生也可以掌握一定的讨论技巧，并进行一些复杂的思想交流。

提出要求

在向学生介绍这种方法时，应该简要告诉学生如何掌控自己在讨论中的行为，比如"准确的表达形式"（技巧14）。在开始阶段，你应让学生知道，他们观点的对错都不重要，而且，也不必要求他们的观点一定要得到其他人的认可。同时，还要为他们提供必要的提示，以保证他们不会跑题。此外，还应要求学生们在点评时，要针对前面发言者的话题。

开始和计时

当某个问题或观点值得大家讨论时，不妨尝试一下分组讨论。当一个重要问题出现时，你希望学生们在没有你的帮助下，针对这个问题进行讨论，但是只有当学生们进行必要的练习后，他们才能在课堂上运用这种技巧。

分组讨论一旦开始，就要考虑如何结束，也就是说，你应该对这个活动设定时间限制，或者当活动的目的实现以后，就可以叫停了。明确活动的时间和目标，可以让学生们充分利用好这种活动。比如，你可以说："请看这一幕。当奥赛罗看到这块手帕时，他有何感想？现在给大家两分钟的时间，你们可以展开自由的讨论。苏珊娜，不妨由你来开个头吧！"或者你也可以这样说："请看这一幕。当奥赛罗看到这块手帕时，他有何感想？我想听一下你们对这个问题的看法，当然，如果你跟其他同学有不同的看法，也可以说出自己的理由。苏珊娜，不妨由你来开个头吧！"

选择说话者

当我们决定在不予点评的情况下让学生展开讨论时，我们往往会放任自由，让他们自己决定谁先开始。我们建议，在这个问题上，要持谨慎态度。即使你不对学生们的讨论作任何评论，也应该对发言的顺序进行干预。这样会避免一个尴尬的情况，即有的学生滔滔不绝，而有些学生因为害羞却一言不发。如果你能指定说话者，就会把那些不想发言的学生带动起来，从而不会使分组讨论变成一些活跃的学生的独角戏。在此，你要向学生示范如何在讨论中兼顾双方。

日常练习

学生们会通过长时间的简短练习学到讨论的技巧。如果你感觉能够很好地掌控，不妨每天都抽点时间让学生进行分组讨论练习，但是练习最好要简短一些，即使是这种经常性的简短练习，也能让学生有巨大的进步。

有所学校的校方要求老师们每天都要在每节课上花一分钟，说下面的话："现在轮到你们讲了！请就这个话题进行讨论，开始！"你也可以考虑在你以后的课堂中加入这种做法。根据从结果开始（技巧16）的思路，你打算设计什么样的话题供学生讨论？

_____

_____

你将如何准备措辞，鼓励学生们参与进来？

_____

_____

你对这项活动有何期望？

_____

_____

适时介入

即使学生们正讨论得很热烈，在很多情况下，教师也应该适当地介入，以保证他们的讨论不要跑题，并且产生有益的效果。比如，教师可能会说："虽然我们讨论得很热烈，但好像没有解决问题。让我们继续根据阿图罗的问题进行讨论，不要跑题。如果你们想要讨论一个新的话题，我会给你们提示。"

想一下还有哪些情况下，讨论者会出现跑题现象。在这种情况下，你会说什么样的话，让学生们重新回到正题上来？

_____

_____

深入分析
授权提问：与写作练习配合使用

如果你让学生们决定他们认为最重要的讨论话题和问题，这会极大地提高学生的思考比率。在学生们进入高中的高年级和大学以后，在他们写学期论文或完成其他学习任务时，他们都需要自己决定主题，这个过程会引导学生去掌握并接受那些他们想要了解的问题。在下面这两种情况下，可以进行限时写作：

- 学生们发现一些值得分析的文学作品，或一些重要的散文文章。
- 学生们自己想出一些讨论的问题。

除了上述两点，你还想要达到什么目标？

_____

_____

更加复杂的形式

很多教师会很快被吸引到苏格拉底式讨论或玻璃鱼缸式的研讨会中去。在他们看来，教师应该让所有的学生围着桌子坐成一圈，自己站在不起眼的位置，然后一声令下，大家开始讨论，仿佛这种方式的讨论才是最严格的，而之所以严格，是因为教师的不参与。在此，我们想要提几点忠告。复杂的、没有教师在场的、集体或小组性的讨论往往很难施行，而且也会花费大量的时间。抛开可操作性不说，让30个人在一起讨论，这本身就是一个难度很大的任务，而且效果往往不好。你能想象在一个教室之外的地方，一个人和另外29个人进行讨论的场景吗？为了解决这个问题，你需要把讨论分解成多个小的环节，并让所有的人都参与进来。当然，在一个小组进行讨论的时候，也要给其他同学安排一些讨论任务。

简而言之，我们所认识的一些最优秀的教师也会偶尔进行这种大规模的讨论活动，比如在进行单元回顾的时候。他们发现，少一点这种大规模的讨论反倒会使学生的讨论更加具体，他们参与的积极性也会更高。

集体讨论话题

在同事团队碰头之前，一定先对分组讨论方法进行思考，这样你就可以做以下几件事：

- 跟同事分享你的观点。
- 讨论你们每个人为了提高讨论技巧而正在做的工作。
- 讨论你们接下来应该干什么。

在集体讨论之后，对于你教案中下周将要进行的分组讨论活动，你有什么新的想法？

_____

_____

行动计划

根据该计划表继续练习分组讨论，根据前面所述的标准进行自我检测：

- 学生们相互之间能够有规律地进行分组讨论，没有教师的介入，讨论的时间越来越长，而且讨论的频率越来越高（几乎每天都会进行）。
- 经过一段时间的分组讨论练习，所有的学生都能参与进来。

我目前做得怎样？

根据已有的情况制订和改进计划，确定行动周期，按时回顾，进行自我评价。

行动计划（截止日期；练习对象；评价方式）

截止 _____（日期），我将_____

我是怎样做的？

闪光点：_____

存在的问题：_____

改进方案：_____

第四部分

课堂文化的五大原则

第十章

课堂系统和课堂惯例

技巧45

进门规则：在门口迎接学生，建立上课仪式感

概要

进门规则是指，在学生们进入课堂之前，教师站在教室门口，向学生们挨个打招呼，并提出一些积极的期望，这种做法非常有助于营造积极的课堂学习氛围。

反思

在你的日常教学中，你是否会在教室门口，向每位进来的学生打招呼？如果有过这样的做法，你认为这个活动的关键是什么？如果你还没有这样做，你对这种做法有什么看法？

_____

_____

基本原理

进门的基本规则

兼顾两端。站在教室门口，能够兼顾走廊和教室，这样既可以对后来的学生打招呼，又能看到教室内的情况，并及时给予学生指导，比如："谢谢阿黛尔，快到座位上去吧！""把椅子拉一下，让其他同学过去！"

控制人流。选择一个能够控制学生进出教室的最佳位置，以便控制学生进出的速度和时机，这也是教师的职责所在。

握手并进行眼神交流。和学生握手，可以帮助学生养成礼貌的习惯。

在握手的时候，还可以进行眼神交流。

适当的寒暄。针对不同学生的特点和情况说几句得体的问候语，会拉近师生关系。比如："德文，今天看起来很酷啊！"

提出期望。教师可以利用打招呼的机会提醒学生们的一些问题，或者避免一些不好的趋势。教师一句和善的问候，可以给学生带来更强的学习动力。

不要厚此薄彼

在跟学生们打招呼的时候，要做到始终如一。有可能出现这样的情况：教师在跟一些学生打招呼的时候面带微笑，说话温和，而对另一些学生不甚热情，或者只是做一个动作，甚至不予理睬。"积极架构"（技巧58）和"亲切/严厉"（技巧60），会帮助你如何用积极的语调和学生打招呼，并向学生传递一种高度的期望。

如果有的学生没有经过专门的训练，或者没有得到你的指示或鼓励，在你跟他们打招呼的时候，他们可能没有按照你的预想给出回应。比如：

- 没有和你进行眼神交流。
- 只是傻傻地朝你"嗯"了一声。
- 压根没有任何反应。
- 跟你打招呼的时候，声音太小，根本听不到。
- 握手软弱无力，唯唯诺诺。

解决这些问题的第一步，是先让学生知道，你希望在每次上课之前，师生之间应该相互打招呼和问候。如果有的学生在打招呼时做得不理想，你可以给他提出一些积极的改进建议，并让他再来一遍（技巧50）。这样既能使师生关系更加融洽，又能达到你的要求。第十二章，培养个性和信任，可以帮助你很好地解决这类问题。

你当前的做法

是否把上面提到的基本要领运用到了你的进门规则中？请写一下在每个基本要领中你的做法和需要改进的地方。如果你目前还有哪个方面没有做到，试着写一下这个方面的好处。

兼顾两端：

_____

控制人流：

_____

握手或眼神交流：

_____

适当的寒暄：

_____

提出期望：

_____

进门打招呼

通过打招呼，可以实现很多目的。针对各个目的，下面各举一例，看一下是否还有其他的表达方式。

提醒学生上学的目标，比如："今天一起为实现上大学的目标而努力！"

_____

向学生提出你的期望，比如："相信你今天会做得更好！"

_____

拉近和学生的关系，比如："昨天的投篮很漂亮！"

_____

提醒学生今天的一些学习任务，比如："准备好今天的测验了吗？"

_____

鼓励学生，比如："测验考得不错！"

纠正学生的不良习惯，比如："其实，你握手的时候可以更用力一点！"

对一些好的表现提出表扬，比如："昨天的时候，你很有耐心，很棒！"

巩固知识，比如："马库斯，还记得葛底斯堡战役是哪一年吗？"

对作业完成情况好的学生进行表扬，比如："哇哦！我们的作文大神来了！你写的作文非常有思想！"

教学反思：如果不能站在门口怎么办

如果学校规定不允许教师站在门口迎接学生进入教室，想一下是否还有其他的日常方法跟学生打招呼，来提醒大家课堂学习即将开始？比如，是否可以在早上的"现在就做"（技巧20）活动中，在教室里来回走动，跟学生们简单地打个招呼？如果不采用打招呼的方式，可否有其他方式让学生意识到，你的课堂即将开始？

深入分析

参考课文中雅梅·维利的教学案例，结合自己的做法，考虑一下，如何衔接好打招呼和开始课堂教学这两个环节？

考虑一下，采用何种打招呼的方式可以更好地反映你们的校风和班风？是否有一些那样的话，如果你向学生说了，他们会很自豪地对你做出回应？

"出站验票"（技巧26）是一种非常不错的下课和告别方式，在你现在的课堂教学中，你采用何种方式来结束课堂，并示意学生离开？可否借鉴进门规则中的一些方式，改进你的下课告别方式？

技巧实施

在备新课时，对你的进门规则环节进行标注，并将其作为你课堂教学的开始。

在设计你的进门规则活动时，写下并练习以下几点：

设计两种内容跟上节课有关的打招呼方式：

设计两种和某项活动或某种期望有关的打招呼方式：

在你还没有走到教室门口时，是否有学生不打招呼就偷偷溜进教室？你是如何处理这种情况的？如何防止此类情况再次发生？

角色扮演练习

分别观察那些实行和不实行进门规则的班级，看一下这些班级的学生们在进入教室时的表现。

向同事或搭档描述自己在进门规则方面的做法，包括这样做的目的、你的做法以及学生的反应。

讨论一下，在兼顾两端、控制人流、握手、提出期望和适当寒暄这几个方面，哪些方面比较容易操作，哪些比较困难？

跟同事分享自己的想法，并倾听和借鉴同事的一些好做法。

行动计划

通过该方案进行打招呼练习,如果能达到如下效果,则表明完成的情况良好:

- 能够跟每位学生进行积极的打招呼和交流。
- 采用"重新再来"的技巧向学生提出期望(根据情况而定)。
- 对学生的进步提出表扬。

我目前做得怎样?

根据已有的情况制订和改进计划,确定行动周期,按时回顾,进行自我评价。

行动计划(截止日期;练习对象;评价方式)
截止 _____(日期),我将_____
我是怎样做的?
闪光点:_____
存在的问题:_____
改进方案:_____

技巧46

开个好头：建立高效的惯例，让学生马上进入上课状态

概要

众所周知，课堂教学开始的前几分钟对于整节课的教学实施是非常重要的，这会直接影响课堂教学能否很好地完成。开个好头，指的是从学生进入教室到上课正式开始之前的这段时间内的一系列日常活动，这些活动能够让学生尽早进入学习状态，并为即将开始的课堂学习打下好的基础。这些活动有利于营造好的学习氛围，并让学生养成好的学习习惯。

为方便研究和分析，我们将"开个好头"分为三个阶段：

- 准备现在就做。
- 现在就做。
- 即刻回顾。

反思

下面是两位教师对开课时机的表述，你对此有何看法？请将你的想法与我们的点评进行比较：

1．"当我开始讲课时，课堂教学就正式开始了。"
2．"从学生们进入教室那一刻起，我的课堂教学就开始了。"

你认为这两种说法所反映出来的教学方式有何区别？这两种教学方法所产生的教学效果有何区别？

我们的观点：持有第二种观点的教师，会在学生进入教室的时候就跟学生热情地打招呼和给予指导，营造一种积极的学习氛围。他们会通过一个精心设计的、严格的"现在就做"让学生进行课前预热，并且通过"管控效率"（技巧48）来对正式上课前的这段时间进行最大化的利用。他们在上课时不会浪费宝贵的指导时间，而且有可能在整个上课过程中保持有效的课堂节奏。

基本原理

上文提到，有效的课前准备活动包括三个阶段：（1）准备现在就做；（2）现在就做；（3）即刻回顾。

准备现在就做

开个好头首先要考虑的是学生如何从进门转入"现在就做"。这跟进门规则不同，进门规则是在学生进入教室之前发生的，其关注的是如何培养好的礼貌习惯和向学生提出期望。而准备"现在就做"旨在培养学生好的入座习惯，让学生能够快速、高效和文明地入座。

下面列举了一些教师们在指导这个过程时的流程，虽然这个流程并不是最完善的，但足以实现活动目的：

进门规则：在学生进入教室时，跟学生握手，并相互致意。

领取资料：确定通过何种方式，把需要分发的资料摆放在哪里，以便于学生领取，比如上课所需的学习材料、资料袋和作业等。

交还资料：确定学生交还的方式和地点。

入座：学生通过何种方式入座。

资料摆放：确定需要把哪些资料摆放在桌面上以及怎么摆放。

交作业：确定学生交作业的方式和地点。

课前热身：确定学生从哪里得到热身任务，并提出具体要求。

现在就做

前文讲到,"现在就做"(技巧20)是一种由学生独立完成的、快捷的课前准备活动。在课前热身中,经常需要学生们完成一些书面任务。每天的热身活动都是在学生进入教室后进行,且时间基本一致。

即刻回顾

为了让学生对"现在就做"的内容进行复习,教师需要在"现在就做"活动结束后,对学生进行认真的引导,让学生快速、高效、积极地从"现在就做"过渡到"即刻回顾"。比如老师会说:"今天我们有很多需要复习的知识,现在就让我们开始吧!"

"规划时间"(技巧30)。为提高学生的转换速度,教师可以将准备好的计时器展示给学生,提醒大家要注意速度,比如"3秒钟内拿出铅笔,3、2、1"。在进行倒计时时,既要态度和蔼,又要积极,表现出对知识复习活动的迫切和渴望,这有利于提高学生参与的积极性。

注意复习的有效性。在复习知识时,可综合运用"冷不防提问"(技巧33)、"向教师展示"(技巧5)和"演示提问"(技巧39),来提高学习要求和学习参与度。在复习时,通过观察和统计来决定提问对象、提问方式和提问的问题。

我们对五个箭头的解析

箭头1:玛吉老师站在教室门口,跟每位学生热情地打招呼。

箭头2:玛吉老师要求学生们排成单行进入教室,并且不要喧哗。

箭头3:上课材料摆放在靠近门口的课桌上,方便学生们进入教室时领取。

箭头4:有名学生已经坐下,而且正在根据要求准备学习热身。她之所以知道如何准备,是因为她已经习惯了每天看黑板上的学习任务。

箭头5：在教室的后面有个衣服架，学生们可以把背包和外套挂在上面，来保持教室通道的整齐利落。

深入分析

规范操作流程

在你制订并规范自己的课前活动之前，先考虑以下几个问题，并与同事进行交流和探讨，借鉴一些好的建议。

进门。当学生进入教室时，你如何跟学生打招呼？（握手，排队进入，只运用肢体语言还是简单寒暄。）

_____
_____

学习资料：将其放在哪里以便学生领取？

_____
_____

领作业：将之前收取的作业放在哪里？

_____
_____

进门到入座：学生如何入座？（保持安静或允许聊天，排成几行？）

_____
_____

个人物品存放：学生们与学习无关的个人物品放到哪里？（外套、背包等。）

_____
_____

桌面物品摆放：学生将哪些物品摆放在课桌上？在进行课前热身时，

如何摆放它们？

___

作业：学生通过何种方式交作业？交到哪里？如何核实作业？（放在教室门口的箱子里，直接交给老师，还是由课代表代为检查？）

___

现在就做：学生从哪里找到"现在就做"的任务？（课桌上、黑板上，还是门口的桌子上？）

___

监控学生行为：在整个过程中，你对哪些行为比较关注？如何将信息反馈给学生？起草相关发言。

___

根据统计数据进行针对性的复习：如何通过统计的学习情况进行复习？（提问哪些学生，提问哪些问题，提问的深度。）

___

转入即刻复习：在从热身转入课前复习时，准备什么样的指令？

___

技巧实施

技巧49（战略性投资：从程序到惯例）提供了一个练习模板，可以用于各种程序演练。如果你的同事也在进行练习，可一起讨论交流，共同提高班级管理能力。

起草转入复习环节时的指令

在下面的横线上,写出你在转入复习环节时使用的指令。下面提供了一些指令样例,以供参考:

"好了,请大家放下铅笔!三、二、一……(环视全班)孩子们早上好!威廉姆!"

"三、二、一!谢谢!让我们看一下这位同学的作业!"(使用展示作业)

(计时器在响)"请大家做完以后赶快放下笔,我需要两份作业。谢谢!第一个问题:斯科特说的'我家里的人'指的是谁?请找出理由解释你的答案。"

(学生们正在写字板上做题)"十秒钟做完。十、九……三、二、一,好,请放下笔,举起你的写字板!(学生们都举起写字板)请放下!(举起一名学生的写字板)请告诉我……"

在起草指令时,考虑如下几点:

● 指令清晰易行,并带有倒计时:"把笔放下,合上书,一起看这里,三、二、一。"

● 确认学生做好准备:"现在我们准备开始!""谢谢!"

● 发出明确的开始信号:"贾妮思,第一个问题你怎么回答?""把手放下,来看第一个问题,我要进行随机提问。"

_____

_____

如果条件允许,与同事一起练习起草指令,并给出建议,进行改进。

案例研究

研读下列案例,给出反馈,予以改进。

案例1　准备现在就做，八年级，历史课

时间：11月底

学生们正在进入教室。

瑞克斯先生：拉娜的动作非常迅速，这一点很好！进教室的时候，记着拿后面桌子上的资料。跟往常一样，学习任务和要求都写在黑板上了。

（很多学生开始闲聊）我在教室的后面都能听到你们说话的动静，是不是中午刚吃完饭，聊聊天来促进消化啊？

（瑞克斯花了几分钟的时间来规整材料）耶利米都已经等不及了！凯拉甚至都已经做到了第二题。好了，同学们，现在开始做预习题，注意时间，五分钟！

闪光点	待改进之处

案例2　转入复习，三年级，数学课

麦克拉蒂女士正准备由预习进入及时回顾环节，在进行书面作业时，她使用计时器进行计时。

麦克拉蒂："你先把笔放下。还有你，不要动笔，把手举五秒钟，五、四、三、二、一、零、零、零……先别做，等着大家一起做。"（几秒钟以后，

所有的学生都准备好了。）

"我数两个数,做完的同学请举手!(好几名学生都举起了手)哇哦!有这么多同学举手!我数了一下,有10名同学。你看,这让我选谁呢?沙妮思,你来说吧!第一题的答案是什么?"

闪光点	待改进之处

案例分析

案例1:从进门到预习

闪光点:

1. 提前把需要分发的资料放在教室内的某个位置,这省去了教师发放资料的时间,提高了课前学习效率。

2. 每天都会在固定位置展示课前准备活动的任务和要求。("跟往常一样,学习任务和要求都写在黑板上了。")

3. 当学生们乱哄哄地走进教室时,瑞克斯老师对表现优异的学生进行了点名表扬,这有利于其他学生尽快进入状态。("耶利米都已经等不及了!凯拉甚至都已经做到了第二题!")

需改进的地方:

1. 瑞克斯老师的话可以更简洁,并尽量不要说一些多余的话,比如学生们都已经熟悉在哪里找到学习资料，因此不必反复提醒。

2. 不要把学生犯的错误大声说出来。

3. 应该提高学生们的效率和自觉性，而不是凡事都要等候老师的指令。

案例2：转入复习

闪光点：

1. 能够很好地控制时间，明确准备活动和复习活动的时间。

2. 通过计时、鼓励等方式鼓励学生们举手。

3. 在提醒没有按要求做的学生时，采用匿名方式，保护了学生的自尊心。

需改进的地方：

1. 尽量简化用语，不要重复，比如"哇哦，有这么多同学举手"和"你们看！这让我选谁好呢"，这两句话表达的意思是一致的，有重复之嫌。

2. 虽然她采用了倒计时的方式，但是为了让学生跟上她的要求，她在说倒计数的时候故意拖音和拖长时间，这会大大影响课堂节奏和效率。

集体练习与角色扮演

回顾上文中的"逐个练习"，与同事组成四人小组（一名教师、一名指导、两名学生），进行30秒钟的练习。

在教师练习完之后，指导者要给出反馈（既要指出闪光点，又要指出不足之处）。根据反馈意见，进行改进，再次练习。

如果能够完成以下三点，说明完成情况良好：

● 通过合理的方式向学生介绍这种方法的目的，以提高学生参与的积极性。

● 能够给出示范，并介绍整个流程。

● 语言简明扼要。

行动计划

如果能达到如下效果,则表明完成的情况良好:
- 从学生进入教室那一刻起,你的课堂教学就已展开。
- 课前准备活动的各个环节都能积极有效地进行。

我目前做得怎样?

根据已有的情况制订和改进计划,确定行动周期,按时回顾,进行自我评价。

行动计划(截止日期;练习对象;评价方式)
截止 _____(日期),我将_____

我是怎样做的?
闪光点:_____
存在的问题:_____
改进方案:_____

技巧47
行为教导：让学生更自律、更专心

概要

为提高学生学习质量，教师往往对学生在课堂上的行为进行规范和要求，并希望孩子养成好的习惯。比如坐的时候，上身要挺直，不要趴在或把头放在课桌上；还比如，眼睛要跟随说话者，也就是说，在听别人说话时，眼睛要看着别人。

根据这些行为英语拼写的首字母，我们把此类简单易行的学生课堂行为规范缩写为"STAR"或"SLANT"。

下表是有关"STAR"和"SLANT"的具体含义：

STAR		SLANT	
Sit up	坐直身子	Sit up	坐直身子
Track the speaker	跟随说话者	Listen	认真听讲
Ask and answer questions	提问和回答问题	Ask and answer questions	提问和回答问题
Respect those around you	尊重周围的人	Nod your head	点头
		Track the speaker	跟随说话者

当然，上述的两套行为规范只是大概的框架，你也可以进行适当的扩展，实际上，很多学校和班级都制订了各具特色的学生课堂行为规范。"STAR"和"SLANT"作为两个英文单词，令人印象深刻、便于记忆。

此外，这两个单词中的每个字母都代表某一方面的行为要求，教师可以针对学生的某一方面进行要求，比如，学生在"跟随说话者"方面没有做好，教师可以要求他们改进"STAR"或"SLANT"中的"T"。

反思

你是否在课堂中对学生提出像"STAR"和"SLANT"这样的行为要求？为此分别采用了何种方式或工具？效果如何？

基本原理

将对学生的各项行为要求进行整合和缩写，形成一个朗朗上口的缩略语，便于对学生进行提醒。学生对这个术语越熟悉，就越容易记忆和掌握，从而省去了教师的不断提醒。

为引起学生注意、方便记忆，可以把这些行为规范的简称制作成一个标语或短语，张贴在教室前面的某个地方。教师只需指一下，或者看一眼，就会引导学生关注这些行为规范。

在这一方面做得比较好的教师，往往能够把这些术语放在日常对话中使用。比如当老师说我的"STAR"在哪里时，既有"我的星星在哪里"的意思，也有提醒学生注意"STAR"中的四项行为规范的双关意思。如果学生们已经很熟悉了这些行为术语，在提醒学生时，只需说一下首字母，学生们就可以领会意思了，比如，"注意你的'T'"，学生马上就能领会到老师是在提醒他在"跟随说话者"方面存在问题。

将你对学生的行为规范要求用缩略语的形式表示出来，并写下来，准备3~4种，用来引起学生的注意。

想一下你想要针对某种行为方式进行提醒的场景，并针对这个场景设

计提示语或指令。

非语言提示

在讲课过程中，为不间断讲课，在对学生进行行为规范提醒时，往往采用非语言性的提示方式。请在下面写出非语言方式的行为提示。比如，把双手交叉在胸前，并把后背挺直，可以表示"S"，即坐直身子。用两个指头指着自己的眼睛，表示目光要跟随说话者。

针对的行为：

非语言动作：

深入研究：需要进行调整吗

即使学生们的年龄不断增大，这些行为术语和规范依然有效。有位叫克里斯·博斯托克的中学教师曾在我们的博客留言说：他在教室里张贴了一张"动脑筋"的标语，他们精心设计了一些适用性很强的非语言提示方式，比如皱眉、歪头、把手放在额头上等，这些提示就像一个个的表情包。

技巧实施

应该让学生明白，让他们遵守这些课堂行为规范，有利于提高他们的学习效率，养成好的习惯。学生的年龄越大，他们越能理解这些行为规范的重要性。总之，这些行为规范的实施是很有必要的，而且要不断地对学生进行提醒。

在对学生进行行为规范养成时，可以参考使用技巧49（从程序到惯例），让这些行为规范成为学生们的习惯行为。

在准备技巧实施时，可以与同事进行配合。在实施的当天，先把你的行为标语张贴到教室的前面，结合技巧58（积极架构），通过得体的语言和语气，鼓励学生积极参与到你的行为训练中来。

在向学生解释行为规范的重要性时，要让学生们明白行为训练的目的，而不是用强制命令式的语气。比如，"如果你们能够按照'STAR'中的行为要求来做，你们也许会成为一个小star，小明星！"

此外，还要向学生解释，如果能够很认真地听别人说话，不管是听老师还是听别的学生说话，对自己的学习都是很有帮助的。

跟其他学习技巧一样，在要求规范学生们的课堂行为之前，要先进行逐项学习和练习。先向学生示范正确的坐姿和如何看着说话人，然后让学生进行练习，通过这种方式，让学生掌握正确的做法。

有时可能要带着学生复习这些行为规范，具体做法可以参考技巧50（再来一遍）。

角色扮演练习

如果你想进行多个行为训练，可以按照如下方式进行：

1. 告诉同事你选择"STAR"还是"SLANT"，当然，你也可以选择适合自己班级的其他术语。
2. 同事之间就训练情况进行比较。
3. 分享并比较之前的行为规范。
4. 告诉同事你正在使用的非语言行为提示，然后展示给同事，并让他们进行模仿。
5. 然后进行下一个行为的练习，并向同事进行介绍。

行动计划

根据角色扮演练习中的反馈信息和你在教案中的标注和观察，监测你在行为规范方面的练习，并根据以下标准进行自我评估：

- 班里的学生能够对你制订的行为规范给予适当的回应。

- 这些行为规范得当、自然，在使用时不会打乱你正常的课堂节奏。

我目前做得怎样？

根据已有的情况制订和改进计划，确定行动周期，按时回顾，进行自我评价。

行动计划（截止日期；练习对象；评价方式）
截止 _____（日期），我将_____
我是怎样做的？
闪光点：_____
存在的问题：_____
改进方案：_____

技巧48

管理效率：教导学生简单、快捷地完成课堂任务

概要

在课堂教学中，有很多课堂活动跟知识学习无关，但却必不可少，比如交作业、调位等。教师们都希望尽量减少此类活动的时间，从而把更多的时间放在学习中。很多优秀的教师也发现，如果学生能够掌握一些正确的学习方式，如记笔记的方式或参与讨论的方式等，可以提高学生的学习效率和成绩。管理效率是指，针对课堂中的学习和非学习活动，设计相应的程序，通过掌握这些程序，来提高活动效率，从而节省出更多的时间用于学习。这些程序主要涵盖三个方面：学生行为方面、同学互动方面和学习活动方面，这三个方面程序的设计标准是一致的：

- 简易。
- 速度至上。
- 无须过多描述。
- 规划到细节。

反思

回顾你最近的课堂教学是否存在这样的情况：你在课堂上无所事事，而学生们在一些学习活动或其他课堂活动中花费了过多的时间，比如传递资料等？此外，很多学生们本应可以独立完成的惯例行为，是否也需要在

你的亲自指导下才能完成？请列举出来。

_____

_____

基本原理

你是否在课堂中使用过下表中的活动程序，这些程序不仅可以满足各自的目的任务，还可用于其他活动，产生其他的效果。根据下表，回顾一下自己课堂中的程序练习。

行为方面	学习活动方面	同学互动方面
举手 坐直身子 调换位 交作业	完整句子回答 积极参与 讨论的习惯 记笔记 转身讨论 标记课文	支持同学 同学回答时，把手放下 纠正同学的错误 看着说话者 通过非语言的方式对同学表示支持（打响指表示赞同）

程序设计标准：简洁、快速、无须多说、关注细节

简洁

把整个程序分解成单个的、便于你和学生记忆的环节，切忌虎头蛇尾、华而不实。在设计各个环节时，你可以参考如下几个问题：

- 是否有助于学生完成任务？
- 我是否想要在之后的每节课都使用这种方法？
- 这个方法的时间投入和产出是否成正比？

快速

你的程序设计方案直接决定了学生能够快速掌握，并且熟练和正确地运用（参考技巧49）。为节省时间，应该去除一些不必要的和容易对学生造成干扰的环节。为了提高速度，你可以对每个环节进行计时，并给学生规定具体的完成时间。

反思

大体估算一下，如果你在课堂中能够让学生按照正确的程序进行各项活动，一个学期能够节省出多少时间？

_____

_____

无须多说

通过合理的程序，即使教师不说话，学生也能按照你的要求和节奏，很好地完成各项活动，而不是每次都要由教师反复提醒，最终，学生们会养成一种自觉性的行为。如果在没有教师的情况下，学生们就能很好地独立完成某项活动，学生们会有一种成就感。

为各项活动的每个环节起一个简短的名字，以方便学生们理解和掌握，也有利于程序的统一性。然后，用一些非语言性的提示代替这些环节的名称，到最后，教师只需一个手势或肢体动作，学生们就能明白其代表的程序行为。

回顾你在课堂中的一些习惯做法，看一下是否在某些环节中，可以减少语言提示？

_____

_____

关注细节

在程序安排方面做得最好的老师们，会规划好他们和学生在每个环节要做的事，他们亲自（或与同事）对每个环节进行练习，以保证实施效果。

案例分析

针对教师的课堂惯例，我们在下面提供了5个案例。根据上述的4个标准对这些案例进行评价。在每个案例后面的表格中，按照标准对这些课堂程序进行点评，指出各自的亮点和不足，并与我们的点评进行对比。

案例1：麦考密克老师

在学生们进行"疯狂一分钟"这个课堂活动之前，麦考密克老师：

- 没有说话，而是伸出食指让学生们把课桌桌面清理干净。
- 伸出中指，提示学生拿出铅笔并握好。
- 伸出无名指，让学生举起铅笔。
- 伸出小拇指，让学生翻阅资料。
- 最后进到倒计时"五、四、三、二、一，开始"环节，学生开始"疯狂一分钟"。

闪光点	待改进之处
○是否简洁？ ○是否快速？ ○是否进行了最少的语言提示？ ○是否关注细节？	

案例2：马克老师

在刚开始上课时，马克老师：

- 给每一排的小组长发了一摞资料，用来进行记录。
- 回答了两个学生自发提问的跟单元测试有关的问题。
- 监视每排学生传递老师发的资料。
- 又给每个小组长发了一摞今天的课下作业资料，并给学生留出75秒钟的时间进行传递和填写。
- 又给每个小组长发了一摞材料，并给学生75秒钟的时间进行传递。多数小组能够提前完成，而有的小组没有在规定时间内完成。

闪光点	待改进之处
○是否简洁？ ○是否快速？ ○是否进行了最少的语言提示？ ○是否关注细节？	

案例3：莫里老师

为检查学生对第一单元的掌握情况，莫里老师利用课前准备时间提问学生，让学生回答课前作业中的选择题。在提问时，他还统计了学生们选择ABCD四个选项的数量和比例，以确定讲解重点。

闪光点	待改进之处
○是否简洁？ ○是否快速？ ○是否进行了最少的语言提示？ ○是否关注细节？	

案例4：门德斯老师

在五名学生在一张U型桌前坐下，准备开始阅读课时，门德斯老师：

- 从书架上取下一些复印的阅读资料。
- 把阅读资料分发给学生。
- 给学生10秒钟的时间，让他们翻到资料的第5页。有些学生做起来有点困难，门德斯老师就亲自帮助他们。
- 30秒以后，门德斯老师开始上课。

闪光点	待改进之处
○是否简洁？ ○是否快速？ ○是否进行了最少的语言提示？ ○是否关注细节？	

案例5：迈克逊老师

迈克逊老师让学生把一个数学题的答案写在写字板上，她是这样做的：

● 在做题练习之前，迈克逊老师先回答了几个学生的主动提问和与下个单元有关的问题。

● 学生写完答案以后，老师让学生们举起写字板。

● 听到老师的指令后，有的学生立刻把写字板举了起来，还有一些学生迟迟不举，迈克逊老师只好再次提醒。

闪光点	待改进之处
○是否简洁？ ○是否快速？ ○是否进行了最少的语言提示？ ○是否关注细节？	

案例点评

案例1：麦考密克老师

闪光点	待改进之处
○是否简洁？ ○是否快速？ √是否进行了最少的语言提示？ √是否关注细节？	伸出中指提示学生拿好铅笔，这个环节有点多余，增加了程序的复杂性。可以把倒计时从5秒缩减到3秒。

案例2：马克老师

闪光点	待改进之处
○是否简洁？ ○是否快速？ √是否进行了最少的语言提示？ √是否关注细节？	可以在更合适的时间解答关于单元测试的问题。 传递资料的时间可以再缩短一点。

案例3：莫里老师

闪光点	待改进之处
○是否简洁？ ○是否快速？ √是否进行了最少的语言提示？ √是否关注细节？	无须逐个让学生说出答案并统计选项。可以让学生通过伸手指来表示所选答案。比如，让学生根据所选答案，伸出相应的手指数（一根手指代表A，两根手指代表B，三根手指代表C，四根手指代表D）

案例4：门德斯老师

闪光点	待改进之处
○是否简洁？ ○是否快速？ √是否进行了最少的语言提示？ √是否关注细节？	老师可以直接把阅读资料放在U型桌上，并在相应的页码处贴上标签，这样就省去了分书和翻页的时间。

案例5：迈克逊老师

闪光点	待改进之处
○是否简洁？ ○是否快速？ √是否进行了最少的语言提示？ √是否关注细节？	可以在活动结束后回答跟活动不相关的问题； 通过更简洁的方式让学生出示答案，比如倒计时3个数，然后马上举起写字板。

设计课堂惯例

根据下表设计一个课堂惯例活动的程序，你可以把下表作为一个设计模板。

要求：利用下面的表格设计一个简单易行，且包括多个步骤的课堂惯例活动。

惯例活动程序设计表

多步骤的课堂惯例
比如：交作业，给同学改错，清理课桌，填写个人信息等
活动目标
如果学生能够掌握这种课堂活动，他们就能：
活动所需时间
在学生们习惯这个惯例活动以后，他们只需花费：

所需材料	准备工作

续表

每个环节的目标		
环节	教师行为	学生行为
1		
2		
3		
4		
5		

利用上面的表格，自己或跟同事合作设计简单快捷的班级惯例活动，以方便自己的教学实施。也可以针对学生们需要经常做的课堂活动，设计活动程序，将自己设计的程序与同事进行交流和比较。

深入分析

改进现有的教学活动

不管在更早之前讲到的"注意格式""现在就做"等活动，还是你目前正在进行的进门礼仪、课前准备和行为规范等教学活动中，都可以进行程序设计。回顾学生们对这些活动的完成情况，从管理效率的角度进行自我评价，并在后面的行动计划中，对之前的活动技巧进行调整和改进。

教学技巧：_____

哪一方面有待改进：
☐是否简洁？　☐是否快速？
☐是否进行了最少的语言提示？　☐是否关注细节？
教学技巧：_____

哪一方面有待改进：
☐是否简洁？　☐是否快速？
☐是否进行了最少的语言提示？　☐是否关注细节？
教学技巧：_____

哪一方面有待改进：
☐是否简洁？　☐是否快速？
☐是否进行了最少的语言提示？　☐是否关注细节？

丰富课堂活动的内容

虽然开展课堂惯例活动不可避免地会花掉一定的时间，但我们可以利用这些时间进行知识学习，使活动内容更加丰富和充实。

集体练习

跟多个同事进行以下练习：

- 对之前的教学活动进行反思，并给予反馈。
- 同事之间就各自的活动实施情况进行比较。
- 看一下彼此之前的课堂惯例活动设计，找出相似点，并互相找出需要改进和提高的地方。

同年级和同科同事之间的合作

1. 根据教学目标和教学活动，各自列举出在教学中可能涉及或你们想要开展的课堂惯例活动，并从中选出大家都感兴趣的一种。

2. 找一张纸，从中间左右对折，按照惯例活动的四个标准，在左侧写下开展这个活动时的具体程序步骤。这一步可以单独完成，也可以和两位同事合作完成。

在纸张左侧的底部写上第一、第二和第四个标准的首字母，简写为S、Q和P。

3. 把准备好的纸张传给其他同事，大家相互传阅，并对活动的程序步骤进行评判，在下面的三个标准前面打对钩。

4. 每位教师拿回自己的那张纸，再相互比较一下程序步骤方面的差异。大家可以对彼此的程序设计发表看法，并展开讨论。

5. 根据四个标准，在纸的左侧写下学生们需要完成的具体步骤，在右侧写下每个步骤开始的指令或提示语。这一步可以单独完成，也可以和两位同事合作完成。

在纸张右侧的底部写上四个标准的首字母，简写为S、Q、M和P。

6. 把纸传给其他同事，相互打分。

7. 拿回自己的纸，然后进行相互点评和讨论。

反思

你打算如何利用《惯例活动程序设计表》，进行部分调整，还是原样照搬？

_____

_____

行动计划

利用该行动计划，练习效率管理。根据下面四项标准进行自我测评：

- 简易。
- 快速。
- 无须多说。
- 关注细节。

我目前做得怎样？

根据已有的情况制订和改进计划，确定行动周期，按时回顾，进行自我评价。

行动计划（截止日期；练习对象；评价方式）
截止 _____（日期），我将_____
我是怎样做的？
闪光点：_____
存在的问题：_____
改进方案：_____

技巧49

战略性投资：从程序到惯例

概要

在你通过简单有效、精心设计的程序提高了课堂例行活动的效率之后，还需要教会学生如何坚持。这需要反复应用这些程序，通过不断练习使之成为一种习惯性的做法，从而提高他们的学习效果，并最终达到让学生们能够运用的目标。

一些优秀的教师往往在学期初就开始对学生进行这一方面的训练。我们把这种教学技巧称为战略性投资：从程序的练习到习惯的养成。我们之所以称之为投资，是因为通过之前对学生行为习惯的养成投入大量的时间，可以不断收获更多的回报。

反思

在阅读后面的内容之前，请先思考这个问题：哪些因素会阻碍教师在课堂例行活动中投入必要的时间和精力来对学生进行程序性的训练？

这样做有可能会产生什么样的后果？

我们的观点（你也可能有其他的想法）：

教师们不愿花太多时间进行程序练习的原因主要有以下几点：

1. 急于进行知识学习；
2. 在程序练习中投入太多时间会占用知识学习的时间；

3. 不了解如何有效地进行程序练习，也不知道程序练习会带来什么益处；

4. 不了解程序练习所需的时间；

5. 不能合理地安排短期和长期的程序练习时间。

这样做的后果可能包括：学生养不成高效的课堂学习习惯，知识学习时间被大量挤占，学生们上课的时间观念不强，课堂积极性低，学生会对你提出的一些要求产生误解，进而造成挫败感。

反思

对于教师来讲，程序练习的难点在于教会学生如何正确地按照程序开展活动。根据自己的相关经历说一下，当学生们在练习时，哪些方面容易出问题？你在实施的过程中，问题主要出在哪些方面？

基本原理：程序实施

跟课堂教学类似，要让学生掌握课堂例行活动的操作流程，也需要教师给予认真的演示和解释，让学生反复练习。我们把这个过程分为两部分。

程序演示

程序练习的第一步是解释程序，所谓解释程序，就是向全体学生解释这个程序是什么，需要大家怎么做以及它为什么重要。如果能把程序解释这步做好，对于营造有序的班级秩序是非常有益的。在解释时，要注意以下三个基本原则：

告诉学生为什么要这么做。如果能够让学生明白，程序习惯的养成对他们的学习非常重要，则会提高学生们的积极性和参与度。

把程序分解成小的环节。把每个程序任务分解成小的环节，然后对每个环节进行编号，这样就可以让学生按照顺序进行练习，比如，"当我喊1

的时候，我们要起立，并把椅子推到课桌下面；当我喊2的时候，我们要转身面朝门口……"

进行示范和解释。在教学生们练习程序动作的时候，教师要同时做出示范和解释。

下面这段话是"像冠军一样教学"团队成员科琳·德里格斯在向学生演示随机提问的流程时所说的，她以前是五年级的阅读课老师。结合上文讲到的三个原则，仔细研读这段话。

在你们上其他课的时候，老师们会对你们进行随机提问，其实，我在上课时也会这么做。所谓随机提问，就是虽然你没有举手，但老师也会提问你，来检查你的掌握情况。但是，随机提问并不是对你们不举手的一种惩罚，而是一种快速复习的方式。但是我不喜欢把这种提问方式称为"随机提问"，更喜欢把它称为"欢迎提问"，因为它会给你一个让你出彩的机会，让同学们看到你学得很棒。

结合上文的三个原则，你认为科琳老师在向学生演示随机提问时，哪些地方做得很好？请先独立思考，然后再看我们后面给出的点评。

对科琳老师的点评

科琳老师首先向学生们解释了随机提问的目的，正如她所说"它会给你一个让你出彩的机会，让同学们看到你学得很棒"。这种积极的解释会打消学生们对这种提问方式的紧张感，并且提高他们参与的积极性。然后，她又把随机提问分解成几个具体的、小的环节，以便学生更好地掌握。

案例分析

结合三个原则，阅读下列案例，并指出在案例中老师们的闪光点和待改进之处。先把你的想法写到每个案例后面的表格里，然后再与我们的点评进行比较。

案例1：一年级数学课上的随机提问

教师：同学们，当我们在分享和交流想法的时候，我们需要听到尽可能多的、不同的想法。因此，我打算在课堂上采用"随机提问"的方式。我知道，你们每个人都有很多想法想要跟同学们分享。如果我们听不到你的回答，可能就失去了一个很好的学习机会。随机提问可以让我们看到你们所知道的，让我们分享到……（学生们回答"所知道的"）。在随机提问时，我会先问一个问题，然后再找一些同学来回答。你们在等待回答问题时，要按照我们前面讲过的"STAR"行为规范那样做好。现在，我看到亚妮就做得很好，还有萨拉，也非常棒！好了，同学们，现在到了开动脑筋的时候了。请问，3加几等于10？等于……（学生们回答"10"）？我看到亚当能够按照"STAR"的要求摆放手，我们还需要考虑一下吗？吉娅拉，你来说一下？

闪光点	待改进之处
这位教师的这种做法非常有效：	下次这位教师可以尝试：

案例2：八年级阅读课中的独立阅读练习

教师：在高中和大学里，你们的老师会要求你们进行大量的课外阅读，而且不仅要求你们读，还要深入理解并进行讨论。为了培养你们的这种阅读能力，我们将在课上通过AIR（独立阅读）进行练习。在独立阅读练习中，你需要根据要求阅读文章的某一部分。一开始，我们会进行简单的练习，随着不断练习和你们的成长，你们将能够独立地完成。

在进行独立阅读时，我们要按照如下步骤进行：先把课本第35页的前两段画出来，然后用3分钟的时间阅读该部分，最后用两分钟的时间回答问题：作者是如果通过故事背景来渲染人物情绪的？

闪光点	待改进之处
这位教师的这种做法非常有效：	下次这位教师可以尝试：

案例点评

案例1

教师首先向学生们解释了采用随机提问的目的，她还说明了在进行随机提问时可能会出现的情况。其实，老师可以用更加简练的语言说明"随机提问"的目的，比如，她可以把她的两句话合为一句："同学们，当我们交流想法的时候，我们需要听到更多的不同观点，因此，我们将在课堂中采用随机提问的方式。"除了让学生等待被提问，还应该把学生们在随机提问时的行为要求说得更具体一点，比如，他们的坐姿要符合"STAR"或"SLANT"的要求。

案例2

老师首先通过学生们未来的学习需求，激发学生们参与阅读的积极性。他详细地介绍了独立阅读的要求和具体步骤，同时，他还注意到循序渐进。但是，在让学生进行独立阅读之前，他应该先检查学生对他的要求的理解和掌握情况。比如，他可以说："在进行独立阅读之前，请告诉我，你们需要读课文的哪一部分？如何进行标注？要在多长时间内完成？"此外，在布置阅读任务时，应该给出更具体的描述和解释，比如说："请用3分钟的时间读一下文章的前两段，并标出作者借以反映自己情绪的词和短语。"

模拟训练

教师们在教学生进行流程练习时，往往会忽视模拟练习。如果不进行一定的模拟练习，学生在按照程序开展活动时，会更容易犯错。为了更有效地进行模拟练习，灵活的老师会对程序练习进行调整：

分割环节，单独练习：将程序分解成单个环节，并反复练习各个环节。

去除干扰：为了更好地进行练习，教师需要去除掉各环节之间的一些干扰因素。比如，在调换位活动中，让学生从一个位置换到另一个位置的时候，一开始先不要求学生带着资料夹，这样学生可以专注于调换位这一项活动，而不会在调换位的过程中，出现纸张乱跑的情况。

及时纠错：把学生们在活动中常出现的错误进行角色演示，比如："当其他同学都向右边走的时候，只有你自己往左边走，在这种情况下你应该怎么办？现在让我们演示一下这个场景，大家考虑一下该怎么处理。"

把演示与练习结合起来

利用下面的表格准备一个简单程序的演示，利用你在效率管理中设计的程序，或自己重新设计一个。如果重新设计，在设计程序时要考虑效率管理中的标准。如果条件允许，可以与同样进行该项训练的同事进行交流，并加以改进。

流程演示表

程序名称： 程序目的：	
具体步骤	如何演示和讲解
如何进行模拟练习：	

重新设定流程和程序

如果我们在8月或9月花费了很多时间和精力，让学生们掌握了一些课堂活动流程或程序，但是放假回来以后，你会发现，很多学生的表现会出现下滑，或者随着年级的增长，学生们需要一些新的课堂互动流程。不管是哪种情况，教师都需要重新设定课堂例行活动的流程或程序。下列几点建议有助于教师重新设定流程，并提高学生参与的积极性：

提一个"新理由"。在重设流程时，可以找一个能够激发学生兴趣和积极性的目标，比如："距离高考只有68天了！"

选择合适的时机。可以充分利用假期。假期回来以后，可以利用改进原有流程或巩固流程的借口进行流程重设。

公开透明。要明确地向学生说明重设流程的原因，切忌找其他的理由搪塞学生，这样会影响学生们的积极性。

让学生进行演示和解释。作为一种奖励，让表现优异的学生演示你想要重新设定的流程。

通过"精确练习"（技巧59）进行巩固。对表现有进步和达到要求的学生提出表扬。如果学生比之前的流程练习有进步，应该提出表扬。

当你发现需要重新设定某些流程时，完成下面的练习。当然，你也可以现在完成。根据下面给出的两个例子，进行流程重设练习。

"在9月份，我们没有学习转身讨论的正确流程，这样，我们就不能很好地完成讨论活动。从今天开始，我们要来改变我们的讨论方式……"

"在今年年初的时候，你们能够非常熟练地进行转身讨论。但是随着我们学习内容的增加，你们讨论时花费的时间越来越长，这样效果就大打折扣了。为了更好地利用这种学习形式，今天我们要为我们的转身讨论进行流程升级，好好改进一下。"

你的表述：

_____

_____

_____

如果条件允许，与同事交流各自的表述，并相互提一些建议。

深入分析：把主动权交给学生，提高学生的自觉性

如果学生们掌握了一些课堂活动的流程，教师可以让学生们独立完成，这种主动权的转移可以带给学生们很强的成就感、独立性和课堂的主人翁意识。

在进行主动权转移时，可以采用奖励的方式，也就是说，如果学生能够掌握活动流程，教师就可以作为奖励，把活动的主动权转交给学生。八年级的玛吉老师在让学生进行一些课堂活动时，就把主动权交给了学生，而不是全程监视，比如，"听到铃声后开始作答。今天我们不采取倒计时。

做好准备，保持安静！"在扫视全班以后，玛吉老师让学生开始做题。

玛吉老师通过取消倒计时的做法让学生们意识到，老师相信通过之前的练习，学生已经能够自己控制做题的时间和节奏。学生们在这个活动中培养起来的自觉性还会影响其他的班级活动。

反思

有的教师采用其他的方式让学生掌握课堂活动的主动权，有位教师在开学的第一天这样对学生们讲：

"从这个学期开始，我将把更多课堂活动的主动权交给你们。但是，你们要向我保证，你们能够做好。如果不能很好地完成课堂活动，我将提高对你们的要求，你们肯定不想看到这一幕发生吧！"

如果在给予主动权的时候，教师对学生这样说，你认为可能会出现什么后果？

_____

_____

我们的观点（你也可能有其他的想法）：如果你不能对学生们的课堂活动表现提出具体的要求和标准，学生们可能不知道如何向你证明他们能够很好地独立完成。这样的话，你就会收回活动的主动权，那样会让学生感到困惑，而且很有挫败感。既然主动权不再是一种奖励，学生们就不会重视它。如果以后还有类似的活动，学生们可能会产生反感，因为他们可能会把主动权的转移和收回看成是一种惩罚。

集体练习：演示一个简单的活动流程

参考上文中的流程演示表，与同事组成一个四人小组（一个扮演教师，两个扮演学生，还有一名作为场外指导），进行流程演示，并进行30秒钟的学生练习。

在教师演示完以后，场外指导应提出反馈意见，指出优点和不足，然后重新练习，并根据提出的建议进行改进。

在练习时，要达到以下要求：
- 通过解释活动流程，能够调动学生参与的积极性。
- 能够清晰地示范和描述活动流程。
- 用尽量少的语言。

行动计划

利用该行动计划，进行活动程序练习，实现从程序到惯例的目标。根据上文的三个标准对自己的练习进行评估，并针对一个小的程序进行练习，实现从程序到惯例的转变。

■— **我目前做得怎样？** —■

根据已有的情况制订和改进计划，确定行动周期，按时回顾，进行自我评价。

行动计划（截止日期；练习对象；评价方式）
截止 _____（日期），我将_____
我是怎样做的？
闪光点：_____
存在的问题：_____
改进方案：_____

技巧50

再来一遍：不断练习是把事情做到最好的唯一途径

概要

当学生们很勉强地完成一些活动时，如果想让他们做得更好，这时就需要一种新的教学技巧——再来一遍，这种技巧主要用于当学生们无法很好地完成一项活动或任务时。但是，"再来一遍"并不是简单的重复练习，而是提供积极的支持，让学生们做到最好，即使是一些小的事情，也会在课堂内形成一种"保持优异"的良好氛围。

反思

你是否在教学中运用过"再来一遍"这种技巧？如果没有，原因是什么？如果你尝试过，请写一下你做的比较好的一个方面以及感觉需要改进的地方。

_____

_____

在六位老师的课堂上他们都实行了"再来一遍"的教学技巧，但时间都不是很长！找一下，他们分别在什么时候进行了"再来一遍"，目的是什么，以及教师是如何设计和引导的。观察一下，他们中间有多少人提到过"再来一遍"？

琳达·麦格瑞夫

_____

伊万·斯托得
_____

迪纳厄斯·弗雷泽
_____

萨拉·奥特
_____

劳伦·莫伊尔
_____

珍妮弗·汤森
_____

基本原理

关键问题

　　不要把"再来一遍"看成是一种惩罚，而应该看成是一种练习、完善和对细节的巩固。如果你的学生把"再来一遍"看成是一种惩罚，这时，就需要停下来反思一下自己在实施过程中的语言和行为，这项活动的设计和表达方式会直接影响学生们的反应和态度。

　　当你进行"再来一遍"时，下面的三句话和三种行为会使这个活动变得更加积极和有效。

　　"让我们再来一次，看这次能否把问题搞定。"

　　说这句话之前，脸上就要带着温和的笑容。

　　"我一直看好你们班，但是这次（讨论、举手等）完成得确实不是很理想。让我们再来一次，希望这次让我看到真正的……（班级名字）。"

　　无须语言提示，只需一个手势即可。

　　"让我看到你们最好的（讨论、举手等）。"

　　在学生重新做完以后，可以这样说："哇哦，这次好多了！谢谢你们精彩的表现！"

"这次完成得很好，但不妨让我们再来一次，相信这次会更棒！"

"再来一遍"可以重复进行，你可以连续进行两次，甚至更多，但是要注意语气："我相信你们还能做得更好，不妨让我们再来一次吧！"

为了提高班级学习氛围和学生们的认真度，"再来一遍"既可以针对个人，也可以针对整个班集体实施。

"再来一遍"比较方便实施，如果在课堂中有些比较棘手的问题，不妨试一试。在迪纳厄斯的数学课上，我们曾经看到这样一幕：在自习期间，有一名学生站起来，穿过教室去取东西，当他走到一位同学身旁时，用手拍了她的脑袋一下，干扰了这位女同学的注意力，甚至还让她有点恼火。很多时候，教师对这种情况也是睁一只眼闭一只眼，认为学生只是开个玩笑，或吸引一下教师的注意力。但是迪纳厄斯非常平静地对这位男学生说："请再来一次。"这名学生回到座位以后，又在教室里走了一次，不过，这次他没有再去打扰那位女同学。这次及时的提醒，很好地制止了一个不经意的行为，使其不至于发展成一个不好的习惯。

反思

在你的班内，有没有出现跟迪纳厄斯班里类似的不文明的现象？你是如何解决的？

_____

_____

四个注意事项

及时纠正。不要等到整个活动结束再重复，一旦发现学生哪里做得不好，应进行及时纠正。

精益求精。不要满足于做了就行，而是要尽力做到最好。

要兼顾行为和情感。学生们的改变往往是由外向内的，"再来一遍"时，要通过调动情感的方法，让学生们以更加饱满的状态和热情去完成。如果只有你自己充满热情，而整个班级热情不高，即使再来很多遍，也只是一种低质量的循环。

给出具体的反馈。要根据时机，给学生提出积极的反馈，让他们知道如何做到更好，"希望你们把眼睛往上看，这样看起来更好一些，让我们再试一次！"

注意言辞

在进行"再来一遍"时，未必一定要把"再来一遍"这四个字说出来，而更应该让学生们感受到一种挑战（"挑战"这个词也未必一定要说出来）。

下面两句话中，你认为哪一句效果更好？为什么？

"打起精神来，让别人看看全校最棒的阅读班是什么样的！"

"同学们，刚才我们做得不太好。让我们再来一次，直到把它做好！"

_____
_____

仔细反思并回顾其他的一些课堂活动，考虑一下哪些可以做得更好。针对这些活动当时出现的问题，设计"再来一遍"的计划。在设计时，要考虑到上文中的四点注意事项。

活动名称：
_____
_____

待改进之处：
_____
_____

如何"再来一遍"：
_____
_____

设计方案

在课堂中,可以进行再来一遍练习的活动有很多,比如,数学课下课后去吃饭,从写作转到朗读,从体育课转移到阅读课,学生调换位进行小组阅读,学生不能跟上教师的进度或者回答问题不积极等。

以上这些活动中,你的班级都进行了哪些?或者,你认为你在进行这些活动时,哪些活动完成得不太理想?选出其中的一到两个活动,设计"再来一遍"的方案。

在设计方案时,应该注意,"再来一遍"未必奏效,可能需要练习更多次。此外,在设计时,还需包括如何向学生解释"再来一遍",从而更好地达到实施效果。

深入分析

在"再来一遍"时,用秒表进行计时,一来可以增加任务的挑战性,二来可以让学生们更加兴奋和积极。也可以将学生分成几个小组,在小组之间开展比赛。

当学生们在活动中出现一些错误,或者活动完成情况不好时,再来一次,也可以作为老师的一种积极干预和纠正。根据技巧11"高标准的行为要求",如果学生们的做法没有达到要求,则必须要承担"再来一遍"的后果。

角色扮演练习

通过书面或口头的形式,跟同事分享自己在课堂中进行"再来一遍"的实施情况。共同讨论,交流意见,找出改进措施,然后把这些好的建议运用到其他的"再来一遍"的练习中。

行动计划

利用该行动计划,继续练习"再来一遍"的技巧,请根据下列标准进行自我评价:

- 及时纠正。
- 精益求精。
- 兼顾情感和行为。
- 给出具体的反馈。

我目前做得怎样?

根据已有的情况制订和改进计划,确定行动周期,按时回顾,进行自我评价。

行动计划(截止日期;练习对象;评价方式)

截止 _____(日期),我将_____

我是怎样做的?

闪光点:_____

存在的问题:_____

改进方案:_____

第十一章

高标准的行为要求

技巧51

雷达扫视技巧与看得见的观察

概要

能够准确地看见教室里每个学生的表现是保证学生积极学习和高效学习的第一步。每个教师都清楚，这个事情似很简单，要做好的话却极具挑战性。因为教师的时间、精力和注意力有限，并且受很多因素影响，在上课的时候有时候就看不见某个学生扔橡皮圈，或者学生应该记笔记时却在涂鸦。更不用说学生眼睛睁得大大的，但思想却开了小差。

教师必须具备"后脑勺长眼睛"的能力才能看到全体学生的课堂行为，并且必须让学生知道教师在时刻监督他们，这对学生具有重要的心理暗示。

反思

在课堂上，学生的哪些行为教师看不见，但教师非常希望能看见？为什么看不见呢？写下你的答案，然后再继续阅读下一部分。

_____

_____

我们的观点（你也可能有其他的想法）： 有时候我们不清楚如何让学生准确地遵守我们的指令，所以，有时候就很难看见我们期望看到的学生行为。作为教师，我们经常同时做几件事情——譬如，一边检查某个学生的作业，一边又去监督其他学生的行为。过分关注一件事情——譬如，开小差的行为，而忽视了其他行为。另外，如果只是站在教室的某个位置，就很难看见整个教室里全部学生的表现。

基本原则

在前面，我们学习了优秀教师采取何种行动才能准确地看清楚全体学生的课堂行为，并且让学生知道教师一直在监督着他们，我们把这些行为称之为"雷达扫视技巧与看得见的观察"。

要清楚地区分这两个术语："雷达扫视技巧"是准确地看见教室里发生的所有事情，"看得见的观察"是让学生知道老师一直在监督着他们。当你能够准确地看见教室里发生的所有事情，并且让学生知道老师一直在监督着他们，那么，开小差的事就不会发生了。

重新定位你的天线

很多老师具有强烈的"雷达扫视技巧"意识，每天都按照惯例走到教室前面的角落，仔细观察学生是否听从自己的指令。道格通过观察主讲教师帕特里克·帕斯托的脚步移动，首次发现了这个冠军技巧，所以我们将这个前面的角落称为"帕斯托的位置"。如下图所示，第一，当你走到这个有利的位置时，你的视野特别开阔。第二，当你站在这个位置时，你会看见教室后面的盲点——一些常常令教师烦恼的盲点。

运用你的舞步

一旦确定了站在教室的有利位置，你就能够准确地看清所有学生的行为，下一步就要采用"看得见的观察"技巧，提醒所有学生，你一直在观察着他们，观察他们的行为是否达到了你的期望，如果没有达到，则要求他们达到。"舞步"是指小的姿势（小的动作，譬如手势），运用这个技巧，表明你的观察很仔细，这对监督学生的行为来说非常有帮助。

转头：转头是采用"看得见的观察"技巧的基础。简单地环视教室，从一边扫向另一边，以保证全方位地看清所有学生，尤其是盲区的学生。转头技巧是基础，是你学会其他动作之前需要首先学会的技巧。

典型定位

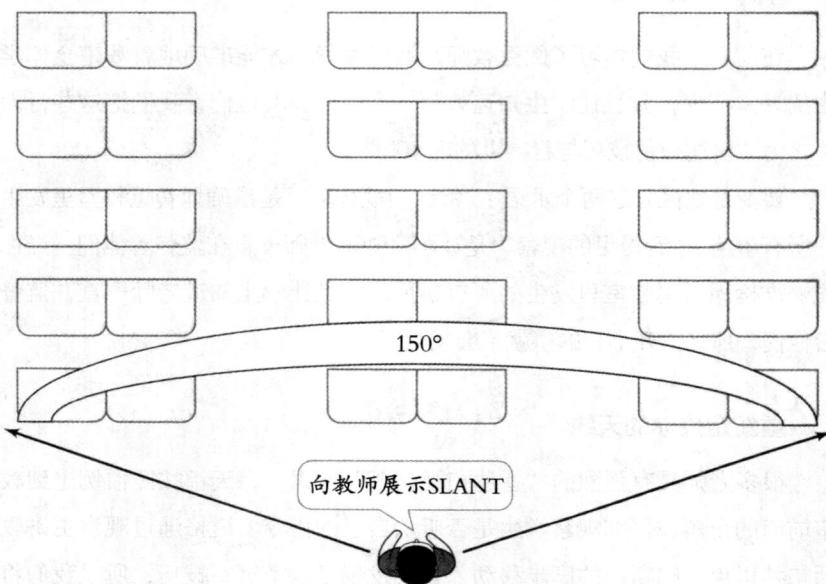

帕斯托的位置

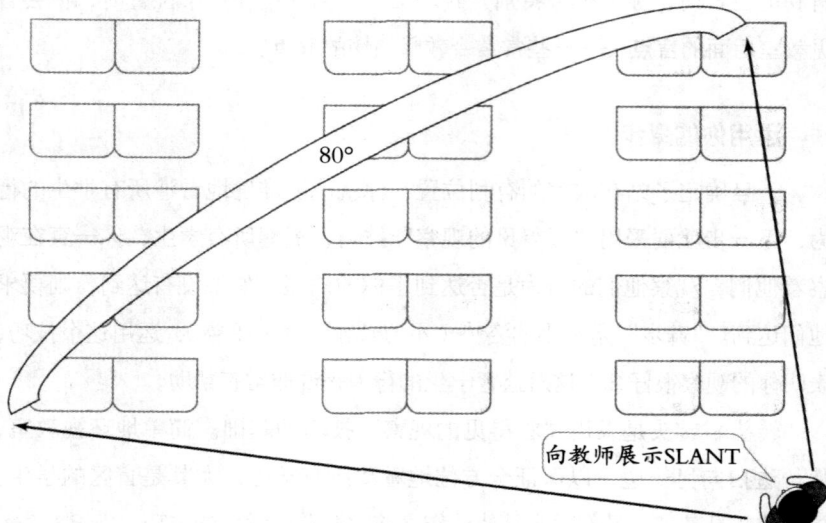

隐性纵队：倾斜身子，好像在看一列隐性的纵队，让学生知道，老师在全心地注意着自己，这对学生的课堂行为非常重要。

政治家：如果发现某些学生达到了你的预期目标，采用突然的方式，热情地向他们打手势。

洒水车：通过转头的方式扫描整个教室，然后从另一个方向再回看一两次，以确认学生全部遵守你的指令。

踮脚尖：踮起脚尖，好像你在看一个阻挡你视线的东西，这就让学生明白，即使坐在后排，老师也在关注着自己。

四分位：如果你俯下身在某个学生的课桌旁指导学生或者做类似的事情，也要不时地抬起头看一下其他学生，有时甚至要转头看一下其他学生。

迪斯科手指：当你转头扫描整个教室时，伸出手指点一下，好像你看到了这个方向的学生。

优秀的课堂管理教师都采用这些"舞步"动作或其他动作来保证学生自始至终听从教师的指令，当学生说"这个教师后脑勺长眼"就并不奇怪了。

深入分析：热情和乐观

采用"看得见的观察"技巧时最好用真诚微笑的方式，这种热情向学生表明：你珍视他们的存在，欣赏他们按指令学习，期待他们做得更好。有些优秀的教师，如帕斯托甚至会加上一些积极的肢体语言，譬如，竖起大拇指，微微点头，这种姿势会鼓励学生听从指令，并让听从教师指令变得常态化。

与一两个朋友一起练习

跟一个朋友一起，进行角色扮演，一个教师给一个学生下达如下指令：
- "睁大眼睛。"
- "现在开始对课文进行注解。"
- "不要看小说了，请打开书，翻到第二章。"

说完这些之后，一边采用"舞步"技巧，一边扫视整个教室，这也是"看得见的观察"技巧之一。

两个人转换角色，采用其他动作，每个动作练习三次。

1. 练习。

2. 增加一些自然的因素，每个动作做两次，第一次非常明显，第二次不那么明显，但更自然。

3. 增加热情的动作。扫视教室，面带微笑或者展示其他友好的动作（譬如点头、竖起大拇指等）。

成功的要点

- 与学生进行持续的眼神交流。
- 练习"舞步"动作，看起来自然顺畅。
- 真诚地、面带微笑地扫视整个教室。

行动计划

运用刚才学到的成功要点，检查一下你是否掌握了"雷达扫视技巧与看得见的观察"这个技巧。

我目前做得怎样？

根据已有的情况制订和改进计划，确定行动周期，按时回顾，进行自我评价。

行动计划（截止日期；练习对象；评价方式）
截止 _____（日期），我将_____
我是怎样做的？
闪光点：_____
存在的问题：_____
改进方案：_____

技巧52

彰显学生的遵从：增强教师指令的趣味性和触知性

概要

要求学生遵从教师的指令有时候需要运用某些技巧，但教师应当尽量让自己发出的指令"明显"，即，学生完成指令的行为能够容易观察到，这样就更能保证学生完全遵守教师指令。

反思

在课堂上，你是否发现有时候很难确定学生是否遵从了你的指令？举例来说，你不能确定哪个学生完成了你指定的任务，哪个学生没有完成你指定的任务。你还能举出其他例子吗？

_____

_____

基本原则

> **《像冠军一样教学》回顾**
>
> 道格简明地总结如下：
> 照理说，让学生执行的行动越明显，你观察学生的行为就越容易，学生也更能默默地意识到你能看得一清二楚，这就加大了他们

> 按要求做事的可能性，同时更加方便你向学生问责。据我观察，一些聪明绝顶的教师有办法增加"可观察的指令"的趣味性和触知性，同时，加大对学生遵从的激励，并提高自身管理能力。

技巧练习

下面是一些常用的课堂指令，改写它们，以便让这些指令"明显"。然后，融入到下一节课中。要保证你要求学生做的事情是"明显"的，能够管理的，一定不要太复杂。另外，你要在教室里四处走动，扫视学生，以保证学生都遵从你的指令。

"放下铅笔。"	"把铅笔放到铅笔盒里。"
"把书拿出来。"	
"注意了。"	
"安静！"	
"正确走路。"	
"你在学习。"	
"停止。"	

行动计划

使用这个行动计划表，继续学习"彰显学生的遵从"技巧。当你发现学生能够很好地遵从你的指令时，那就说明训练效果良好。

我目前做得怎样？

根据已有的情况制订和改进计划，确定行动周期，按时回顾，进行自我评价。

行动计划（截止日期；练习对象；评价方式）
截止 _____（日期），我将_____
我是怎样做的？
闪光点：_____
存在的问题：_____
改进方案：_____

技巧53

最低侵扰干预：最大化教学时间、最小化课堂矛盾

概要

教师管理学生行为的一个重要目的是用最低侵扰干预来纠正学生脱离课堂任务的行为。使用"最低侵扰干预"技巧的意思就是不动声色地纠正学生的错误，而且尽量秘密地进行，这就给学生保留了面对教师高期待而在私底下做出一定抗争的权利，也让学生（或者他们的同学）不太可能在公开场合尴尬地改正自己的缺点，也能让教师和学生都积极正面地完成各自的任务。如果你停止教学，让学生改正错误，那么所有人就都转向这个问题，没有人去继续完成自己的任务。当然，面对学生的错误，你也不能每次都轻声细语，每次都不打断学生，但目标是将侵扰干预降到最低。

反思

你和你的同事目前采取什么方法来纠正学生脱离课堂任务的行为？这些方法是否具有侵扰性？程度如何？结果如何？

_____

_____

基本原则

使用"最低侵扰干预"技巧的关键是尽早纠正学生的问题（参考技巧54："坚定沉着"）。发现某个学生脱离课堂任务，早纠正比晚纠正效果好很多，这会让你稍微介入就能纠正学生的错误。一旦学生的错误变"大"了，

想轻声细语地纠正就很难。

1. 非言语干预

纠正学生错误的最理想方式是你一边教学，一边用非言语干预，这就能够保证整个班级的学生能够继续学习。看得见的非言语干预包括一个姿势（用一只手模仿写作的方式提醒学生记笔记），或者示范一个动作（通过自己坐直让学生坐直）。你也可以采用自我打断的技巧（参考技巧56："强有力的声音"）作为非言语干预。自我打断就是说话时暂时停下，以便引起学生的注意。

2. 积极集体纠正

另外一个迅速让刚刚脱离任务的学生集中注意力的比较轻的侵扰性干预方法就是集体纠正：对整个小组给出快速、简短的言语指令。如技巧57"该做什么"所描述的那样，告诉学生应该做什么，而不是不应该做什么。注意，语言要简洁。

"同学们，现在是看书时间。"

"检查一下自己在用眼神跟踪。"

"展示一下你的'SLANT'。"

这种积极的纠正学生错误的一般性描述提醒班级里的每个学生，老师的期望是什么。这种方法会纠正所有脱离任务的学生，不管是你已经发现的，还是你没有发现的。如果你发现某个学生还是没有按照你的要求做，你可以与他/她做一个眼神交流，或者微微点点头，提醒他/她你希望他/她改正，要注意尽量避免点名批评。

在技巧56"强而有力的声音"那一章就会读到，声音小的力量常常大于声音大的力量。同样，耳语（或者演员对观众一般的耳语）常常会更有利于提高团队效率。

3. 匿名个体纠正

如在"集体纠正"中一样,"匿名个体纠正"也要向所有学生简短地指明你期望他们应该做什么,但是要增加一句说明:有些学生没有按照要求去做。

"我在等两位同学按照要求做。"

"等一会儿,我们还需要一位同学将铅笔准备好。"

你可以先使用"集体纠正"法,然后再使用"匿名个体纠正"法:"需要每个学生都将书翻到第三页(集体纠正),我们还要等两位同学(匿名个体纠正)。谢谢。"

到目前为止,我们已经学习了三个技巧:非言语干预、集体纠正、匿名个体纠正。区分一下它们的不同,有时候你可能使用这个,有时候可能避免使用那个,它们的优点和缺点是什么?

根据下列情况,请写出如下例子应该使用哪种方式,"集体纠正"还是"匿名个体纠正"?然后写出你使用的纠正语言。第一个已经给出答案。

1. 学生懒洋洋地坐在椅子上:

干预方式:"积极集体纠正";言语:"同学们,展示一下你的'SLANT'。"

2. 学生的头靠在课桌上,眼睛睁着。

干预方式:_____ 言语:_____

_____

3. 学生的头靠在桌子上,眼睛闭着。

干预方式:_____ 言语:_____

_____

4. 学生在与同伴交流时,眼睛看着窗外。

干预方式:_____ 言语:_____

_____

5. 学生低着头在桌子底下找东西。

干预方式：_____ 言语：_____

_____

6. 学生一直举手（提的问题与你问的问题无关）。

干预方式：_____ 言语：_____

_____

7. 学生在要求"放下铅笔"时还在写。

干预方式：_____ 言语：_____

_____

8. 在上课的关键时刻，某个学生要去上洗手间。

干预方式：_____ 言语：_____

_____

9. 某个平时学习不好的学生今天学习很努力，表现得很好。

干预方式：_____ 言语：_____

_____

4. 私下个体纠正

在使用"私下个体纠正"方式时，你直接指出那个学生的缺点，但是需要在私下里，并且尽量心平气和。例如，你走到脱离任务的约翰的桌子旁，俯下身，用尽量低的声音，快速而心平气和地说："约翰，回答阅读问题是非常重要的，这是作业。我希望你拿起铅笔，好好阅读。"当然，你也可以在教室前面这么大声说，让全班同学都听到，但是私下里说效果更好。

当你使用"私下个体纠正"方式时，比向全班指明完成某项任务（发现某个学生的问题，然后向全班指明完成某项任务）更少一些侵扰性。另外，使用强调目的的效果比使用权力的效果好。譬如，"这样做对高中学生非常有用"就比"你们必须按照我说的做"效果好。最后，言语要简明扼要，要能引起学生的注意。说出应该怎么做，为什么这么做。表达（用语言或者语调或者身体语言）你对问题学生的关心，然后回到其他学生身边。时间不超过10~15秒，否则就没有"私下"了，而且会占用你太多的教学时间。

假设你告诉学生阅读某页的课文，从第一行读到最后一行。但是有一个学生却在做如下的某件事情。做一个"私下个体纠正"计划，然后事先练习，最好是与一位同事一起练习。交流会碰撞出很多思想火花，有助于双方成长。

- 经常盯着窗外。
- 由于以前表现不好，经常低着头。
- 经常在不合适的时间举手。

举例

保尔，眼睛看着我，我发现你没有看书。如果你眼睛没有盯着书，你就无法阅读，我不会让这种事情发生。当下次再阅读时，你的眼睛必须盯着书，当我叫你时，你要大声读出来。

你的"私下个体纠正"计划：

_____

_____

5. 个体私下准确表扬

"私下个体准确表扬"是"私下个体纠正"的姊妹篇，但是更依赖于技巧59"准确表扬"，让学生意想不到。你走到一个犯错误的学生跟前，不是私下批评他，而是私下表扬他。通过平衡批评与表扬的利害，你发现表扬更能够获得学生的信任，因为一般来说，学生犯错通常都会被老师批评，如果平衡了批评与表扬，就削弱了其他同学看不起犯错同学的倾向，在学生犯错进行干预方面创造更大的私人尊重空间。

做一个"个体私下准确表扬"计划，然后事先练习，最好是与一位同事一起练习。交流会碰撞出很多思想火花，有助于双方成长。

- 某个学生的评论让讨论更加艰难，但是这个学生的作业一般都做得很好。
- 一个平时表现不太好的学生在认真地记笔记。
- 一个学生帮助一个迟到的学生，以便快速参与小组活动。

你的"个体私下准确表扬"计划：

_____

_____

6. 快如闪电的公开纠正

私下或者匿名纠正学生错误并不总是有效的，有时候（尽管并不理想），教师会不得已公开批评学生。按照下列方法锻炼自己，要有信心、要快速、要果断。

- 尽量缩短批评犯错误的学生的时间。
- 告诉学生应当怎么做，而不是批评他做错了什么。
- 尽量转移同学们的视线，不要把注意力集中放在那个犯错误的学生身上，"杰奎因，眼睛看着我，就像科拉莱斯和宝拉一样"或者："杰奎因，眼睛看着我。科拉莱斯的眼睛很明亮。宝拉的眼睛也很明亮，谢谢"。

另一个"快如闪电的公开纠正"的方式是根据"私下个体纠正"方式进行示范，也就是说，你将自己的声音降低到舞台耳语，"丹妮，我需要你现在就开始写。"这样你就兼顾了公开纠正和私下纠正，而对丹妮也很友好，因为你在努力顾及她的尊严，尽管她表现得很不好。我们把这个技巧称为"耳语纠正"，在对学生的错误无法采用全部私下批评时，这个方法是最好用的。

小组耳语纠正训练

因为干预对我们很多人来讲都是一个很大的社会问题挑战，当你练习时，也许值得与某个同事或者一个小组进行讨论。

这个训练很简单，它让你在做耳语纠正时，既不点学生的名字，又不耽误上课时间。几个人坐在桌子旁边扮演学生，一人站着扮演教师。教师选取一个授课内容，然后在某个时间降低声音耳语道："我需要你们记笔记。"其他人（扮演学生）开始记笔记。

进行角色转换，至少每人扮演老师一次。在第二轮，教师可以用其他问题替换"我需要你们记笔记"。

然后，大家进行讨论。

反思

采用"最低侵扰干预"技巧如何影响你和学生之间的关系？
_____
_____

行动计划

运用如下行动计划，继续学习"最低侵扰干预"技巧。如果能做到如下几点，则表明训练效果良好：

- 尽早干预。
- 尽量使用那些侵扰较少的干预方法。
- 干预的时间越短越好。

我目前做得怎样？

根据已有的情况制订和改进计划，确定行动周期，按时回顾，进行自我评价。

行动计划（截止日期；练习对象；评价方式）

截止 _____（日期），我将_____

我是怎样做的？

闪光点：＿＿＿＿＿＿＿＿＿＿＿＿＿＿＿＿＿＿＿＿＿＿＿＿＿＿＿＿＿＿

存在的问题：＿＿＿＿＿＿＿＿＿＿＿＿＿＿＿＿＿＿＿＿＿＿＿＿＿＿＿

改进方案：＿＿＿＿＿＿＿＿＿＿＿＿＿＿＿＿＿＿＿＿＿＿＿＿＿＿＿＿

技巧54

坚定沉着：巧妙避免冲突，增强课堂掌控力

概要

教师属于管理者，在管理学生的行为方面，当你保持坚定沉着时，学生更有可能遵从你的指令。当你把焦虑、紧张、不安的情绪显示出来时，不仅会分散学生的注意力，而且不会达到你预期的效果。但是，当你的行为向学生表明你很难容忍不遵从你指令的学生时，那么学生就会自我完成任务，达到你的预期目标。

反思

在课堂管理方面，你是否遇到自己情绪不稳定的情况？如果有，是什么因素导致你情绪不稳定？你认为，这些因素为什么会影响你？

_____

_____

基本原则

及早发现

保持"坚定沉着"的一个重要行为就是尽早发现学生离开课堂任务开小差的问题，这可能有点违背直觉，但在学生刚刚犯错误时，就逮着他、纠正他，就会避免把小错误演变成大错误，小错误用很小的努力就能改过来。我们感到不安，往往是学生的某个不当行为持续的时间长，所以，与其让小错误变大到很难改正，还不如在刚发现时就纠正它，这样既省时又省力。

目标高于权力

我们一直强调,作为教师,你的目标是帮助学生学有所成,而不是为了巩固你作为一班之主的权力。譬如,"我们要相互倾听(我们要看着讲话的人)",表明你尊重学生。但是,如果你说"我要求你们认真听,我要求你们看着讲话的人"就显得是在使用权力。你越关注目的(而不是权力),学生会越有可能达到你的预期。

"谢谢你"的力量

对遵从指令的学生说声"谢谢你",是激励学生最有力的方法之一。第一,对遵从指令的学生说声"谢谢你",能表明教师的礼仪素养,反复示范说"谢谢你"和"请"能够在班级强化这个理念。第二,说"谢谢你"可以向学生表明并微妙地提醒学生,以前犯过错误的学生,现在听从你的指令了,这就强化了你对学生的期待,并且形成一种"在你的班级所有学生都听从你的指令"的常态化氛围。譬如:"我们都要写下自己的想法。所有人(看着丹尼尔),请,谢谢你。"

使用普遍的语言

提醒学生,期望是普遍的,而不是针对个人的,传递一种全体的意识。例如,尽量使用"我们"代替"我"。或者,经常提醒学生,你的期待是对全班学生的。请注意下面这个例子中所使用的语言,我们用斜体来进一步强调,"只是快速提醒一下我们的讨论习惯。我们都要保证,我们都使用这些习惯"。

展示灿烂的脸

沉着平和的表情是教师最有力的工具之一,它表明教师对学生温暖、关心,更不必说教师的信心了:它传达给学生一种一切都会进展顺利的信号。尤其对不太信任教师的学生来讲，教师的信心显得尤为重要。这就向学生表明，你沉着，一切都在掌控范围内，你给学生讲课感到很高兴，看到学生学习你也很高兴。

进行确认扫视

有时候学生怀疑是否应该做正确的事情，确认的眼神就能够打消这种怀疑。有时候布置完作业后，最好的方法就是转身离开（就好像你确定学生能够按照你的指令去做），但回头进行确认扫视会让学生保证按照你的指令去做。这个信号表明，你相信学生会遵从你的指令，但也必须接受你的监督。

沉着指挥

有时候我们认为，提高声音会立刻解决问题。但是，提高声音会分散学生的注意力，扰乱学生的正常行为。当你对学生大声喊叫时，即使面对全班学生，学生不会想老师要他们做什么，而会想老师为什么大声喊叫，喊叫时怎么这个形象。换位思考，如果别人对你大声喊叫，你会有什么感觉？大声喊叫会干扰学生集中注意力学习，无助于培养学生的责任心。通过沉着指挥让学生做该做的事情，这种效果是最佳的。如果需要更多的指导，请参考技巧61"心平气和"。

自我练习或与同伴练习

为了练习"目标高于权力"这个原则，改写一下在课堂上经常说的话。

"我让你眼睛盯着（看着）讲话者。"	"当你眼睛盯着讲话者时，表明你在听、关心讲的内容。谢谢你。"
"我让你坐直。"	
"都不准讲话！"	
"我需要你现在就写作业。"	
"注意了！"	

展示灿烂的脸

通过下列一些断断续续的句子，练习如何展示你灿烂的脸，这会让你喜欢教学。例句的顺序包括刚开始讲某个句子，停下来纠正学生的错误，面带微笑，继续教学。在镜子面前练习，或者录像，不停地练习，直到找到最好的状态，教师表情自然而面带微笑有助于培养学生的乐观主义。

例句：

海螺的规则是——请打开你面前的书（面带阳光般的微笑）——海螺的规则是什么？

你自己的句子：

_____

_____

进行确认扫视

用书中提供的场景和提示（或者你自己设计的场景和提示），练习眼神确认扫视技巧，练习三轮，每轮都做一些纠正。给学生发出指令，走开，然后回头进行确认扫视。在这三轮练习中，给学生发出指令到进行确认扫视的时间有所不同，这要根据你对学生谨慎的程度（你传递确认扫视的速度越快，说明你对学生越谨慎）。

场景1：你发现某个学生没有做你刚刚布置的作业，你应该说什么？	提示："要保证你在写作业。"
场景1：	提示：

第一轮：给学生发出指令，走开，迅速进行确认扫视。

第二轮：给学生发出指令，走开，3秒钟后进行确认扫视。

第三轮：给学生发出指令，走开，5秒钟后进行确认扫视。

第四轮：给学生发出指令，走开，多于5秒钟后进行确认扫视，然后走到这个学生身边，给他一个提示。

行动计划

继续学习"坚定沉着"这个技巧，参考如下成功要点：

- 尽早发现学生问题并及时纠正。
- 控制情绪，保持冷静，展示灿烂的笑脸。
- 使用普遍的语言，注重目标，而非权力。

我目前做得怎样？

根据已有的情况制订和改进计划，确定行动周期，按时回顾，进行自我评价。

行动计划（截止日期；练习对象；评价方式）
截止 _____（日期），我将_____
我是怎样做的？
闪光点：_____
存在的问题：_____
改进方案：_____

技巧55

惩戒的艺术：牢记我们的目的是为了让学生变得更好

概要

惩戒不仅仅是惩戒，惩戒的目的是要教育学生——让学生从错误中反思和吸取教训，同时，惩戒也应当成为对所有学生的普遍规则，这样对学生才公平。另外，惩戒应当能够使课堂管理积极有序，并保护正在按照教师指令学习的学生拥有不可侵犯的神圣权力。我们概要地列出了一些简单有效的惩戒原则，这些原则是我们精心设计并经过实践验证的，我们称之为"惩戒的艺术"。

一般来讲，要努力使惩戒达到：

快速安静。 惩戒要快，而且尽量不动声色，尽量不打断上课顺序，不占用上课时间，这样就能够尽量保持私下进行，让学生回到正确轨道上。

递增。 先从小的惩戒开始，然后根据需要逐步递增，这样就能够让学生付出最小的代价吸取教训，并逐步达到教师的期望。同时，也避免使教师处于最难管理的处境：学生一旦失去了信心，就很难回到正确轨道上。

一致。 始终让惩戒满足你的要求，这就避免了学生试图"试探看看"你的惩戒是否一定执行。惩戒的一致性还包括对待其他所有学生都一样——规则对所有人都是一样的。

客观。 进行惩戒时尽量保持其私密性，尽量保持沉着，尽量控制自己的情绪，使用的语言对事不对人。如果可能，在惩戒一个学生之后，如果这个学生有一点点进步，就再次给予他积极的评价。

反思

在惩戒学生时,你一般都说些什么?写在下面。
_____
_____

我的修改(目前先跳过这段,等过一会儿再回来)。
_____
_____

基本原则

如何做出惩戒

如何做出惩戒和惩戒本身一样重要,以下四个原则能够帮助你达到惩戒的目的:

1. 为行为贴标签。快速而有效地告诉学生,什么行为会被惩戒,这样一来,学生就知道这个行为不对,而且会从犯错的行为上吸取教训。例如:"达米安,注意了,向你的同学学习。"或者:"达米安,注意了,看看你的同学是怎么做的。"让他知道他目前的行为不对,而且知道应该怎么做。

2. 语气回转。鼓励学生在受到批评时服从,把批评看作是一个小问题,而不是大问题,例如:"达米安,不要喊出你的答案。不要说话,举起手就行,给我展示一下。"

3. 维持步调。尽量不要中断上课,尽量使惩戒在私下进行,惩戒时尽量又快又准。

4. 回归正轨。在惩戒后,迅速热情、充满活力地恢复正常上课,以便向学生表明,惩戒已经结束,你很沉着,一切都在你的掌控中。

当然,对每个惩戒都能做到这些是不可能的,关键是尽量做到经常使用这些原则。

对某些惩戒方法进行复习

第一个反思

回到第一个反思,在惩戒学生时,你一般都说些什么。看完后进一步反思,或者使用四个原则或其中的某个原则进行反思,看看你是否能够使用"为行为贴标签"和"语气回转"的原则。

更多的复习

看下面的例子,然后重写后面五个批评学生的句子,使用你学习的有关原则。你可以改写教师说的句子,即惩戒学生的语言。

例句:"开始使用铅笔了。泰拉,你没有听见我说的话吗?当我要求你写作时,我希望看见你开始写作。因为你没有听讲,所以把你的奖惩卡卡片换成黄色。"

改写:"泰拉,警告。我们都在写作,希望你跟我们一样。"(三个警告就要改换一次奖惩卡卡片的颜色。)

1. "杰克,警告,现在不应该跟实验伙伴说话。"

   改写:

   _____

2. "大卫,声音小点。这是第三次了,下次就要罚你两个学习币。"

   改写:

   _____

3. "莫里斯,上几何课不能睡觉。抬起头来,你知道为什么,给你一次严重警告。"

   改写:

   _____

4. "卡珊德拉,停一停。你发言时,有几个同学在私下里讲话。迈克尔,詹妮弗,如果你们再讲话,我就给你们的父母打电话。好了,卡珊德拉,继续讲。"

改写：

_____

5."卡莉，你现在还没开始写，我知道你会做得更好。当我回来时，希望你的第一页都写满了。"

改写：

_____

布里奇特·迈克尔达夫，五年级

下面是五年级的布里奇特·迈克尔达夫老师说的话：

听从我的指令。当其他同学都做某件事情时，你必须尊重他们，并显示出你的同情心，这非常重要。这个你是知道的，你必须这么做，嘲笑同学就扣你10个学习币。但是我知道你会纠正自己，并完成该完成的作业，请立即行动。

布里奇特展示的惩戒技巧为什么有效？请用我们学习的原则描述一下。

_____

你认为什么因素会导致布里奇特决定使用更大的惩戒，而不仅仅是纠正？

_____

惩戒与纠正

学生行为管理的一个非常大的挑战是：仅仅纠正学生，还是惩戒学生。并不总是二者选其一，有时候需要二者都使用。下一次遇到挑战时，可以考虑使用下列惩戒原则：

动机。如果学生故意或者公然反抗你的指令，那就使用惩戒。如果动机是好的或者不明确，那就使用纠正。

持续和重复。如果学生持续脱离课堂任务，那就使用惩戒。如果学生一次又一次地违反指令，说明纠正已经不起作用，那就只能使用更严格的惩戒。

破坏的程度：如果学生的行为干扰了其他学生学习，那就使用惩戒。如果没有干扰，那就使用纠正。

阅读下列情景，说出你是使用惩戒还是纠正，说明理由，然后写出惩戒或者纠正的方法。

1. 在一个小的演讲和讨论中，你发现杰米和亚历克斯没有按照要求记笔记。你一边讲课，一边走到他俩面前，用身体语言告诉他们要记笔记。杰米拿起铅笔开始记笔记，但是亚历克斯转过头去跟同学说话。当你责问亚历克斯时，他却说："我只是问同学借一支铅笔。"

我将给亚历克斯（惩戒或者纠正），因为：

_____

我惩戒或者纠正的方法是：

_____

2. 在整个上课期间，阿尔弗雷德都无精打采地懒散地坐在凳子上。首先，你用一个手势警告他，他坐直了。过了几分钟，你又在学生做作业时私下里警告他，他又纠正了自己的坐姿。5分钟后，他又懒散地坐在凳子上，而且这次还低下了头。

我要给阿尔弗雷德（惩戒或者纠正），因为：

_____

我惩戒或者纠正的方法是：

_____

3. a. 当学生完成某个作业后，你希望学生集中注意力听你讲。你发出如下指令："放下铅笔，双手交叉，眼睛看着我，五、四、三……"当你数到"一"时，所有学生都听从了你的指令，只有凯西还在写。

我要给凯西（惩戒或者纠正），因为：

_____

我惩戒或者纠正的方法是：

_____

3. b. 当学生完成某个作业后,你希望学生集中精力听你讲。你发出如下指令:"放下铅笔,双手交叉,眼睛看着我,五、四、三……"当你数到"一"时,除了凯西,其他所有学生都听从了你的指令。凯西没有完成作业,眼睛还瞅着窗外。

我要给凯西(惩戒或者纠正),因为:

_____

我惩戒或者纠正的方法是:

_____

4. 你注意到,平时一直很听话的查理却在这次独立完成作业时与身边的一个女生耳语。你过去警告他,他却把笔向桌子上一甩,说:"我在帮助她做第三道题!"

我要给查理(惩戒或者纠正),因为:

_____

我惩戒或者纠正的方法是:

_____

5. 在你给全班同学讲课时,米格尔却在自己的座位上做起了小动作。当你眼睛看他时,他立刻停下来。当你的目光移开时,他又开始做他的小动作。

我要给米格尔(惩戒或者纠正),因为:

_____

我惩戒或者纠正的方法是:

_____

6. 你的一位比较难管的学生卡迪,平时上课一直都积极地参与。但当你要求她转过身去与同学交流时,她却大笑,似乎没有参与到你要求的题目上。你走过去,她便停止大笑。

我要给卡迪(惩戒或者纠正),因为:

_____

我惩戒或者纠正的方法是：
_____

深入分析：遭遇学生反抗

无论你如何努力，有时候在使用惩戒时会导致学生的行为更恶劣。学生有时候会公然反抗："爱怎样怎样！"有时候会消极地耸耸肩膀："干吗老盯着我？"有时候甚至会大发脾气。

沉着、冷静

从视频中可以看到，应对学生反抗的最佳方法是保持沉着、冷静，既坚持你对学生的期望不变，又不卷入与学生的辩论或僵局中。为了达到这个目的，教师必须首先控制自己的情绪，保持冷静，采用的原则是"显示安静的力量"和"不要参与"，这是技巧56（强而有力的声音）里的内容，不妨先预习一下。

不要参与。反抗的学生试图将你卷入辩论或者讨论中，你可以提醒学生，关于惩戒这件事，以后会有时间讨论，现在必须按照你说的做。

教师：请把你的脚放到桌子底下。

学生：但是她的脚占了我的地方。

教师：请把你的脚放到桌子底下。关于你提的问题，中午吃饭时再讨论。现在，我要看见你的脚在你的桌子底下。

学生：（听从了教师的指令。）

冷静原则。讲话时声音要小，速度要慢，要引起学生的注意，并向学生表明：你很沉着冷静，你善于控制自己的情绪。

尽量在私下里进行惩戒。根据人性化管理的要求，在惩戒学生时，尽量在私下里进行，譬如耳语，譬如在无人的地方进行一对一的批评。

给同事的忠告

假如一位新的同事,教学经历不到一年,来请教你如下问题:

给学生惩戒我感到很沮丧。我清楚,一方面我要采用惩戒的方式来管理学生;但另一方面,惩戒往往让事情变得更糟,或使学生发火,或使学生意志消沉。惩戒也让我很难与学生建立友好的关系。我担心,如果我一直采用惩戒的方式,那么学生们就会认为我在向他们示威"看看谁是老板",我该怎么办?

利用你学习的惩戒原则,给你的同事提出忠告。先给出你的答案,然后再参考我们的答案。

教师陈述	我的答复/忠告
"我认为,惩戒往往让事情变得更糟,或使学生发火,或使学生意志消沉。"	
"惩戒让我很难与学生建立友好的关系。"	
"我担心,如果我一直采用惩戒的方式,那么学生们就会认为我在向他们示威'看看谁是老大'。"	

一些可供参考的答案

(惩戒)会让事情更糟:"学生受到惩戒时,有时候会感到沮丧,因为他们认为惩戒很突然,并且不公平。解决这个问题的最好办法是惩戒要保持一致性,对所有学生都一样。"

惩戒让我很难与学生建立友好的关系，"要想与学生建立友好的关系，你必须赢得学生的尊敬，同时让他们知道你在心里时刻关心着他们，但是关心也意味着要指出他们的缺点。这包括所有学生都必须有一个安全、有序的学习环境，要达到这一点，所有学生都必须做教师所期待的事情，这样学习才会成功"。

我担心自己成为一个老板式的老师。"我同意，永远也不要利用惩戒的手段向学生显示'谁是老板'。这就是我一直强调的，我使用的语言向学生表明，我不是在使用我的权力，而是在帮助他们成功。例如，我抓住一个学生试图跟邻座的学生说话，我会说：'山姆，老师讲课时学生不能说话。请不要讲话，我不想你漏掉老师讲课的内容。'我也向所有学生表明，我要求学生不要讲话，而没有用严厉的词语：闭嘴。"

采取措施，防止学生大发脾气

根据下面的例子，完成其他两种情形的信息，目的是训练防止学生大发脾气。

例子

教师：同学们，放下铅笔，眼睛看着我，三、二、一。

蒂雷尔：(继续与同学耳语。)

教师：(低声)蒂雷尔，不要讲话。

蒂雷尔：但是，我没做什么呀。

教师：(很慢、很轻，仍然是低声)请用眼睛看着我。

蒂雷尔：(开始听老师讲课。)

教师：(轻轻点头认可。)

防止学生大发脾气，情景1：

教师：同学们，合上书，合上作业本，10秒钟内完成。9……

贾斯汀：(继续写。)

教师：

———————————————————————

贾斯汀：我只是在完成我的作业！

教师：

———————————————————————

贾斯汀：（开始听老师的指令。）

防止学生大发脾气，情景2：

教师：（在课堂讨论过程中）同学们，眼睛看着肯尼莎。

德鲁：（试图跟他后面的同学说话。）

教师：

———————————————————————

德鲁：但是，我没做什么呀！

教师：

———————————————————————

德鲁：（把铅笔扔到桌子上，并开始生气。）

教师：

———————————————————————

德鲁：（开始听老师的指令。）

技巧介绍

好好地规划一下如何向学生介绍惩戒管理方法，你的介绍要做到如下几点：

- 事先预测好学生会对惩戒有何种反应。
- 明确你为什么要采取这种惩戒措施。
- 语言尽量简洁。

如果可能，尽量与一位同事一起练习介绍技巧，并请求他/她给予反馈。

与同事一起进行角色转换练习，防止学生发脾气

与一个同事一起，或者在小组里结成对，重新看一下"防止学生大发脾气，情景1"。一人扮演老师，一人扮演学生，根据情景1练习。从同事那里得到反馈，进行修改，然后转换角色，之后，根据"防止学生大发脾气，情景2"进行练习。

行动计划

运用以前学习的三个成功要点，检查一下你对"惩戒的艺术"这个技巧掌握得如何。

我目前做得怎样？

根据已有的情况制订和改进计划，确定行动周期，按时回顾，进行自我评价。

行动计划（截止日期；练习对象；评价方式）
截止 _____（日期），我将_____
我是怎样做的？
闪光点：_____
存在的问题：_____
改进方案：_____

技巧56

强而有力的声音：增强控制课堂谈话的能力

概要

有些优秀教师具备了这样的特点：他们走进繁忙的房间（体育馆、自助餐厅、活力四射的教室），面对充满激情的学生，一说话，学生就立刻听从他们的指令。即使这些老师有时候有那么一点神秘感，但通过细致研究他们的行为，我们还是发现了他们所共同拥有的"强而有力的声音"的六个原则，这些原则保证了学生听从他们的指令：

- 正式语域。
- 摆好姿势，站着不动。
- 显示安静的力量。
- 语言简洁。
- 不要说服。
- 不要参与。

反思

你遇到过这样的教师吗？如果遇到过，你对他们的印象是什么？他们用什么行为、什么态度、什么技能帮助他们掌控课堂？

_____

_____

6个基本原则

正式语域

我们所说的"语域",是指一个人在与他人交流时所表现的身体语言,包括眼神交流、身体姿势、手势、面部表情和语言的韵律。在与他人的交流中,我们一般会在如下三种形式中不断切换:随意、正式、紧急。当作业很重要时,在使用"强而有力的声音"技巧时,教师一般倾向于采用从"随意"到"正式"的切换,很少采用"紧急"的形式,因为这会加剧紧张气氛,引起学生恐慌。下表列出了三者的不同:

三种语域形式

语域	声音/单词	身势语
随意	单词可能连在一起(噼里啪啦的节奏); 语音语调无限制; 词语是口语性的	身体姿势很随意(譬如,身子倾斜或靠在墙上); 眼神接触,时有时无; 手势很随意,重复动作多
正式	单词的每个音节都发得很慢、很清晰、很准确,选用词语很慎重	身体姿势很规范;站得笔直,定期眼神接触,抬头挺胸,双手交叉或者放在背后,手势规范
紧急	语调高,声音大; 单词说得快; 声音令人紧张	眼睛睁得很大; 身体倾斜或者站得笔直; 手势又快又急

反思

为什么采用"紧急"的方式对学生完成任务适得其反?

_____

_____

什么时候该采用"随意"的方式？什么时候不该采用"随意"的方式？

_____

_____

如果你想让学生做听力作业或者听从你的指令完成指定作业时，我们建议最好采用正式的方式。正式方式不太强调信息的明确性，但却强调了信息的重要性。

当你讲授或者讨论学术性的内容时，我们建议采用随意的方式——或者是完全随意的方式，或者是正式方式中的谈话式，这要根据个人的风格。

正式方式中的谈话式是正式方式的一种，这就给了你另一种选择，以保证你根据具体情况让学生集中注意力，明显从随意方式转换为正式方式会吸引学生的注意力。

摆好姿势，站着不动

你常常采用停下来站着不动的方式来强调某件事非常重要——不停地走动说明你脑子里还有其他事情。摆好姿势，站着不动——身子站直，眼睛面向学生，向学生表明听从指令是非常重要的。

显示安静的力量

当管理班级课堂时，你发现班级有点失控，你常常本能地提高声音，快速地发布指令。但是，我们发现，教师提高声音，学生往往也提高声音。更糟糕的是，学生将教师提高声音解读为教师不冷静，这就导致学生越来越不愿听从教师的指令。所以，控制你的本能，说话声音要小，速度要慢。降低说话声音，表现出沉着冷静。

语言简洁

语言简洁是成功的法宝。沟通不仅是让学生听你的，还要展示你的自信，但是只有用简洁的、明确的语言才能有效地实现这个目标。语言简洁会让学生关注什么是最重要的，他们也会欣赏老师的沉着。

不要说服

当你想让学生听讲，你就要确保学生不讲话、不耳语、不发出噪音，从而表明你的讲课非常重要。如果学生做不到，那么采取中间停顿的方式，甚至在说一句话的中间停顿下来，我们称之为"自我打断法"，这种不要说服的方式是让学生立刻听讲的最有效的方法。

不要参与

在谈论学生的不良行为时，不参与其他话题，除非你认为学生的行为改正了、你满意了，然后再讨论其他话题。

个人练习、两人练习或小组练习

如果你与同事或某个小组一起练习，那么你会收获多多。下面的这个方案是根据小组练习设计的，但是你也可以用它作为个人练习或两人练习。

语域练习

在一个小组里，有人扮演教师，有人扮演学生，记住使用如下成功要点：
- 教师展示一下指示性的语调和正式语域的明显区别。
- 教师能够自然地从指示性的语调切换到正式语域。

第一轮：以此练习语域的三种形式（随意、正式、紧急），使用的语言是："放下铅笔，眼睛看着我。"

第二轮：用强烈的指示性语调讲授（可以使用下面的语域例子，也可以使用自己课堂上的真实例子，或者课本上的例子）。转换到正式语域时，注意自己的声音及姿势，譬如说"放下铅笔"。然后，再使用比较随意的指示性语调。从小组成员那里收集信息反馈，然后运用到练习中。

语域练习例子

数学："很好，6cm乘以6cm的确是36cm^2，如果我增加两边的长度，面积会发生怎样的变化？"

科学："昨天我们讨论了物体的三种状态，固体是一种，液体是一种，第三种是什么？"

英语："今天我特别高兴，因为我们要学习新的单词，第一个单词是'Resilient（有适应力的）'，跟我读，'Resilient'。"

"不要说服"的技巧练习

从以下例子中或者从课本的例子中，练习"自我打断"技巧。

"自我打断"例子：

数学："很好，6cm乘以6cm再乘以6cm的确是216cm^2，另一种写法是什么？"

科学："今天我们要学习物体第二种状态——液体的性能，你们的任务是比较一下液体的性能和固体的性能。"

语文："适应力强意思是历经磨难后能够成功。我们先学习字面意义。这些鲜花适应力很强，因为它们生长在炎热的沙漠里的石缝里。在这么恶劣的条件下，它们不仅能够生存，而且还长得非常漂亮。用你们自己的话，说明它们的适应力强。"

"自我打断"的成功要点：

1. 教师摆好姿势，站着不动。
2. 教师使用正式的身势语和面部表情。
3. 教师夸大使用自我中断的姿势。

"不要参与"的技巧练习

使用头脑风暴的方式找出几个例子，进行"不要参与"技巧练习，根据以下例子，再列出几个例子，包括你说什么、做什么。每个例子，多列出几个行动。

例子	我会说什么	我会做什么
学生在桌子底下相互踢对方	"停止踢对方……三、二、一（暂停）。现在，请回答我的问题。"	我会摆好姿势，保持面部表情严肃，准确地说出我的指令

如果可能，则在小组面前、同事面前，或者镜子面前练习。注意以下几个成功要点，注意收集反馈信息。

- 能够使用身势语和语调传递不参与的信号。
- 指出学生的不当行为，要学生遵从教师指令。
- 保持沉着冷静。

行动计划

请利用下面的计划表，继续学习"强而有力的声音"这个技巧。参考如下成功要点：

- 在发出指令时，主要采用正式语域。
- 有意识地在随意、正式和紧急语域之间切换。

我目前做得怎样？

根据已有的情况制订和改进计划，确定行动周期，按时回顾，进行自我评价。

行动计划（截止日期；练习对象；评价方式）

截止 _____（日期），我将_____

我是怎样做的？

闪光点：_____

存在的问题：_____

改进方案：_____

技巧57

该做什么：使用明确的指令，告诉学生应该做的事情

概要

学生想遵从你的指令，但却常常发现很难，因为你的指令不是很明确。在有些情况下，学生就利用指令模糊的特性，故意采用对他们最有利的因素，而不听从老师的指令。换言之，明确指令非常重要。所以，要想使你的学生取得成功，要想使你教的班级取得成功，就必须给出明确的指令：下一步"该做什么"。

反思

下面两句指令是我们参观一所学校时偶尔听到的："里基，别到处闲逛。""塔莉娅，集中精力。"这两个指令都没有效果，为什么？

_____

_____

我们认为这两个指令都没有效果的原因是（也许你有其他原因）：这两个指令都很模糊、不明确，都告诉学生不要做什么而没有告诉学生该做什么。例如，里基不应该到处闲逛，那他应该做什么？塔莉娅如何集中精力？两个学生都不清楚教师让他们做什么，不明确的指令只会让学生去猜测。

基本原则

有效的指令

有效指令必须容易理解，能够遵从（即使在强迫下），它们的特点是：

明确。要学生成功遵从，必须明确告诉学生该做什么。例如，不要说："去做作业。"应该说："应该动动铅笔了。""请开始回答第一个问题。"

具体。有效的指令涵盖清楚的、可实施的并且学生懂得如何执行的任务，具体指令应当消除学生可能不知道"怎么做"的灰色地带（或者佯装不知道）。

连续。将复杂的指令分解为一系列简单的行动，假如一个学生不愿意进行写作任务，你可以说："请拿起铅笔，谢谢。指向第一个问题，开始。"

可观察。要检查学生的责任心，一方面，就让学生做容易观察的事情。这样，你就知道学生何时完成了任务（参考技巧52：彰显学生的遵从）；另一方面，学生也知道老师清楚他们何时完成任务，这样，学生就不会去尝试灰色地带。说："眼睛向前看。"不说："注意了。"说："放下铅笔，眼睛看着我。"不说："眼睛看着我。"

脱离课堂任务的原因

技巧"该做什么"还有诊断的价值，有些指令能帮助你确认学生脱离课堂任务的潜在原因。指令具体到几乎不可能误解的程度，会帮助你了解学生是真的不清楚还是故意不听从你的指令。如果教师没有弄清楚学生是否明白你的指令就惩罚学生，则会破坏教师与学生的关系，破坏学生对教师的信任。如果指令非常清楚，毫无歧义，学生仍然不执行，那么给予惩罚则非常容易，也非常公平。

技巧练习

记住，教师给学生的指令必须明确、具体、连续、可观察。阅读下面情境，重新写一下教师指令，然后选择其中的一些，自己练习或者与同伴一起练习。运用如下成功要点，评估你的练习是否有效。

- 教师给出的指令是要求学生应该做什么，而不是不应该做什么。

- 指令必须简洁。

1. 9月份，在幼儿园。在要求学生大声阅读时，你发现丹尼斯和爱丽丝在地毯上说话。

指令：丹尼斯，不要和爱丽丝说话。

使用技巧"该做什么"改写这个指令。

_____

2. 你正在给二年级的学生分发社会学的学习资料，前排的几个学生拿着上一课的学习资料在桌子上玩耍。

"请拿好资料，传递给下一个同学。"

使用技巧"该做什么"改写这个指令：

_____

3. 你的四年级学生刚刚完成了数学作业，吃中午饭的时间到了，但仍有一半的学生资料还放在桌子上。

"排好队，准备吃饭。"

使用技巧"该做什么"改写这个指令：

_____

4. 你和五年级的学生走着去上体能训练课，你听见有几个学生一边走一边说话。

"嘘，嘘。"

使用技巧"该做什么"改写这个指令：

_____

5. 你的六年级学生正在进行练习测试，有三个八年级的学生在教室外闲逛，并且大声说话。

"别到处闲逛。"

使用技巧"该做什么"改写这个指令：

_____

6. 你正在给九年级的学生总结《杀死一只知更鸟》的主要特点，却发现只有一半的学生在记笔记。

"你们应当把这个写下来。"

使用技巧"该做什么"改写这个指令：

_____

7. 你要给十一年级的学生上第二次化学课，有几个学生正在讲话（他们转过身，和过道那边的学生讲话），一个学生拿着铅笔玩。

"我要讲课了，请准备好听课。"

使用技巧"该做什么"改写这个指令：

_____

8. 你正在讲代数课的加减多项式。在独立完成作业期间，你发现谢林没有给出计算的过程，只是写下了答案。（老师走到谢林身边，停下来）"看看你的作业，我到底说你什么好呢？"

使用技巧"该做什么"改写这个指令：

_____

9. 你要求学生完成第三章第三部分康奈尔笔记法那一部分，要求写一页纸。有些学生忘了写总结部分，有些学生忘了注明关键词。

（老师指着墙上的康奈尔笔记法的范例，告诉同学们）"在写作时，记住按照这个格式写。"

使用技巧"该做什么"改写这个指令：

_____

10. 你要求一年级的学生用两个句子回答如下问题："上周末你干什么了？"你在检查时，发现一个学生情绪异常，不愿意动手写。下面是你事先告诉全班的要求。

- 先读问题："上周末你干什么了？"
- 动笔写作前，先低声问自己这个问题，问五次。
- 就这个问题，写两个完整的句子。

"马森，开始写你的作业。"

使用技巧"该做什么"改写这个指令：

_____

11. 在全班一起朗读完《野性的呼唤》后，你要求学生采用交互式的阅读技巧，单独阅读这一章的最后一页。你发现，大约一半的学生没有采用交互式的阅读技巧。

"手里拿着铅笔。"

使用技巧"该做什么"改写这个指令：

_____

12. 你告诉学生"转身讨论"（技巧43），发现有几组学生动作很慢；有些学生只顾自己讲话，同伴根本插不上嘴，有些则没有讨论老师提出的话题。

"你们应当讨论我刚才提出的那个问题。"

使用技巧"该做什么"改写这个指令：

_____

13. 在讲授"法国革命"这一章的语文课时，你要求学生阅读一段"人类权利声明"，这篇文章是"法国革命"的前置文章，以前已经讲过，你让学生阅读完后再进行分析。你发现学生没有进行分析，而是直接回答阅读理解里的问题。

"记住，先分析，然后再回答问题。"

使用技巧"该做什么"改写这个指令：

_____

深入分析

在对优秀教师进行观察并与他们进行交流后，就技巧"该做什么"，我们还发现了以下要素。

前后一致。将你的指令语言标准化，或者至少寻求使你经常发出指令的语言前后一致。用同样的语言说同一个指令，久而久之，会形成一种习惯，这会让你的指令效果实现最大化。

增加一个手势。增加一个非言语手势，会增进理解，提升学生的遵从度。随着时间的推移，你也可以在"该做什么"这部分将非言语手势做到前后一致。

检查学生对指令的理解情况。如果学生对你的指令似乎没有反应，那就采用技巧"该做什么"，检查一下学生对你的指令是否理解。"特里，告诉我你应该独立完成哪一页的阅读？珍妮，在阅读时应当在哪些句子下面画线？西蒙，下一步要做什么？"这些提问可以确保学生理解你的指令，不会产生困惑。

简化指令。当你发出指令时，学生无法恰当地应对，你就会处于一种尴尬的境地。这时，你可以将指令分解为更为具体的任务，"我请你开始写作。首先拿起铅笔，好，开始写。"

在发出指令之前先提出期望。在提示开始一个例行行为之前，预先给出一个该做什么的指令，这对形成自主性非常有用，"当大家听到计时器响的时候，请把铅笔放到铅笔盒里，并做好复习的准备。"

做最好的打算。如果学生不服从的根本原因不明确，无论何时，都要往最好的方面想，要让学生知道，你相信他们很努力，你相信他们一旦理解了你的要求就会照做。"嗯，一定是我说得不够清楚。当我说'暂停写作'时，我的意思是，你们要放下手中的铅笔。"

使用一个表格来完成这些变量的要素。写下三个你通常在课堂上使用的"该做什么"的指令。对于每个指令，写下学生可能出现的不遵从的现象，然后使用"该做什么"的技巧改正这些预期的错误。

- 给出答案，或者告诉学生应该怎么办。
- 语言应当严谨、简洁。

"该做什么"的指令	学生可能出现的不遵从现象	使用"该做什么"的技巧改正这些预期的错误
例子:"翻到第8页,看着上面,当我读的时候,你的手要指着我读的单词。"	学生翻到第8页,但却没有用手指指着单词	"手指指着第8页"增加一个手势,或者将指令分解成几个具体的任务

行动计划

继续学习"该做什么"这个技巧,参考如下成功要点:

- 给出答案,或者告诉学生应该做什么。
- 语言应当严谨、简洁。

我目前做得怎样?

根据已有的情况制订和改进计划,确定行动周期,按时回顾,进行自我评价。

行动计划（截止日期；练习对象；评价方式）

截止 _____（日期），我将_____

我是怎样做的？

闪光点：_____

存在的问题：_____

改进方案：_____

第十二章

培养个性和信任

技巧58

积极架构：用建设性的反馈激励学生

概要

"积极架构"意味着当你纠正学生的错误或者鼓励学生时采取积极的语言来激励和鼓舞学生。《像冠军一样教学》总结了以下几个要素：

- 活在当下，关注下一件发生的事情。
- 往好处想。
- 允许合理匿名。
- 描述积极因素并形成动力。
- 挑战。
- 谈话的期望和抱负。
- "积极架构"需要花费时间、慢慢完善，但付出后的回报是巨大的。

反思

你的同事认为你是一个积极向上的教师吗？你的学生呢？是什么让他们这么认为？他们评价的准确度是多少？

如果你认为你已经在班级定调为积极向上，使用以上六个方法来拓展和开发你的技能，以便形成一个积极向上的班级氛围，能够应对不同类型的学生和处理不同类型的问题。在我们描述的以上六个方法中，哪个方法最先自然地进入你的大脑？哪些方法却很难在实践中使用？

_____

_____

基本准则

使用"积极架构"技巧就意味着教师用积极的、建设性的方式对学生进行干预，改正学生的不当行为。它基于这样一个理念：比起消极因素，人们更容易接受积极因素的激励。

"积极架构"并不意味着避免纠正，只谈论你看见的积极行为，它意味着纠正应该纠正的行为，但是要采用一种积极的方式。

"积极架构"经常与"准确表扬"（技巧59）弄混。当然这两种技巧在内容上有很多重合，但"准确表扬"是指教师用有效的方式帮助学生让已经正确的或者积极的行为做得更正确、更积极，而"积极架构"是指教师用激励学生的方式改正学生的不当行为，建立友好的师生关系。这个非常重要，纠正并不总是纠正学生的错误，更常见的情形是，我们纠正学生是因为我们是教师。纠正意味着告诉学生：你应该做个改变，这样才能写出更好的句子；或者，你应该做出改变，以便在学校取得更大的成功。所以，"积极架构"的目的就是不断地纠正学生。对于这个技巧，体育教练使用得非常明显——当运动员做得非常好的时候，教练不停地告诉他们："少动手腕""集聚能量""弯下膝盖"等。对教师来说，道理也是一样的。

活在当下

"积极架构"技巧能够帮助你避免过于挑剔。你谈论接下来应该做的事情（技巧57：该做什么），而不是什么事情错了。用其他的时间在其他的地点处理学生的错误，但不是在上课的过程中。给出指令，说明下一步应该怎么做。

"凯拉，我要你马上使用铅笔。"	而不是"凯拉，不要回头看塔尼亚"。
"五年级的学生看着我。"	而不是"有些学生在向窗外看"。
"三年级的学生，蒂娜正在描述场景，请专心听她讲。"	而不是"三年级的学生，你们的眼睛没有看演讲者"。

往好处想

我们常常认为学生有意犯错，但事实上我们又不知道学生犯错的真正原因。或者，我们在言辞间影射学生故意犯错。或者更糟糕的是，我们暗示学生品质方面的负面评价：譬如，犯错的学生自私、不恭敬，或者懒散。我们必须记住，错误是有很多原因造成的：走神、疲倦、误解等。除非有足够的证据证明学生的行为是故意的，否则你最好认为学生正在尽力按照你的要求做，因此，在用词的选择上就会对结果产生很大影响。我们非常喜欢用的两个词是"忘记"和"困惑"。譬如：

"似乎是有些同学忘记了写完整的句子。"

"似乎是有些同学感到困惑，这是一个无声音的活动。"

像这些句子就意味着往好处想，"往好处想"的方法对于过度热心的行为也非常有效。"看到你们这么热心地开始写作业，我非常高兴，但是，请等一下撒米亚，她还没有回答完问题。"

还有一句话"我肯定没有说清楚"，这句也非常有用，"喔，我肯定没有说清楚，我是说，找出这一段中的所有动词。好了，现在开始吧。"

"积极架构"并没有让你损失什么，当你在使用这个技巧的同时，可以继续设定标准，或者对学生进行惩罚。当然，在惩罚学生时，你仍然可以或者应该往好处想。通过去掉学生故意为之的想法，你同时也去掉了惩罚学生的情感因素。譬如，你不会说："你是故意这么做的，所以你必须接受惩罚。"你会说："我们都按照正确的方式做事，如果我们做错了，那就改正吧。"

往坏处想是往好处想的反面，这会让你看起来似乎在等待学生犯错，好像是你期望学生犯错误。相反，你展示出学生总是遵循你的指令恰恰表明你很负责任。

"谢谢你"是一句非常令人高兴的话。当你给出指令时，你感谢学生，表明你往好处想，"谢谢你们坐下，三、二、一。"当然，如果有必要，你仍然可以惩罚学生。

允许合理匿名

如果学生一直持续努力地做，以便达到你的要求，那么允许他们这么做。如果可能，可以以匿名的形式纠正学生。譬如：

"自己检查看看，是否完全按照我的要求做了。"（而不是"朗达，按照我说的做"。）

"四年级的学生，拿出铅笔和笔记本，放在你面前。"（而不是"杰森，我要你坐好了，把笔记本放在你面前"。）

在大多数情况下，合理匿名的方法能够快速产生良好的效果，并且会赢得学生的赞扬。

描述积极因素并形成动力

记住，要描述积极的因素，用积极的词语描述你的指令，让学生按照你的指令去做，事情就会变得越来越好。

"查尔斯目光炯炯，莫候格尼已经准备好了，杰森也瞪大了双眼。"	加上	"他们都迫不及待地要做数学作业了。"
（在发出要求学生写作文观点的指令后）"我看见有些铅笔在动。"（稍作停顿，好让学生准备，然后低语说……）		"这些同学真是文思泉涌。"（数秒后）"尼斯、安吉拉、马库斯迫不及待地要念一念啦！"

这个方法会让学生感到课堂"正常"或者他们"适应"课堂。当你要求学生注意你的指令时，学生感到正常，那么学生就愿意按照你的指令做，采用积极的方法描述值得做的事情是非常重要的。

注意，这个方法是要求你描述优点，而不是缺点。

描述优点	描述缺点
"我看见有些学生勇敢地举起了手，他们要回答问题。请更多的同学举手，要敢于承担风险。好，越来越多了。"	"我发现还是那几个同学举手回答问题，你们很多人根本没有参与，这将会体现在你们的考试分数里。"
"谢谢你们听从我的指令。贾巴利和卡米尔做得很好，其他同学也开始做了。好，我们都准备好按照指令做了。"	"同学们，我给出了明确的指令，但是好多同学没有听，有些同学认为老师制订的规则自己可以不遵守。"

但是，只有在你发现同学们的行为确实达到了你的要求时才使用积极描述。不要将那种半真半假的遵从看作是理想状态，那只会让其他同学效仿。当学生们决定是否努力达到你的要求时，你采取积极描述来激励他们。当他们不想遵从时，那就采取其他方式。

当个别学生明显达不到要求时，不要采用积极描述来纠正学生，譬如表扬其他表现正常的学生。你要向学生表明，你不害怕直面问题，你只是愿意采取积极的措施，"苏珊，请展示出你最好的一面。把笔记本拿出来，我们有许多事情要做"。

在倒数数期间，如果有些学生在倒数完毕之前已经做好准备，则可以采用积极描述法。"五、四，杰森准备好了。三、杰西卡准备好了。一。"提前积极描述比完成后效果好，完成后再描述就好像是以完成的学生去请求那些没有在规定时间内完成的学生一样。

根据下列情景，请试着采用积极描述法：

你告诉全班25个同学放下书本，大约一半的同学立刻做了，有几个人动作很慢，一个女同学一边叹气一边做，有几个同学漫不经心地往书包里放书。有一个男同学动作最慢，他还在看书里的一幅画，他旁边的一个同学在跟他悄悄地说话。

例句："我希望看到更多的学生将书放好。"

_____

_____

挑战

对学生提出挑战。学生愿意向你展示他们会表现得比你想象的好（或者学生会表现得比他们认为你认为他们能够做到的更好）。在课堂上，分组挑战比对个体学生提出挑战效果更好，让他们挑战班上的其他小组，让他们挑战班外的小组，让他们挑战抽象标准，让他们挑战新的环境，让他们挑战假想敌，比如和时间赛跑。

"大家在这个星期表现得非常好。我们试试更上一层楼。"

"你们理解的都对，但是我想让你们使用'难懂的'这个单词回答问题。你们能做到吗？"

"男同学们，六年级的女生快做完了，我们能跟上她们的节奏吗？"

"试试看连续写6分钟不停笔，准备好了吗？"

"还剩3分钟，看看谁能做完！"

"这些句子写得很好，我们能够写得更好吗？"

"这是一个非常难的问题，看看谁能回答出来！"

谈话的期望和抱负

让学生变成什么样的人，如何激励他们实现梦想，他们未来的路在何方，都是教师的挑战。当你要求学生做点不一样的事，或让他们做得更好，你就要提醒学生，你是在帮助他们实现自己的抱负：譬如，从三年级升到四年级，从中学升到高中。有时候你要表扬学生时，不妨将看起来很"了不起"改为你看起来像个"大学生""科学家"，或者类似的术语，将表扬与他们的目标连在一起。

"如果你作业完成得早，就检查一下。保证这次得100分。每一周，我们离上大学又近了一步。"

（对一个四年级的学生）："很好，胡安。现在，使用'产品'这个单词造个句子，这是五年级的作业。"

"能否使用科学家（历史学家、编辑、经理）的语言回答这个问题？"

"如果你们在上大学，你们这样的论文观点会让教授不屑一顾。现在我们再做一次，看看我们能否征服教授。"

你希望学生的最大抱负是什么？根据下面的例子，写下激励学生实现抱负的句子。

抱负：独立的思考者。

激励句子："你的回答很好，但是我想听到一些新的大胆的观点，你能做到吗？"

抱负：伟大的作家。

激励句子："这些句子语法都对，但是我想看到一些似乎是来自原创小说的句子。"

抱负：大学。

激励句子："巨人总是在探索，谁能给我一个大学生的回答？"

抱负：_____

_____

激励句子：_____

_____

抱负：_____

_____

激励句子：
_____
_____

更多的架构

参考下列例句，帮助你进行更多的架构。

活在当下："吉娜，我要你的眼睛向前看。詹姆斯，放下铅笔。"
_____
_____

往好处想："噢，我们似乎忘记把椅子推回去了，我们回去再试一次吧。"
_____
_____

允许合理匿名："自己检查看看，是否完全按照我的要求做了。"或者："小伙子们，静静地举起手来，不要大喊大叫。"
_____
_____

描述积极因素并形成动力："我需要四个人放下手中的笔，现在还有一个人没有放下。好了，都放下了，我们开始口语练习。"
_____
_____

挑战："看看我们能否在10秒钟内把家庭作业拿出来。准备，开始！"
_____
_____

案例分析

评估以下课堂案例。对每一个案例，针对教师"积极架构"（"闪光点"）及如何提高（"待改进之处"）在表上写下你的观察，然后与我们的观察相比较。如果条件允许，与你的一个或多个同事进行讨论。

案例1：8年级的科学课

你在学生独立完成作业期间，走进教室。大约一半的学生在写作业——有关实验的写作；另一半的学生或者注意力不集中（眼睛盯着窗外或者钟表），或者心不在焉。观察4分钟后，你听见老师说：

1.（对一个做白日梦的学生）"你现在应当做什么？"

2.（对两个正在耳语的学生）"卡拉，玛利亚，我都懒得说你们两个，不要说话了。"

3.（对一个一边思考一边敲铅笔的学生）"杰森，停止敲打铅笔。"

4.（对最后一排的学生）"好了，那几个男同学，快点写作业。"

5.（对一个离开自己座位的学生）"要我一直提醒你坐在自己的座位上吗？"

6.（对一个有时候难管，但今天正在写作业的学生）"同学们，看看谁今天正在努力地写作业！"

闪光点	待改进之处
当教师说……是有效的	下次，教师可以试着说……

案例2：5年级的阅读课

当你走进教室时，学生们正在书面回答有关课文的问题，准备进行全班讨论。他们非常努力：都把自己的注意力集中在课文上，融入班级的学习气氛，认真听从老师的指令。观察10分钟后，你听见老师说：

在学生写作业时

1.（对一个没有写作的学生）"约翰，这是个缺点。你的眼睛应该朝下看，你应该一直写作。"

在分发和检查学生作业时

2."史蒂芬，继续写。拿起铅笔，开始写。"

3."阿莱斯亚已经准备好，要开始写了。谢谢你，阿莱斯亚，特伦斯写得也很快，很高兴看见他们这么积极地写作业，希望其他同学也像他们一样，我在等待其他一半的同学准备好开始写作。"

4."这不是一个完整的句子。"

5."你的课文为什么没有注释？"

6."谁在低声说话？嘘，这不是与同伴讨论的时间。"

7.（对两个没有跟上步伐的同学）"我发现第四个问题没有回答，你们得加速。"

8."指向你的作业，现在应该完成作业的四分之三。"

在讨论过程中

9.（对一个没有专心听讲的学生）"这是我第二次提醒你要注意听，不注意听是个缺点，注意听！"

10."嘉禾瑞，暂停，第三纵队和第四纵队没有听你讲。我不需要再次提醒大家，眼睛要看着嘉禾瑞，以表示对他的尊敬。我们在等待……好，嘉禾瑞，继续讲。"

11.（对一个低声朗读的同学）"我必须让你停下来，我们听不见你的声音。当你阅读时，一直存在这个问题。你需要大声朗读。"

闪光点	待改进之处
当教师说……是有效的	下次，教师可以试着说……

反思

在你们学校，当老师努力进行"积极架构"时，他们都具体说了些什么？

_____

_____

与同伴合作

对于这一章的内容，跟你的同伴比较一下各自的答案。根据双方的讨论，做一些修改。请你的同伴观看你的教学过程，并记录你说的一些话。记下你喜欢的话，修改你不喜欢的话。

行动计划

继续学习"积极架构"这个技巧，如果能做到如下几点，则说明训练效果良好：

- 采用一系列方法。
- 采用积极的或者感人的语调。

我目前做得怎样？

根据已有的情况制订和改进计划，确定行动周期，按时回顾，进行自我评价。

行动计划（截止日期；练习对象；评价方式）
截止 _____（日期），我将_____

我是怎样做的？
闪光点：_____
存在的问题：_____
改进方案：_____

技巧59

准确表扬：给学生最实质最真诚的反馈

概要

优秀教师对于在课堂上充分发挥积极强化的作用非常讲究策略。他们意识到积极强化法会立刻产生良好的效果，同时积极强化的效果在某种程度上也会弱化，甚至会产生反作用；他们还意识到积极强化一直是教育界最感兴趣、研究最广泛的课题之一，教师们寻求具体、真诚、真实、鼓励和激励，卡罗尔·德韦克的著作《心态》就是一个很好的证明。他们采用表扬的方法（一种积极强化的方法）来最大限度地帮助学生获得成功。他们使用的这种方法，我们称之为"准确表扬"。

反思

当你在课堂上使用积极强化的方法时，你的目的是什么？换句话说，当你使用积极强化法时，你想完成什么任务？

_____

你的目的和你的实践是什么关系？换句话说，如果你使用积极强化法的目的是让学生感觉自我良好，你是否故意采用快乐、阳光的声音传递表扬？

_____

基本准则

我们经常争论说，教师应当尽量把积极强化分为两种类型：感谢和表扬。

感谢是一种认可、一种承认，感谢学生按照要求完成了任务。不要急于表扬当事学生，将他们的行为称为"了不起"、"伟大"或者"不可思议"，而是应当陈述事实并表达欣赏"我发现你今天完成了家庭作业""非常感谢你每天都按时完成家庭作业"。这些陈述都是对学生的感谢。感谢就是跟学生说，你认为他们正在做他们应当做的事情，这个十分重要。

但是感谢与表扬不同，感谢并不是表明学生的行为超越了你的期望。如果你说："太棒了，你今天完成了家庭作业。"单词"太棒了"是表扬，表明学生完成家庭作业超出了预期，值得特别注意。但是，这就出了问题，因为在这种情况下，你表扬学生，就说明他/她完成作业使你吃惊、甚至超出了你的预期。

当然，这并不意味着你不能表扬学生。当你布置的家庭作业特别难，需要付出很大努力才能完成时，你就可以说："你完成了家庭作业，真是了不起！"或者说，有一个学生每天都完成家庭作业，连续一个学期，这个时候也可以用"了不起！"在使用积极强化时，应当区分哪些是非常突出的，应当表扬；哪些是该做的，只是表示感谢即可。

强化行为，而非人格特质

如果可能，表扬学生的行为和行动，而不去表扬学生的人格特质，如"你很聪明"。

卡罗尔·德韦克在她的著作《心态》一书中指出：如果表扬学生"很聪明"，学生就会成为风险规避者，担心自己一旦失败，就不再聪明。

如果我们想让学生喜欢挑战、勤奋、勇敢、三思而后行，我们就应当强化行为，而非人格特质。譬如，我们不说："喔，多么聪明的回答。"而是说:"你真的是付出了,而且敢于承担风险。"或者说:"尼斯,我喜欢你的洞见……你再回去读一读那一段,会有更大的帮助。"

提出与课程目标一致的表扬

我们注意到,有些教师故意将表扬与实现学习目标联系在一起:"同学们,看看梅勒妮的文章。看这一段,她回头修改了过渡句,让两个段落的对比更加明确,现在她的文章确实很连贯。做得好,梅勒妮。"

换句话说,在这个例子中,教师积极强化的不仅仅是可以复制的行为,而且是实现教学目标的具体学业行为——在此例中,指的是"修改",不仅仅是修改,而且是有益的思考:如何在写作中使用过渡句。

花点时间,针对你的教学目标或者根据学生的水平,就具体行为进行头脑风暴式的讨论,以便让学生做得更多、更好,这些具体行为可能就需要积极强化。我们先举出几个例子:

在数学课上:检查你的作业。

在历史课上:参考具体证据。

在英语课上:使用课文中的引言。

保持真实

教师,尤其是新教师,经常犯的一个错误是过度表扬——为了保持班级积极向上,努力地尽量表扬(而不是感谢)。但是,过度或者不真诚的表扬往往会适得其反。

过度表扬降低了其应有的价值。当你用表扬来鼓励自尊时,学生都会停止听讲。当一切事情都"了不起"时,"了不起"就变得很平凡,也就没有真正的"了不起"了。

纽约大学精神病学教授朱迪思·布鲁克给学生的父母解释了有关可信

度的一个观点："表扬很重要，但不是空洞的表扬。"她又说："表扬要依据真实的事件，而且要使用一些技巧或者策略。"孩子们一旦将表扬解读为毫无意义，那么他们就会把表扬看作是不真诚的，即使是以后真诚的表扬。

反思

你怀疑过你过度表扬学生了吗？如果你不确定，那就听一次自己上课的录音。你多久表扬一次学生？表扬听起来是真诚的、珍贵的吗？为什么是？为什么不？

_____
_____

思考一下如何使你的表扬多样化，你会采用什么方式使你的积极强化听起来不像录音？

_____
_____

感谢、表扬，还是批评？

以下这些常常发生的课堂行为一定会引起老师的评论。首先看一下例句，然后写下评论的类型（感谢、表扬、还是批评），你会怎么说？

1. 一个学生努力地把眼睛从看窗外转到讲话的人身上。

评论类型：感谢。

你说："马哈嘎尼，谢谢你，你现在做得很好。"

2. 一个上课时经常不做任何准备的学生拿出铅笔，开始认真听讲。

评论类型：

_____

你说：

_____

3. 正如你所期待的那样，一个学生用一个完整的句子回答了你的问题。
评论类型：

_____

你说：

_____

4. 在上课刚开始，学生们就按部就班，准备好听讲。
评论类型：

_____

你说：

_____

5. 学生们热情地参与课堂活动，举手、微笑、跟踪讨论。
评论类型：

_____

你说：

_____

6. 一个同学回答的问题很有思想，非常完整，质量非常高。
评论类型：

_____

你说：

_____

7. 一个学生从早上开始就非常消极。
评论类型：

_____

你说：
_____
_____

8. 一个经常不举手就发言的学生，今天在回答问题的时候先举起了手。

评论类型：
_____

你说：
_____
_____

经常练习以上的情境，常常使用这些方法。当然，最好是找一个同事或者找几个同事扮演学生。

大声还是小声，公开还是私下？

正如我们在第十一章所阐述的，一般来讲，私密性对于关键反馈有益。但要平衡私下批评和积极强化的关系，平衡私下表扬和公开表扬的效果。例如，你可能会让全班同学停下来，大声朗读莎妮思的句子，然后对全班同学说："一个强大、有活力的动词对一个句子的作用是多么大呀！"

虽然有一些例外，但公开表扬的效果常常是最好的。公开表扬鼓励其他人效仿，并让受表扬的人感到自豪和荣耀。当然，你可以采用大声表扬和半私下表扬相结合，目的是故意让其他人听到。

当积极强化令人难忘时，效果是最佳的。为了做到这一点，你必须让积极强化非常突出，形式出乎意料。例如，你可以用一个正常的语气说："拉米雷斯，我可以跟你说句话吗？"然后你低声说："你的作文非常优秀，你应当为此感到自豪！"

你如何让你的感谢令人难忘？
_____
_____

你能够给出一个什么样的表扬，非常真诚、特别恰当，令全班学生或者受到表扬的学生感到非常吃惊？

_____

_____

你如何用一种令人吃惊的方式给出一个非常真诚、特别恰当的表扬？

_____

_____

深入分析

规划积极强化

这个练习对于下节课表扬学生非常有用。当表扬成为惯例时，要记住表扬的原则：因为正确的理由，表扬正确的行为。根据下面的情境，确定一两个你喜欢看到学生做的正确的行为。

1. 当学生走进教室

你喜欢看到的学生的行为：走进教室，快速地、非常专业地就座。

你喜欢他们这样做的原因：反映了一种急于学习的紧迫感。

表扬的语言："我喜欢看到西维亚快速地坐到自己的座位上，这表明他急于准备学习。"

2. 当你给学生讲解新的内容时（或者其他规定时）

你喜欢看到的行为：

_____

你喜欢他们这样做的原因：

_____

_____

表扬的语言：

_____

_____

3. 当学生独立做作业时（或独立做其他事情时）

你喜欢看到的行为：
_____

你喜欢他们这样做的原因：
_____
_____

表扬的语言：
_____
_____

4. 你对课文进行总结时（或者其他总结）

你喜欢看到的行为：
_____

你喜欢他们这样做的原因：
_____
_____

表扬的语言：
_____
_____

表扬材料

下面是一些加强口头表扬的想法，在你的课堂上，可以使用这些想法，也可以启发你获得一些其他的想法。

把值得表扬（不是期待的）的行为写在黑板上，把表现这些行为的学生名字也写在黑板上。
_____
_____

把今天你最想表扬的学生行为写在课程计划里，或者学生的材料里

("今天，我期待着看到谁会……")。然后在公告栏里，将表现这些行为的学生名字写下来。

_____

_____

每天都重新写最想表扬的学生行为，以便激励或者鼓励其他学生。

_____

_____

行动计划

请利用下列的计划表，继续学习"准确表扬"这个技巧。如果你能做到如下几点，则说明训练效果良好。

- 当你想表扬学生时，列出要表扬的具体行为。
- 随时感谢，有选择地表扬。
- 根据你的目的，选择使用公开表扬和私下表扬。

我目前做得怎样？

根据已有的情况制订和改进计划，确定行动周期，按时回顾，进行自我评价。

行动计划（截止日期；练习对象；评价方式）
截止 _____（日期），我将_____
我是怎样做的？
闪光点：_____
存在的问题：_____
改进方案：_____

技巧60

亲切/严厉：一切为了学生，他们值得最好的关心与尊重

概要

我们中的很多人习惯性地认为，亲切和严厉非此即彼：如果你更倾向于其中一个，那么另一个就会减少。但是，同时兼顾亲切和严厉会使你的沟通既实现高期望，又能达到关心人和尊重人的目的。

当你既表现得明确、前后一致、坚定不移、不讲情面，同时也积极、热情、关切、体贴，那么，你就向学生释放了一个强有力的信号：高期望值是关心和尊重人的一种形式。要使"亲切/严厉"技巧达到良好效果，你必须遵守下列规则：

- 向学生解释你这样做的原因：设定限制是关心学生。
- 区分批评行为和批评人。事实上，当你批评一个学生的不良行为时，你要准确地表明你批评的不是他这个人。
- 表明惩戒的暂时性。当在课堂上批评一个学生的行为之后，这件事立刻就过去了，然后继续展示出你对这个学生的热情和关心。
- 使用亲切的非言语行为。

你如何判断学生

你的学生认为你亲切还是严厉，还是既亲切又严厉，还是既不亲切又不严厉？

_____

_____

你的学生对你有不同看法吗？有些人认为你这样，另一些人认为你那样？什么样的学生认为你这样，什么样的学生认为你那样？为什么对你会有不同看法？你认为有什么问题吗？

_____

_____

基本准则

亲　切	严　厉
积极、热情、关切、体贴	明确、前后一致、坚定不移、不讲情面

很多人从社会交际中得出错误结论：亲切和严厉是对立的。这个观点会削弱你的教学效果。事实上，你的亲切程度同严厉程度没有关系，反之亦然。以下是如何让亲切和严厉同时起作用。

向学生解释你在做什么。向学生解释你这样做的原因，这样做为什么能帮助他们：

"亲爱的，在课堂上我们不能做这个，因为这样做会浪费我们的学习时间，我会努力帮助你记住这一点。"

"皮丽雅，我们不在课堂上这样做是因为它会阻碍我们充分利用学习时间。"

使用亲切的非言语行为。把手放在学生的肩膀上，亲切地告诉他你很遗憾，但是他必须重新做一遍家庭作业，你知道他有能力做得更好。面对一名三年级的学生，弯下腰来让她看看你，坚定地告诉她不能用那种方式对同学讲话。不要因为关心而道歉。

表明惩戒的暂时性。给学生惩戒后，你的下一个任务就是原谅。你使用惩戒的原因是你不想怀恨在心，迅速地让它过去。"不要为学生找借口"（技巧15）向学生表明，当你惩戒一个错误后，这件事马上就过去了。带着微笑自然地问候他，表示一切清零，从头开始。教师可以对学生说："一旦你受罚完毕，我迫不及待地要你回来向我们展示你的最好状态。"

克服"'或者'的专横"。在平衡亲切和严厉的过程中，采用既亲切又严厉的方法能够帮助学生理解表面矛盾的事物，并让他们意识到，生活中许多"非黑即白"的选择是伪概念。亲切和严厉的有机结合还能帮助学生意识到：他们可以既时髦又成功，既要努力学习又要享受乐趣，既享受快乐又可以对自我放纵说"不"。

"批评"是指出错误的行为，而不是批评人的性格。"你的行为欠考虑"，批评的是学生的错误行为，而"你欠考虑"，批评的是学生这个人。

行为观察

把下面这些话改写成对行为的观察。

1. "现在谁是麻烦制造者？"
___

2. "你处于极度活跃状态。"
___

3. "为什么你对每个人都这么刻薄？"
___

4. "你不太大度。"
___

5. "今天你很固执，对吧？"
___

构建"既亲切又严厉"的技巧

阅读下面的情境，采用"既亲切又严厉"的技巧写出答案，至少在下面的情境中选择三个，并写出答案。答案可以是言语的，也可以是非言语的。

1. 一个学生具有滑稽的天分,但是你必须给他一个惩戒,因为你发现他说的一句话笑话分散了其他学生的注意力。

———————————————————————————————

2. 一个六岁的孩子,因为父母病情严重而不愿意上算术课,并不停地抱怨。

———————————————————————————————

3. 你发现一个学生在努力地做作业,但忽然大发脾气,因为一个同学偷了他的橡皮,你要给这个学生一个轻微的惩罚。

———————————————————————————————

4. 在你开始讲课时,坐在教室后排的三个运动员悄悄地谈论他们队昨晚输了比赛的事情。

———————————————————————————————

5. 你不得不分开两个特别要好的朋友,因为他俩坐在一起就不停地说笑。

———————————————————————————————

6. 在独立写作业期间,有一个学生不停地轻轻发出"哼哼"声,引来周围同学不满的眼神和抱怨,即使你提醒他,他也不改。你不肯定他是否意识到自己影响了其他同学,你认为有必要给他一个惩戒。

———————————————————————————————

7. 一个看起来非常疲倦的学生无精打采地坐在椅子上,低着头,你猜他可能昨晚睡眠不足。

———————————————————————————————

8. 一个学生在漫不经心地玩弄铅笔,部分原因可能是他不会做布置的作业。

———————————————————————————————

反思

在所认识的人中，谁最会使用"既亲切又严厉"的技巧？你能将他们的例子用到你的课堂中吗？

_____

_____

大显身手

没有必要现在就将所有的这些原则都应用到自己的课堂中。在下一节课中，可以有计划地应用其中一个，不断应用这个原则，然后再慢慢扩展到其他原则。

1. 课堂上是否有些惯例或者活动，你几乎全部采用"严厉"而基本排除"亲切"？如果改变一下的话是否会有所收获？你将准备怎样"亲切/严厉"的语言？

2. 课堂上是否有些时候你几乎全部采用"亲切"？如果改变一下的话是否会有所收获？你将准备怎样"亲切/严厉"的语言？

3. 看一看下一节课的课程设计，你是否在某些方面对只采用"严厉"而有所担心？即使采用"严厉"效果较好，你是否可以故意改变一下从而也使自己放松一下？

4. 在你的班级，是否有一些学生让你被迫只能采用"严厉"或者只能采用"亲切"？记住这些学生，尝试着准备一些既亲切又严厉的语言。

跟一个小组或同事进行练习

如果是一个小组，"促进者"应当这样做：

1. 在小组见面之前，熟悉脚本。

2. 小组围成一圈站着，阅读脚本。如果有必要，增加"准确表扬"技巧。

促进者：请闭上眼睛（暂停一下，看一下大家的眼睛是否闭上）。我给你们两个选择。我说完之后，马上举起一只手：第一个选择举右手，第二个选择举左手。不要睁眼。第一个选择举右手（停下来让大家展示）。好！放下手。第二个选择举左手（停下来让大家展示）。好！放下手。你们要不加思考地就举手。只能举一只手。开始了。在课堂上，如果只能有一个选择，你是选亲切还是严厉？举起手来，亲爱的（暂停）。睁开眼睛，数一下有多少人选择亲切，多少人选择严厉（小组成员睁开眼睛，开始数数）。好，现在都坐下吧。

3. 在大家坐下后，认真讨论一下刚才发生的事情。无论按照什么顺序，让大家都发言，讨论一下所有成员都可能面对的如下挑战：

- 将行为和人分开。
- 向学生说明，没有非黑即白的选择。
- 告诉学生惩戒是暂时的。
- 学生自己也要将教室里发生的不愉快的事情立刻忘记。
- 使用亲切的非言语动作。

4. 要求几位小组成员进行总结。

5. 如果有些小组成员还没有准备好进行总结，那就要求他们口头回答如何做到既亲切又严厉。

讨论的观点

1. 跟几个同事一起，就"你如何判断学生"那一部分，把你的想法和其他同事的想法进行对比。在"亲切/严厉"方面，是什么原因导致不同的学生对你有不同的看法？如果这个原因有问题，你能想出解决办法吗？

2. 从学生的视角，评估一下你在"构建'既亲切又严厉'的技巧"那部分所进行的回答。

你从小组合作中所得到的收获：

_____

_____

行动计划

使用该行动计划，继续学习"亲切/严厉"这个技巧，如果你能做到如下几点，则说明训练效果良好。

- 将亲切的话语和严格的指令相结合。
- 将亲切的非言语动作和直接的指令相结合，纠正和惩戒相结合。
- 迅速将你自己和课堂气氛调整到正常，忘记刚才的惩戒。

我目前做得怎样？

根据已有的情况制订和改进计划，确定行动周期，按时回顾，进行自我评价。

行动计划（截止日期；练习对象；评价方式）

截止 _____（日期），我将_____

我是怎样做的？

闪光点：_____

存在的问题：_____

改进方案：_____

> **技巧61**
>
> 心平气和：教师的情绪管理是课堂成功的关键

概要

教师自己要保持"心平气和"，同时通过管理好学生的情绪、缓和学生的情绪，而不是激发学生的情绪来激励学生学习，这就意味着要创造一个更富有成效、更安静的学习环境。随着时间的推移，教师要成为学生"心平气和"的源泉。相反，和学生发火只会分散学生思考自己不良行为和行动的注意力。同时，发火还会引起副作用：看见老师生气、焦躁、控制不住情绪，有些学生可能会高兴，甚至会觉得可笑。

这并不是说教师不可以在教室里表达强烈的感情，当然是可以的，而且这些感情对学生管理也是有效果的，但是目的是要尽量管理好情绪。以下是一些有益的提示：

- 当你批评学生时，要对事（"查理，这样说是粗鲁的"）不对人（"查理，你很粗鲁"）。
- 讨论学生的行为（"作为学生就应当回答老师的问题，你们应该知道这一点"），不要表达自己的感情（"我费力地、尽量详细地给你们指导"）。
- 避免把问题扩大（"你似乎没有考虑其他人的感受"）。
- 放缓语气（放缓脚步）。你发现你的情绪正在升温时，那就故意放缓一下，这就会让你在采取行动之前稳定情绪，获得宝贵的时间来控制情绪。

反思

学生的什么行为——学习上的或者其他的会让你生气？你是否想保卫

自己或者狠狠地责骂学生一顿？这将会对学生、对学生的行为、对课堂学习气氛产生什么不利影响？

_____

_____

基本准则

学生的感情实验室

对有些学生来说，学校类似一个感情实验室。在这个实验室里，学生要学会如何根据不同的、具有挑战性的情境做出反应、公开的反应，而且经常是适合学校的反应。有些学生生长在一个提供很多指导和支持的家庭环境，有些学生则没有这么幸运。有些学生想看一看父母对自己的高期望是否在其他地方得到验证，有些学生在校外学到了一些不太好的方法，他们想在学校试试是否有效。

一个学生在沮丧、生气、困惑时应该怎么办？在急于赢得同学的认可时怎么办？这些感情因素也是学校应当教给学生的。教师应当保持清醒头脑，不要把这些事情情绪化。

_____

当然，这么做的目的是在这一年中能够给学生提供指导，你如何才能实现这个目的？

_____

保持心平气和

当你学习这一部分内容时，也请记住技巧47（行为教导）、技巧56（强而有力的声音）、技巧57（该做什么）、技巧58（积极架构）和技巧60（亲切/严厉）。

放缓脚步

向一个行为不良的学生走去是强烈干预的第一步。放缓脚步向学生走去展示了你的心平气和，并给了你宝贵的时间思考和仔细挑选所用言辞。

当教师在走向犯错误的学生时迈着缓慢而坚定的步伐，那么他向那个犯错误的学生发出了一个信号：老师很有信心，老师完全控制了自己的情绪。同时，这也表明，在教师纠正学生时，也希望学生冷静、控制自己的情绪。

对事不对人

教师并不能批评"学生本人怎么样"，而是要采用"积极架构"技巧告诉学生的行为如何，教师希望学生的行为是什么，为什么这么做：尊重每个人是"非常重要的"。通过这种表达，就向学生传递了一个学生能够将此事做好的信心。

无论教师是否知道争执是谁引起的，目前发生了什么事情，教师都应该强调目前的时间不适合争论。教师应该批评争执这个行为在时间上不合适，而不是试着去指责谁引起争执。教师可以说："现在我不想批评任何人。我只想你们现在就立刻停止争执。"

对下面含有感情色彩、判断人的语言进行编辑或者替换，提出对学生的期望，以便学生改正。

1. "你为什么这么懒？"

2. "你为什么连试一下都不肯呢？"

3. "不尊重人是错的，不要找任何借口。"

4. "加尔文，你为什么对温迪这么刻薄？"

5. "我发现你今天对数学不感兴趣，但是……"

置身事外

控制你的感情，而不要让学生试着控制你。有时候，有些学生会这样做。努力控制感情，避免将事情与自己关联，聚焦于期望。根据行为期望技巧，编辑或者替换如下与自己相关联的词语。

1."这种行为令我很悲伤。"

_____

2."你知道什么是教学？"

_____

3."我为什么要指望你？"

_____

4."你真的令我失望！"

_____

避免把问题扩大

学生犯错是不可避免的。你要做的是，让发生的不良行为立刻成为过去，不要说学生"总是"做错事，或者说学生选择的方向"总是"不对，不要说学生在考验你的极限。不要说"明白了吗"，要及时纠正学生。

1."你需要控制你的感情。"

_____

2."我说了这么多，你们似乎没有一个人认为应该听我讲。"

_____

3."你们两个人似乎能够谈一整天，对不对？"

_____

准备写作

回头看一下你以前的评论，包括"学生的感情实验室"那一部分。列出一个清单，你在什么情况下容易感情失控？选出几种情况，描写一下你可能会对部分学生控制不了自己的感情，并提醒自己要注意控制情绪。

情境：_____

_____

我应该做什么，说什么：

___

在"对和错"的回答中保持"心平气和"

有许多教师认为有必要为每个答案判断对错。按照我们的经验，这没有必要。无论回答的是对还是错，都要继续下去，或者只说正确答案。向学生表明，答对答错都没有太大关系，因为当学生面对一个挑战性的任务时，你肯定知道有人会答对，有人会答错。

错误答案：不惩罚，不找借口

错误答案是学生学习过程中的正常现象，也是学习的一部分，所以没有必要为错误答案找证据或者找借口。如果所有学生都回答正确，恰恰说明你提出的问题过于简单。

对于错误答案，每个教师的反应都多少带点惩罚或者责怪的意思。把这些负面的词语去掉，使用新的词语。用两种方法修改句子，同时增加挑战、兴趣甚至是悬念：不仅是为了"拉里"，也为了全班同学。在你的第二个版本中，没有必要表明他的答案是对还是错。

"不，拉里，这个我们已经讨论了，你要略过这个符号。"

___

"这个很难，拉里，对吧？抱歉，我应当事先提醒你看这个符号。"

___

"第一步，拉里，你怎么能错过呢？"

___

"同学们，拉里在努力地、艰难地记住这些符号，其他同学遇到同样的问题了吗？"

___

正确答案：不恭维，也不大惊小怪

通常情况下，过分表扬正确答案会向学生表明，你吃惊于他们得到正确答案。大惊小怪就是表示吃惊，夸奖学生聪明反而会鼓励他们不敢承担风险。相反，表扬学生学习努力则能鼓励他们承担风险、接受挑战。

在一般情况下，当学生回答正确时，要感谢学生正确地完成了任务，或者努力地完成了任务；然后继续："没错，诺亚，做得好！"当然，有的时候你也可以好好地表扬学生"回答很有见地，卡拉，太棒了"。只是要谨慎些，以免这类表扬因过度使用而减弱效果。

继续前进

想一想，你的感情流露是否会影响学生继续学习。

作为开始，看一下"惩戒的艺术"（技巧55）的结尾部分。当你选择惩罚学生的时候，是因为你认为学生的错误必须使用惩罚才有效。一旦学生改正了，惩罚就完成了自己的使命，事情就结束了，你一定要做到使用积极的方式回到正常的教学状态中。如果这个惩罚不够，就使用一个更大的惩罚，但是不要生气。

反思

回想一下，最近有没有出现自己情绪失控或者接近情绪失控的情况，学生对此的反应是什么？你是如何应对学生的反应的？如果再发生类似的情况，你是否会做得更好？

_____

_____

深入分析

1. 思考一下"进门规则"（技巧45）是否能够帮助你评估和管理学生的情绪？学生对你使用的"心平气和"技巧中的哪些要素很赏识？

_____

2. 在技巧"心平气和"中,你能否选用一个与克里斯蒂·伦迪使用的短语"时机不合适"类似的短语,来告知并培训学生听到这个短语后就保持心情平衡?

___

3. 改善并提高学生日常活动的有序行为,当学生离开座位时(例如,换到另一个房间),或者根据指令进行某些活动时,要求学生加强相互沟通和交流。

与小组或同事一起工作

无论是户内或是户外,你与学校的同事或者其他教师分享学生的行为成果了吗?如果没有,那就安排一次这样的活动,和他们一起找到在课堂上保持"心平气和"的方法。

与同事或一个小组一起讨论如下问题,并做笔记。

1. 你对第一个反思的答案。你的挑战和答案与你小组里的其他成员有什么区别?

2. 重新写"在'对和错'的回答中保持'心平气和'"那部分。当教师认为没有必要责骂学生时,他们会想出哪些更有效的方法?

3. 体验一下"学生—教师"相互"信任"和相互"不信任"的经历。

4. 如何将你的情绪锁在教室门外?

或者,与同事或一个小组一起讨论如下问题,并做笔记。

1. 作为学生时,你在教室里是否生过气或者害怕过?老师意识到了吗?老师给了自己什么情绪管理的方法?你最受益的是什么?

2. 学生的什么行为会令你发火?你在多大程度上能够改变学生的行为?什么会帮助你重新保持心平气和?

3. 你使用了什么惩罚措施,或者你看见其他教师使用了什么惩罚措施让学生冷静下来控制住自己的情绪?

4. "强而有力的声音"技巧和"心平气和"技巧有什么联系?

5. 你目前的班级对"心平气和"技巧形成挑战吗？邀请其他同事共商对策。

反思

从小组讨论中提取精华，记录下来。
_____

行动计划

使用行动计划表，继续学习"心平气和"这个技巧，如果你能做到如下几点，则说明训练效果良好。

- 在干预学生时，三思而后行。
- 批评学生的具体行为，不要把问题扩大，不要针对人，不要将问题引到自己身上。
- 使用"心平气和"技巧帮助学生度过情绪失控导致错误行为的危机。

我目前做得怎样？

根据已有的情况制订和改进计划，确定行动周期，按时回顾，进行自我评价。

行动计划（截止日期；练习对象；评价方式）
截止 _____（日期），我将_____
我是怎样做的？
闪光点：_____
存在的问题：_____
改进方案：_____

技巧62

快乐因素：五类吸引学生的趣味课堂游戏

概要

"快乐因素"技巧帮助教师教会学生在既有趣又快乐的课堂气氛下收获更多。"快乐因素"技巧是让学习充满快乐，不仅仅是传授知识——譬如，如果你们努力学习，作为回报就会获得……而是让学生的学习过程充满快乐。

最理想的状态是：既有趣又快乐的课堂活动不仅容易实现课堂目标，而且能吸引学生积极学习有关内容，"快乐因素"技巧的另一个益处是让学生体会到一种独特的班级或者学校文化。

反思

你目前采取什么方式（小的、大的，有计划的、未计划的）给班级带来快乐？你目前这样做的优点和缺点分别是什么？

_____

_____

基本准则

在学习的过程中寻找乐趣。快乐因素——不仅是快乐课堂的重要驱动，也是优秀课堂的重要驱动。当人们喜欢做某件事情的时候，他们会更努力，并且把工作过程看作快乐时光（"吹口哨"式的快乐，比喻意义，如同人们看到了迪士尼乐园的"白雪公主"）。

对大多数教师来说，不要在毫无准备的情况下去尝试使用或者放弃"快乐因素"技巧。有些使用快乐因素的想法可能是即兴的，最好写下来，带回去仔细琢磨，排练几遍，在上课之前进行凝练。

除了乐趣，"快乐因素"还有三个核心要素：

- 像水龙头一样，你必须能够迅速开和关。
- 我们一边工作一边吹口哨，快乐是工作的一部分，但不能因为快乐中断工作。
- "快乐因素"的最终目的是帮助师生达到课堂教学目的。

快乐因素的五种类型

快乐与游戏

此类活动利用了孩子们热爱竞争和玩耍的天性，你可以利用这个特点，设计比赛或者竞赛，让学生立刻解答数学问题，或者确认刚学过的小说中的系列人物名言。游戏可以是一对一的个人比赛（地理知识比赛），也可以是团体赛（接力赛），参与可以是口头的，也可以是书面的。

如果是团体赛，可以是小组之间相互比赛，也可以是时间比赛；可以是写出一个概要的比赛，也可以像幼儿园教师乔治·大卫所展示给我们的，学生与教师比赛。事实上，乔治巧妙地利用游戏教学生如何辨别赢和输：逐渐缩小负面的想法，譬如："我不相信我输了——我很不安—— 不，我不应该不安——玩的时候我很快乐，我应当为获胜的朋友感到高兴。"这就会培养学生的自信心，在下次比赛时会怀着积极的心态参加。

看看你是否能够找到两个游戏情境，想一想如何在你的课堂上使用真正的"快乐因素"技巧。

"我们"是大集体

如果学生属于一个重要的团体，成为一个与众不同的、特殊的"我们"

的团体的成员，学生内心就会感到特别高兴，学习就会充满力量。教师可以通过使用独一无二的语言、名字、仪式、传统、想象的存在、歌曲等，来建立学生的归属感。在很多情况下，这些仪式对圈外人来说，越神秘越好。举例如下：

昵称。谁给你取昵称呢？是那些最关心你的人、最亲近的人才会给你取昵称。给孩子取昵称说明你关心孩子，注意到他/她的个性，给予他/她归属感。每次当你使用昵称时，都传达了这些元素。如果使用昵称，你就在整个班级给每个学生都起有昵称，让每个昵称都是正面的、充满乐趣的。并且，告诉学生，如果他们不喜欢这个昵称，一定要告诉你。

秘密符号和特殊语言。在李先生的班上有一个"不，李先生"的讨论：在每节课的最后，在讨论核心观点时，都说"不，李先生"。李先生开玩笑说："我可以加入你们的讨论吗？你说：不，李先生。这就是'不，李先生的讨论'。"这些神秘符号听起来有点傻乎乎的，但却给学生带来归属感——这就是我们使用神秘符号的目的！

班歌。班歌可以与学习或者文化有关，你可以选择目前流行的一首歌曲，保留曲子，更换歌词，这样，班级里的所有学生都会喜欢唱。

共享的神话或故事。例如，在每次测试前，都提一下以前你给他们讲的一个关于表妹玛莎的故事，"记得我的那个表妹玛莎吗？她一遇到困难就退缩。不要变成玛莎，要克服困难，继续前进。"

戏曲、歌曲和舞蹈

"全体起立，开始……"这是采用"快乐因素"技巧开头的好方法之一。大家一起唱歌、唱圣歌、表演戏剧、舞蹈都能够鼓舞士气，增强归属感。表演和歌唱是记住信息的绝好方式。

无论规模大小，可以让学生参与一些短游戏的制作活动，譬如歌曲、舞蹈。

歌曲有很多应用。例如，在学生学习一首外国歌曲时，增加一些动作，可以让学生一边快乐地唱歌，一边记住单词或短语，其中的很多单词或短语会令他们永生难忘。其他歌曲可以帮助学生记住学习的内容，譬如《音乐之声》中的歌曲"Do-Re-Mi"。

教圣歌或者歌曲。

多色调。将歌词写在海报大小的纸上，供学生看。

一次教一个短语。使用"呼唤与回应法"。当你读出一个短语或者一行歌词时，用手指指耳朵或者锁骨，提示学生认真听。然后让他们跟着读，循序渐进地将所有词和短语连在一起读。

用手势暗示歌词和旋律。在教歌曲时，你可以暗示学生下一个音是高还是低（多久），方法就是使用手势。随着音节的高低，手势也跟着上升或者下降。同时，在停止时手势则用力向下一击，然后立刻停止。

友情建议：咨询附近的拉拉队长，或者歌唱指挥家。

在有学生积极参与活动的情况下，唱圣歌可以很好地提升学生的学业水平。

反思

你想使用哪首简单的圣歌或者歌曲？写下你的想法。在纸上或者计算机上对此进行拓展，然后对着镜子练习，从头至尾教一遍。

想法：

_____

幽默

共同的笑声可以使周围的环境充满快乐，在这种环境里，幸福和有成就感的师生教学和学习的效率会提高。幽默应当是积极向上的，当教师的幽默具有自我贬低的性质时，效果往往是消极的。

下面举一个具体的例子，"特殊顾客"常常很有趣，并给人带来惊喜。贝卢奇女士常常来克雷默先生的数学课上，穿戴得像萨莉阿姨。当她来时，她常常带来几样东西,譬如克雷默先生小时候在黑板上写字的图片,图片都很有趣。而且她还会表演,譬如,当克雷默先生升起投影屏幕时,她说:"噢,天呀!屏幕都去哪里了?"

悬念和惊喜

课堂惯例偶尔发生变化也会带来乐趣、惊喜,并且令人难以忘记。举例如下:

- 偶尔将学习资料(单词学习表)放在密封的信封里发给学生,每人一封,低声跟学生说:"现在不要打开,等我说'打开'时再打开。"
- 把你计划要展示给学生的东西(艺术品、地图、学习的实例)包起来,作为礼物送给学生。然后玩"决定"游戏,让学生打开,学生才能打开,这样所有学生都会满怀期待地想要参与这个活动。
- 经常指向未来的事件,"噢,同学们,你们一定喜欢这首歌的最新版,它肯定特别有趣。如果我们继续努力,就能很快听到这首歌了"。
- 我们认识的一位教师有一个《每周新词》的栏目,在她所教的领域中总有一些最新的单词。如果有学生在课堂交流时,使用了某个新单词,那么她就敲一下铃铛,然后送给这个学生一个小礼物。

花几分钟时间,写下自己的想法:

悬念和惊喜的想法:

___

如何进一步拓展或者加强这些想法:

___

这些想法如何适当地结束:

___

分享和管理快乐

快乐既需要教师和学生共同分享,也需要共同管理,这样快乐就能传递给每个人,否则可能有的学生就得不到快乐。记住,教师的任务不仅仅是与学生分享快乐，也需要教学生管理好快乐。

　　从小处着手。当你学习利用快乐因素提高教学效果时，要一步步来，先从小的、生动的快乐时刻开始，一定不要一下子使用太多。

　　"快乐"活动要短，并且要嵌入教学指导中。在设计时，要记得如何富有启发性地满足学生对快乐的期待，然后又快速让学生回到正常的学习轨道。对年龄大一些的学生，可以使用"SLANT"法（行为指导，技巧47）让学生从高潮回到正常学习状态。

　　有时候你的怀疑会真的发生，如果学生对你的幽默不感兴趣，那就再换一个，当然，你也可以向你的同事请教一下应该怎么做。

深入分析

　　找出"快乐因素"里面一些你不太会用的技巧，如果可能，观看一下其他教师是怎么使用这些技巧的，或者直接去他们的教室听课，或者观看他们的讲课录像。

"快乐因素"技巧案例分析

　　为了完美使用"快乐因素"技巧，一定要不断思考如何做。每个案例都有几个闪光点。在案例结尾，看一下我们的观点。

案例1：格林女士

　　那天，学生们正在专心致志地做语法作业——分析一个句子中主语和宾语的区别。学生们交上课堂作业后，格林女士说："今天你们都很勤奋，一定能考上芝加哥大学。我们都站起来，一起唱一首我们喜欢的歌，然后再开始学习数学。"

闪光点	待改进之处

案例2：维奥莱特小姐

维奥莱特小姐创造了一个激励方法，能够让学生更快乐、更专注地学习。她知道学生喜欢相互比赛，所以，如果学生在课堂上表现良好，就会赚几分钟的比赛时间，在下课前让他们进行"小心"游戏、"七喜"游戏，或者数学数字游戏。

闪光点	待改进之处

案例中的其他闪光点和待改进之处

案例1：格林女士

此案例中的学生行为表明：唱一首富有创意的歌激发了学生的自豪感，并给学生带来了快乐。"水龙头打开了，水流了出来。"（达到了我们要求的实现"快乐因素"中三个核心要素的目的）。

案例2：维奥莱特小姐

维奥莱特小姐创造的这个激励方法的优点是，让学生及时地复习算术，使之更熟练。而且，这能够确保不必从课堂里"挤出"时间。可能待改进之处：这个方法可能会向学生表明，一个优秀的学生就是要在课堂上表现良好，而不必太多考虑学业上的学习效率和参与效率。

与小组或同事一起工作

与小组或同事一起工作的目的就是一起讨论、分享和对比案例分析。对小组认为任何有必要改进的地方，进行头脑风暴式的讨论，并找出答案。就"悬念和惊喜"部分，分享和对比（甚至验证）你的观点。

给志愿者机会，让他们教大家唱自己熟悉的圣歌或者歌曲。你们中的某些人可能已经有一些方法愿意与大家分享，或者某人就是音乐教师、拉拉队长，或者有人已经事先咨询了有关专家。在这里和课堂上，简单的歌曲效果最好。教低年级的教师可以根据查克·贝里的"摇滚知更鸟"（在你学校的在线图书馆里，打印出来歌曲），改编成一首"摇滚读者"。

也可以采用其他快乐的方式：

1. 一个人写下想法，其他小组成员根据在学习"快乐因素"中的学习经验进行补充，然后大家一起头脑风暴。

2. 作为一个小组（或者分组），大家选择一首流行歌曲（游戏），然后根据如下情况进行改编：

- 活动名称。
- 活动目的。
- 根据下列情况的顺序渐进地完善：活动具体是什么；如果是歌，则写歌；如果是游戏，则制订游戏规则等；你如何展示（教学生）这项活动，什么时候使用。
- 大约时间。
- 需要的材料。

3. 排练。

4. 大家一起评论，欢迎富有建设性的赞扬和批评，例如，你可以问：

- 这项活动与"快乐因素"匹配吗？

- 这项活动如何发挥其最佳效果？

行动计划

使用行动计划，继续学习"快乐因素"这个技巧。问一下自己：能及时打开和关闭水龙头吗？（即，你能够圆满地使用快乐要素而又能够圆满地结束快乐活动吗？快乐活动要成为课堂的一部分，要为课堂目的服务）

我目前做得怎样？

根据已有的情况制订和改进计划，确定行动周期，按时回顾，进行自我评价。

行动计划（截止日期；练习对象；评价方式）
截止 _____（日期），我将_____
我是怎样做的？
闪光点：_____
存在的问题：_____
改进方案：_____

像冠军一样教学：
引领学生走向卓越的62个教学诀窍

ISBN：9787515343488
作者：[美]道格·莱莫夫
2016-9 定价：49.00元
上架建议：畅销书 教师用书

入选《中国教育报》2016年度"教师喜爱的100本书"
入选中国教育新闻网2016年度"影响教师的100本书"

- 被誉为美国的"教学圣经"
- 全球1700万教师口碑相传的教学指南
- 教育界罕见的销量过千万的全球畅销书
- 只要掌握技巧，没有教不会的学生
- 一套已被证明适合每一所学校和每一个教师课堂的实用教学工具
- 《纽约时报》《时代周刊》《洛杉矶时报》《华盛顿邮报》《华尔街日报》《今日美国》等权威媒体重磅推荐
- 伟大的教师不是天生的，而是后天造就的。事实上，每一位教师都可以选择加倍努力来完善自己，最终成为你想成为的教师。本书涉及的62个教师技巧，一直被大多数教师实践，所有遵循这些方法的教师，都成功掌控了自己的课堂。

内容简介：《像冠军一样教学：引领学生走向卓越的62个教学诀窍》被誉为美国的"教学圣经"，作者多年来观察教学成效出色的冠军教师，从他们的教学技巧中整理归纳出一套实用的教学手册，清晰易懂又容易上手，能帮助新手教师更快进入状况，快速提升教学效果；帮助老教师直达教育本质，沉淀教学精华；帮助学生发挥最大潜力，在未来拥有更多机会。

全书在一个个引人入胜的教学案例中，为教师提供了62个操作简便、高效实用的教学技巧，每章末均附有切实可行的培训练习，帮助教师进一步理解和反思他们的教学行为，以更好地引导学生专注学习，发挥最大潜力。

作者简介：道格·莱莫夫是美国畅销书作家、权威教育家、著名教师培训导师。毕业于哈佛大学。

道格是教育界的权威专家。不仅如此，他还是全美教师培训界最引人注目的导师，他在观察几千堂"不可思议"的高效课堂后，归纳出冠军教师所需要的62个教学诀窍，他关于教学的理念和方法，一直被大多数教师实践，所有遵循这些方法的人，都成功掌控了自己的课堂和生活，并从中获得了无限快乐和幸福。

《像冠军一样教学：引领学生走向卓越的62个教学诀窍》出版后，在全球教育界引起巨大震动，包括《纽约时报》《洛杉矶时报》等主流媒体都做过专文报道。莱莫夫本人也声名鹊起，哈佛大学教育学院数次诚邀他登台演讲，约旦王后拉尼娅盛情邀请他出任教育顾问。

他还撰写了畅销书《练习的力量：把事情做到更好的42法则》。

刻意练习 如何成为一个高手

ISBN：978-7-5153-4665-6
著　者：(美)道格·莱莫夫、艾丽卡·伍尔韦、凯蒂·叶兹
出版时间：2017.5
定　价：39.00

★　美国公认经典练习书
★　一种简单到极易被人忽略，却又无比强大的成功模式！
★　用最科学的精进方式，让自己、员工、孩子、学生、学员把事情做到极致

改变全球9800万人的学习与成长轨迹，每30秒钟便有一人受益于它
42个刻意练习方法，专注解决你的进步瓶颈，最大限度发掘你的潜能

　　练习极简单，又极复杂，每个渴望进步的人，无论从事什么行业，无论是领导者还是员工，都希望掌握练习的方法，抓住练习的规律，以把事情做到极致。那些持续奋斗、成长和发展的人之所以成功，正是因为他们一直在不断地刻意练习。

　　全美培训界最引入注目的导师通过大量发生在顶级运动员、专职教师、资深律师和经验丰富的外科医生身上的实例，有理有据地告诉我们生活中最重要的事情是如何在精心策划的刻意练习指引下发生翻天覆地变化的。

　　在本书中，作者立足具体、实际的刻意练习，教会每个人利用那些经过仔细筛选且相对简单的方法，帮助人们成为特定领域的高手。这些刻意练习方法包括：专注练习20%的核心技能；练习最擅长的，放大优势效应；反复练习正确动作，加强大脑记忆；研究成功者，并进行正确复制；将技能分解，进行专项练习；预先知道练习关键点；有效利用反馈，及时改进；对抗惰性，让练习充满乐趣……

　　本书涉及的刻意练习方法一直被个人与管理者不断实践，所有遵循这些方法的人，都成功掌控了自己的工作和生活，并从中获得了无限快乐和幸福，所有遵循这些方法的政府、公司、学校等组织都成功激发了团队的潜力，并获得了所向披靡的力量。